汽车电气设备构造与维修

主　编　周　琦

副主编　谢立果　刘建峰

参　编　叶凯祥　周杰明　胡梓健　黎健贤
　　　　陈文杰　郭　基　周体育

机械工业出版社

本书根据汽车运用与维修职业技能等级证书中的"汽车电子电气与空调舒适系统技术—等级证书模块（初、中级）"的考核要求，从汽车电气设备构造与维修工作领域中精选了8大项目25个典型工作任务，对汽车电器维修岗位的基本技能以及汽车电源系统、汽车起动系统、汽车点火系统、汽车照明与信号系统、汽车仪表与报警系统、汽车辅助电器、汽车空调系统维护及检修内容进行介绍，并创新性地以活动设计的形式来指导教师和学生完成工作任务。

为便于教学，编者针对本书配套编写了《汽车电器设备构造与维修习题册及教学指导》数字教材。本书配套有电子教案、课件、教学微课视频、任务书、习题库等教学资源，选择本书作为教材的教师可来电（010-88379201）领取，或登录www.cmpedu.com网站，注册后免费下载。

本书可作为职业院校汽车运用与维修、汽车检测与维修技术、汽车电子技术等专业的教材，也可作为汽车维修电工、汽车机电维修人员、汽车维修一线管理人员的岗位培训教材。

图书在版编目（CIP）数据

汽车电气设备构造与维修 / 周琦主编. -- 北京：机械工业出版社，2024.7. -- ISBN 978-7-111-76369-7

I.U472.41

中国国家版本馆CIP数据核字第2024S7B225号

机械工业出版社（北京市百万庄大街22号　邮政编码100037）
策划编辑：师　哲　　　　　责任编辑：师　哲
责任校对：郑　雪　李小宝　　封面设计：张　静
责任印制：李　昂
北京捷迅佳彩印刷有限公司印刷
2024年9月第1版第1次印刷
210mm×285mm・14印张・299千字
标准书号：ISBN 978-7-111-76369-7
定价：55.00元

电话服务　　　　　　　　　　网络服务
客服电话：010-88361066　　　机　工　官　网：www.cmpbook.com
　　　　　010-88379833　　　机　工　官　博：weibo.com/cmp1952
　　　　　010-68326294　　　金　书　网：www.golden-book.com
封底无防伪标均为盗版　　机工教育服务网：www.cmpedu.com

前 言
PREFACE

本书深入贯彻落实《国家职业教育改革实施方案》文件精神，主动适应汽车产业迅猛发展对职业院校专业或课程建设的新需求，同时参考相应职业资格标准和职业技能等级证书相关考核标准。

近几年，我国的汽车市场迅猛发展，汽车的保有量大幅增加，社会对汽车维修人员的需求也是与日俱增。随着科技的飞速发展，特别是微电子技术的突破性进步，汽车的电气控制系统越来越复杂，越来越智能化，对汽车维修人员的综合素质要求越来越高，因此培养既有丰富的理论知识，又有过硬维修技巧的汽车维修人员迫在眉睫。

本书主要介绍选用合适的维修工具、设备对汽车电子电气元器件、电器总成、汽车电路进行检测、维修的思路和方法，重点培养学生的拆装检修、看电路图和分析、解决问题的能力，力求体现在典型工作任务引领下以"学生为中心"的教学特色。本书编写模式新颖，紧密贴合职业技能等级证书"汽车电子电气与空调舒适系统技术—等级证书模块（初、中级）"的考核要求，以典型的职业活动设计形式，在接近真实的职业情境中培养学生的综合职业能力。

本书在内容处理上主要有以下几点说明：①根据汽车运用与维修职业技能等级证书中"汽车电子电气与空调舒适系统技术—等级证书模块（初、中级）"的考核要求，本书除了汽车电器，还介绍了汽车电工电子、汽车电路识图、汽车空调等相关内容，教材内容翔实，涉及面广；②活动设计是本书的特色，每个活动设计都配套有相应的工作任务书，由于篇幅关系，编入配套的《汽车电器设备构造与维修习题册及教学指导》中，也可以在本书的配套资源中下载使用；③本书每个工作任务均配套有对应的微课视频、作业题库、理论考核和实操考核题库等，教学资源丰富，适合于线上、线下混合式教学。

本书建议的教学时数为120学时，学时分配与教学建议详见下表。

项目	学时	说明或教学建议
项目一	10	采用分组教学，组织学生进行常用电子、电气元器件检测
项目二	12	采用整车教学，准备对应车辆的维修手册，准备普通铅酸蓄电池

(续)

项目	学时	说明或教学建议
项目三	12	采用整车教学，准备对应车辆的维修手册，最好有举升机
项目四	12	重点进行电子或微机点火系统的教学，采用高压跳火的判断方法
项目五	12	尽量采用整车教学，重点引导学生进行前照灯和转向灯电路分析并检修
项目六	12	尽量采用整车教学，重点引导学生看仪表板各指示灯和报警信号
项目七	24	尽量采用整车教学，辅助电器要注重设备的拆装和操纵教学
项目八	20	重点引导学生进行空调操纵和制冷剂加注的操作
机动学时	6	用于项目考核

本书由周琦任主编，谢立果、刘建峰任副主编。本书具体编写分工：叶凯祥编写项目一，谢立果编写项目二，周体育编写项目三，周杰明编写项目四，黎健贤编写项目五，郭基编写项目六，胡梓健、陈文杰编写项目七，周琦、刘建峰编写项目八。

在编写过程中，编者参阅了国内外出版的有关教材和资料，得到了广州市番禺区职业技术学院教研室的有益指导，在此一并表示衷心感谢！

由于编者水平有限，书中不妥之处在所难免，恳请读者批评指正。

编　者

目　录
CONTENTS

前言

项目一　基本技能 ·· 1

　　工作任务一　认识汽车电气系统 ·· 1
　　工作任务二　工具设备使用 ·· 8
　　工作任务三　汽车电气元器件测试 ·· 17

项目二　汽车电源系统维护及检修 ··· 23

　　工作任务一　认识汽车蓄电池 ·· 23
　　工作任务二　汽车蓄电池维护及检修 ··· 30
　　工作任务三　认识汽车发电机 ·· 38
　　工作任务四　汽车发电机维护及检修 ··· 46
　　工作任务五　汽车电源系统故障检修 ··· 53

项目三　汽车起动系统维护及检修 ··· 57

　　工作任务一　认识汽车起动机 ·· 57
　　工作任务二　汽车起动机维护及检修 ··· 66
　　工作任务三　汽车起动系统故障检修 ··· 73

项目四　汽车点火系统维护及检修 ··· 79

　　工作任务一　认识汽车点火系统 ··· 79

工作任务二　汽车点火系统零部件检测 ························· 88
　　工作任务三　汽车点火系统故障检修 ································ 98

项目五　汽车照明与信号系统维护及检修 ·················· 104

　　工作任务一　汽车照明系统故障检修 ······························· 104
　　工作任务二　汽车信号系统故障检修 ······························· 116

项目六　汽车仪表与报警系统维护及检修 ·················· 126

　　工作任务一　汽车仪表系统故障检修 ······························· 126
　　工作任务二　汽车报警系统故障检修 ······························· 137

项目七　汽车辅助电器维护及检修 ································ 144

　　工作任务一　汽车风窗刮水器系统故障检修 ····················· 144
　　工作任务二　汽车电动车窗故障检修 ································ 151
　　工作任务三　汽车电动后视镜故障检修 ···························· 158
　　工作任务四　汽车中控门锁故障检修 ································ 163

项目八　汽车空调系统维护及检修 ································ 173

　　工作任务一　认识汽车空调系统 ·· 173
　　工作任务二　制冷系统故障检修 ·· 189
　　工作任务三　电气控制系统故障检修 ································ 204

参考文献 ··· 216

项目一

基 本 技 能

工作任务一　认识汽车电气系统

职业能力

能认识汽车电气系统的组成及了解各部分的特点；能述说汽车电气系统所具有的特点；能分析常用汽车电路图的组成逻辑和特点。

学习目标

1. 能认识汽车电气系统的组成。
2. 能述说汽车电气系统的特点。
3. 能分析常用汽车电路原理图的特点。
4. 培养团结协作、精益求精的工匠精神。

基础知识

一、汽车电气系统的构成

汽车电气系统按照功能划分，包括电源系统、点火系统、起动系统、照明与信号系统、仪表系统和辅助电气装置等。

1. 电源系统

汽车的电源系统（见图1-1）由发电机和蓄电池两个电源构成，为汽车用电设备提供电能。发电机由汽车发动机带动，附有电压调节装置等，以保证充电电压稳定。现在的汽车大都使用硅整流交流发电机。

2. 点火系统

点火系统（见图1-2）的功用是按照各缸工作顺序，定时地供给火花塞足够高的电压（约为5~30kV），使火花塞产生高压电火花，点燃燃烧室内的压缩可燃混合气。

3. 起动系统

使发动机由静止状态过渡到工作状态，必须先用外力转动发动机的曲轴，使发动机自行运转，工作循环才能自动进行。完成起动过程的装置，称为发动机的起动系统（见图1-3）。起动系统的功用是通过起动机将蓄电池的电能转换成机械能，起动发动机运转。

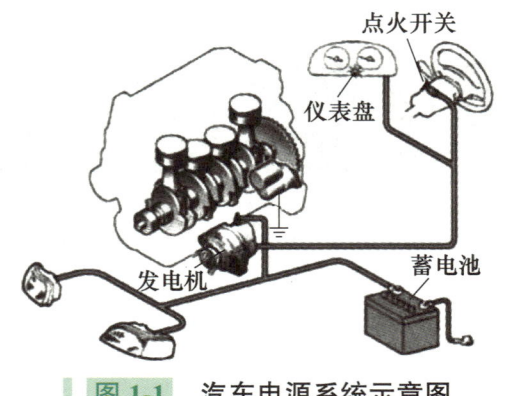

图1-1　汽车电源系统示意图

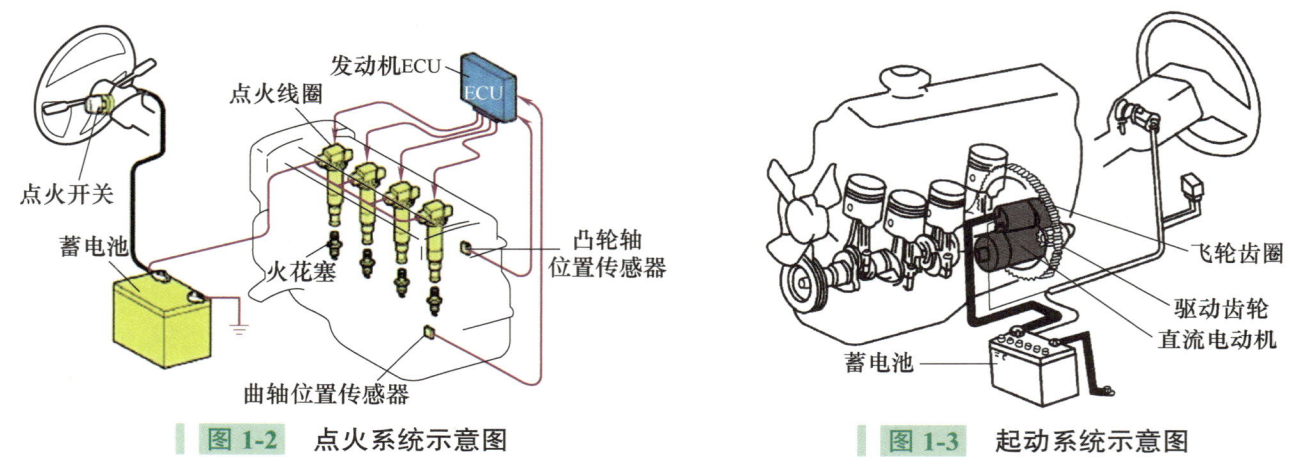

图1-2　点火系统示意图　　　图1-3　起动系统示意图

4. 照明与信号系统

照明系统是汽车夜间行驶必不可少的照明设备。为了提高汽车的行驶速度并确保夜间行车安全，汽车上装有多种照明设备。汽车照明灯根据安装位置和用途不同，一般分为外部照明装置和内部照明装置。

信号系统主要通过声、光信号向环境发出有关车辆运行状况或状态的信息，以保证安全。信号灯分为外信号灯和内信号灯，外信号灯指转向指示灯、制动灯、尾灯、示廓灯、倒车灯等；内信号灯泛指仪表板的指示灯，主要有转向、机油压力、充电、制动、关门提示等仪表指示灯。

5. 仪表系统

仪表系统的功用是显示汽车各部分的工作情况，使驾驶人能够随时了解汽车运行的各种状况，及时发现和排除汽车存在的潜在故障。

汽车仪表有指示蓄电池充放电的电流表、指示燃油箱中储存油量的燃油表、指示发动机转速和工作时间的发动机转速表、指示发动机工作时润滑系统工作状况的机油压力表、指示发动机冷却液工作温度的冷却液温度表、指示气压制动系统气压的气压表、指示行驶速度和里程的车速里程表等。

6. 辅助电气装置

汽车辅助电气装置可以提高汽车的舒适性和安全性，包括空调系统、刮水器系统、音响系统、电动门窗系统、电动座椅系统、电动后视镜系统等。

二、汽车电气设备的特点

1. 两个电源

汽车上的两个电源指的是交流发电机和蓄电池。蓄电池是辅助电源，在发动机未运转时向有关电气设备供电；交流发电机是主电源，当发动机运转到一定转速后，交流发电机达到规定的发电转速，开始向有关电气设备供电，同时对蓄电池进行充电。两者互补可以有效地使用电设备在不同的情况下都能正常地工作，同时延长了蓄电池的供电时间。

2. 并联单线

汽车上的电源和所有的电气设备均采用并联方式，即它们正常工作时的电压相同，当个别电气设备不能正常工作时，不会影响其他电气设备，每个用电设备都由各自串联在其支路中的专用开关控制，互不干扰。

汽车单线制指的是在汽车电气系统中，从电源到用电设备只用一根导线相连，而用汽车底盘、发动机等金属机体作为另一根公用导线。由于单线制节省导线，电路简化清晰，安装和检修方便，且电器机件不需要与车体绝缘，所以现代汽车电气系统普遍采用单线制。在一些不能形成可靠电气回路或需要精确电子信号的回路中采用双线。

3. 负极搭铁

采用单线制时，蓄电池的一个电极须接至车架上，俗称"搭铁"，将蓄电池的负极接车架称为负极搭铁；反之，则称为正极搭铁。汽车电气系统已统一定为负极搭铁。

4. 低压直流

汽车电气系统的额定电压有直流12V和直流24V两种，目前汽油车普遍采用直流12V电气系统，中、重型柴油车则多采用直流24V电气系统。采用直流系统的原因是汽车发动机要靠电力起动机起动，它是直流串激电动机，必须由蓄电池供电，而向蓄电池充电必须用直流电，所以汽车电气系统为直流系统。

5. 网络控制

由于汽车智能化的要求，多数用电设备的工作电流已不是由单一的开关信号控制，而是由具有一定逻辑关系的多个信号来控制，这些控制信号构成一个网络，所以称为网络控制。

三、汽车电路识图

1. 电路图的构成

汽车电路图大体由外线部分，内部连接部分，电气元器件部分，继电器、熔丝及其连接件部分组成，实际电路图如图1-4所示。

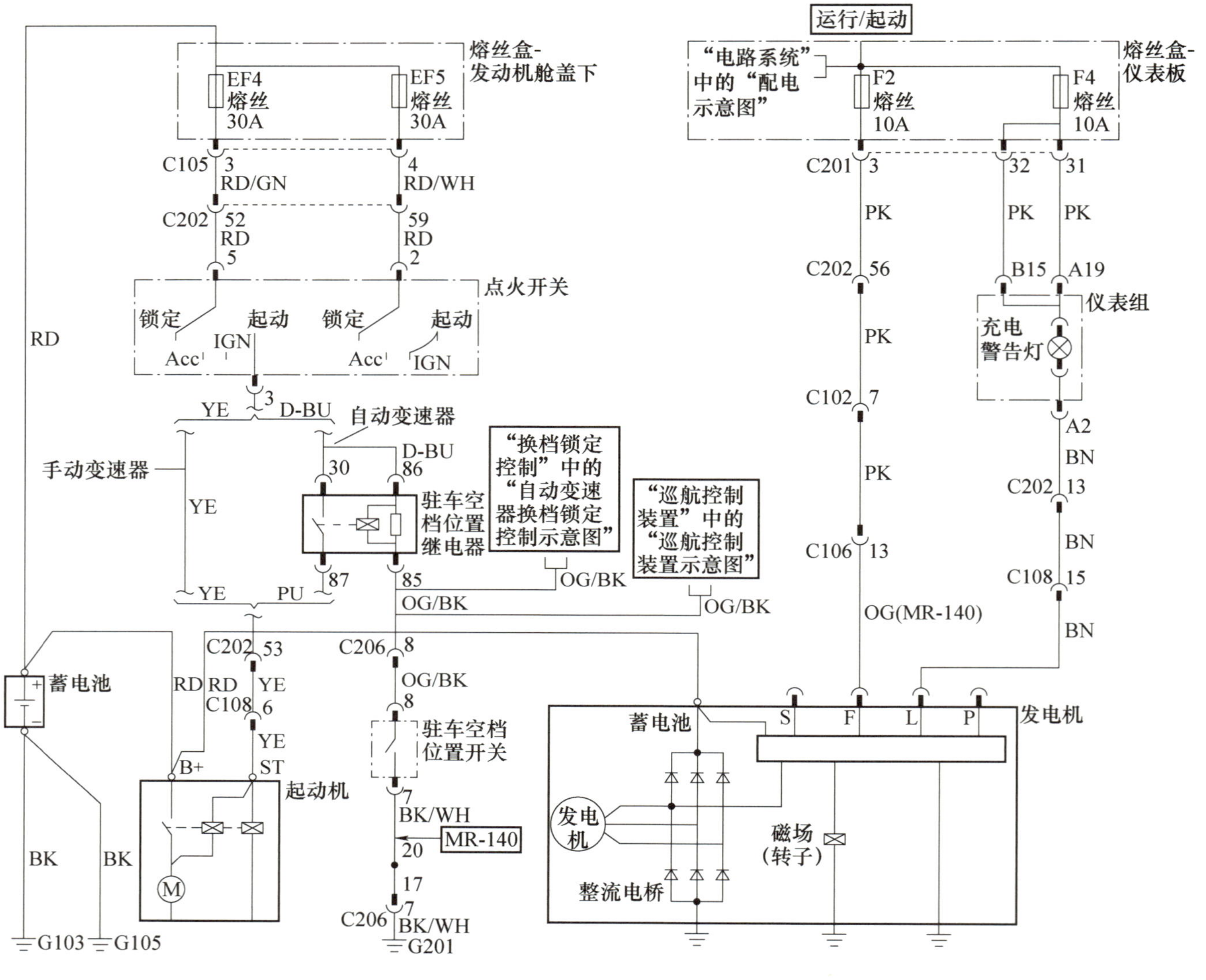

图 1-4　2008款别克凯越起动和充电系统电路图

（1）外线部分　外线部分在图中以粗实线画出，集中在图的中间部分；每条线上都有导线的颜色、导线截面面积的标注；线端都有接线柱号或插口号标示其连接关系。如果导线是双色的，则以两种颜色的字母共同标记，例如 RO/SW、SW/GE 等。导线的截面面积以数字标示在导线颜色上方，例如 4.0mm²、6.0mm² 等。颜色标记以字母表示，对应关系见表1-1。

（2）内部连接部分　内部连接部分在图中以细线画出。这部分连接是存在的，但电路是不存在的。标示电路只是为了说明这种连接关系，使电路图更加容易被理解。

项目一 基本技能

表 1-1 颜色标记对应字母

颜色	国家					车型				
	中	德	日	美	英	别克	速腾	丰田	福特	宝马
黑	B	SW	B	BLK	Black	BK	SW	B	BK	BK/SW
白	W	WS	W	WHT	White	WH	WS	W	W	W/WS
红	R	RT	R	RED	Red	RD	RO	R	R	R/RT
绿	G	GN	G	GRN	Green	GN	GN	G	GN	GN
深绿				DK GRN	Dark Green	D-GN				
淡绿			Lg	LT GRN	Light Green	L-GN		LG		
黄	Y		Y	YEL	Yellow	YE	GE	Y	Y	GE/Y
蓝	BL	BL	L	BLU	Blue	BU	BL	L	BL	BL
淡蓝			Sb	LT BLU	Light Blue	L-BU		SB	LB	
深蓝				DK BLU	Dark Blue	D-BU			DG	
粉红	P		P	PNK	Pink	PK	RS	P	PK	RS/RK
紫	V	VI	PU	PUR	Violet	PU	LI	V	P	V/VI
橙	O		OR	ORN	Orange	OG	OR	O	O	OR
灰	Gr		Gr	GRY	Grey	GY		GR	GY	GY
棕	Br	BK	Br	BRN	Brown	BN			BR	BR
棕褐					Tan		Br		T	TN

（3）电气元器件部分　电路图本身就是表达元器件之间连接关系的。因此，电气元器件在电路图中是主体。电气元器件在图中用框图辅以相应的符号表示。

每一个元器件都有一个代号，如 J1 表示喇叭继电器、X2 表示接触线圈、K1 表示喇叭开关等。电气元器件的接线柱都用符号标出，符号可以在元器件上找到。例如，在喇叭继电器 J1 上有 30、85、86、87 的接线柱符号。

（4）继电器、熔丝及其连接件部分　继电器、熔丝及其连接件部分表示在图的上部，反映的内容有继电器位置号、继电器名称、继电器盘上插接件符号、继电器盘上连接件符号、熔丝座标号及熔丝容量，熔丝容量用不同的颜色加以区别。车上的大部分继电器和熔丝都安装在继电器盘的正面，几乎全部主线束均从继电器盘背面插接后通往各用电器。

2. 电路图中几个重要数字的含义

30 的含义：常电源，接蓄电池正极。无论打开或关闭点火开关始终是有正电源供给的正电源线。

15 的含义：当点火开关打在点火（ON）或起动（ST）档时，才有正电源供给的电源线。

50 的含义：当点火开关打在起动（ST）档时，才有正电源供给的电源线。

31 的含义：搭铁，通过汽车金属车身接蓄电池负极。

X 的含义：只有当点火开关打在点火（ON）档时，才有正电的正电源线。该线的主要作用是，当点火开关处于起动（ST）档时，使某些大功率电路切断电源供给，实现卸荷供电，保证汽车起动机有足够电能来起动发动机。

活动设计

一、活动名称

汽车电气系统认识。

二、活动条件

1）实训室工作台 4 个以上，各工作台配备零件盆、贴纸等用品。
2）汽车电器实训台架 4 个或者整车实训车（电气元器件若干）。

三、活动组织

1）分小组，4~5 人组成 1 个小组。
2）选出小组长和评价员，记录、评价组员的任务完成情况。
3）小组中进行分工互换，确保每个学生都动手实践。

四、安全及注意事项

1）注意用电安全，保护好蓄电池。
2）不要损坏物件及防止物件坠落伤人。
3）及时清理场地，做好现场 6S 管理。

五、活动实施

活动一　作业准备、识别车辆（台架）信息

1）作业准备（工具、器材、安全防护），如图 1-5~图 1-8 所示。

图 1-5　工具车

图 1-6　放置车轮挡块

图 1-7　安装翼子板布

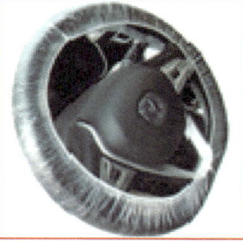

图 1-8　车内四件套

2）找到并记录车辆（台架）型号、车架号信息，如图 1-9 和图 1-10 所示。

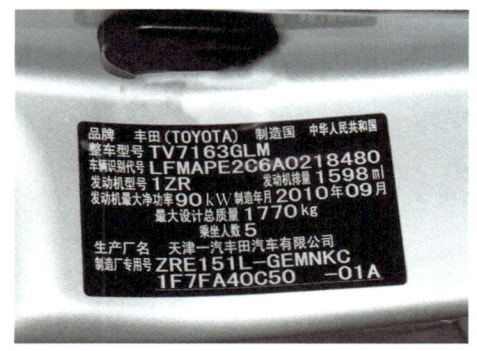

图 1-9　车辆铭牌

图 1-10　车架号

活动二　在整车或实训台架上识别各系统

在整车或实训台架上识别各系统并将其名称用标签纸贴在系统核心部件上，如图 1-11 所示。

活动三　进行汽车电器部件识别，并说出核心部件作用

1）对汽车电器部件进行识别，如图 1-12 所示。

2）说出核心电气元器件的作用。

图 1-11　识别各系统

图 1-12　识别各部件

活动四　画出简易的单双线制电路图

1）说出单双线制电路的特点，其电路图如图 1-13 和图 1-14 所示。

2）画出示廓灯的单线制电路图。

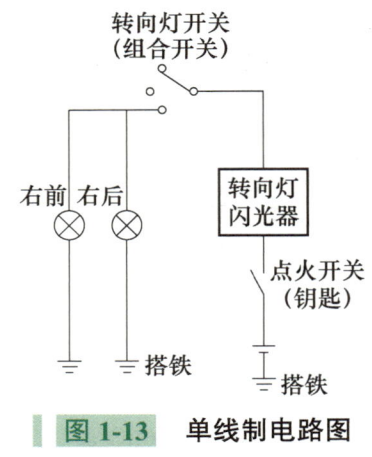

图 1-13　单线制电路图

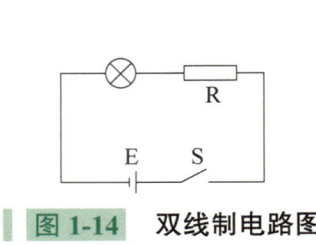

图 1-14　双线制电路图

工作任务二　工具设备使用

职业能力

能说出检测仪器的名称及使用方法；能使用试灯和万用表等仪器设备对电路和电子元器件进行检测；能规范使用跨接线、电工刀、斜口钳、剥线钳、压线钳、电烙铁等工具进行维修作业。

学习目标

1. 能说出检测仪器的名称及使用方法。
2. 能使用万用表（机械式和数字式）对电路（电压、电流）和电子元器件（电阻、电容、二极管、晶体管）进行检测。
3. 能规范使用试灯、跨接线、电工刀、剥线钳、电烙铁等进行维修作业。
4. 培养学生规范操作的意识。

基础知识

一、万用表

万用表按显示方式分为指针式万用表和数字式万用表，如图 1-15～图 1-17 所示。万用表是一种多功能、多量程的测量仪表，一般万用表可测量直流电流、直流电压、交流电流、交流电压、电阻等，有的还可以测量电容量、电感量及半导体的一些参数等。

图 1-15 指针式万用表

图 1-16 数字式万用表

图 1-17 钳形数字式万用表

二、试灯

试灯按自身有无电源，可以分为无源试灯和有源试灯。

1. 无源试灯

无源试灯的基本结构如图 1-18 所示，其主要由试灯、导线、搭铁夹和带手柄的探针或各种型号端头组成。它主要用来检查系统电源电路是否给电气部件提供电源，其使用如图 1-19 所示。试灯中一般安装一个与车辆电压级别一致的小灯泡或采用发光二极管作为光源。

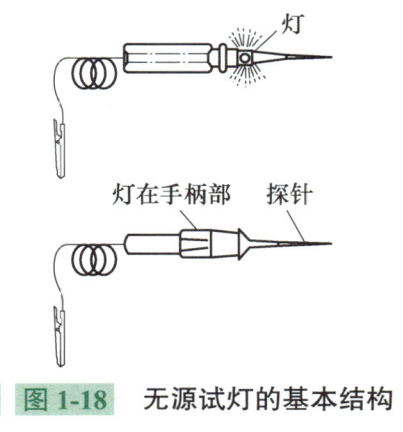
图 1-18 无源试灯的基本结构

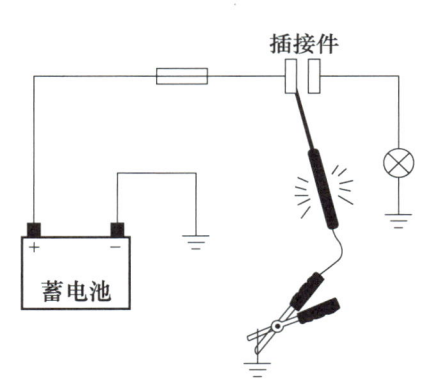
图 1-19 无源试灯的使用

2. 有源试灯

有源试灯与无源试灯类似，如图 1-20 所示，只是在手柄内自带电源（一般为两节 1.5V 的干电池）。它用于连接到一条导线的两端，测试电路的断路和短路故障。

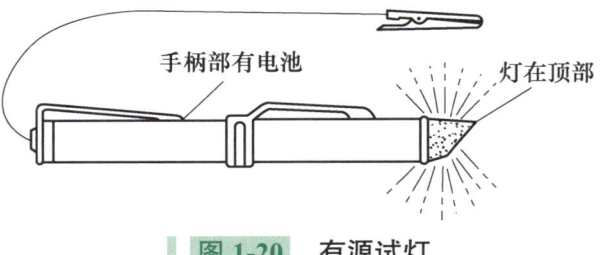
图 1-20 有源试灯

三、剥线钳

剥线钳用于剥离截面积小于 6mm² 的塑料或橡胶导线的绝缘层。剥线钳头上有多个大小不同的切口，以适用于不同规格的导线。市面上有不同类型的剥线钳，如图1-21所示。

使用剥线钳时，根据导线的型号选择相应的剥线刀口，将准备好的导线放在剥线工具的刀刃中间，确定要剥线的长度，握住剥线钳手柄，将导线夹住并缓缓用力使导线外表皮慢慢剥落，松开手柄取出导线，这时导线的金属部分就整齐露出来，其余绝缘塑料完好无损。

图 1-21　不同类型的剥线钳

四、电烙铁

电烙铁是焊接工具，主要用于焊接电动机线、蓄电池线线头及控制电路板元器件等。电烙铁分外热式和内热式两大类，另分有恒温式、调温式、双温式及带吸锡功能的等多种类型。外热式电烙铁和电烙铁架分别如图1-22和图1-23所示。

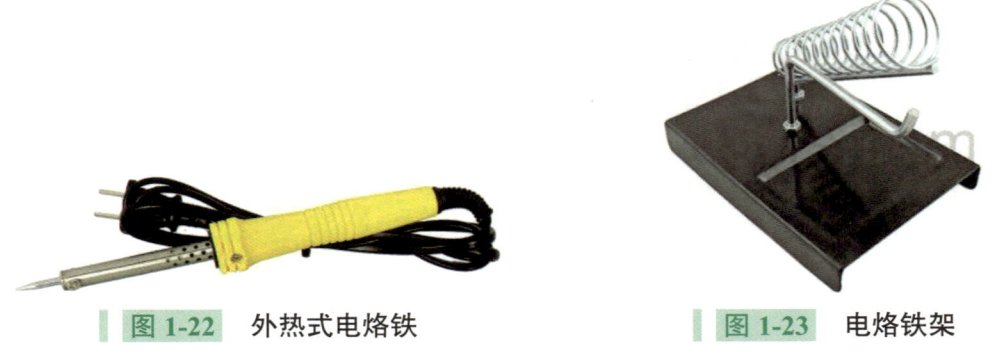

图 1-22　外热式电烙铁　　　　图 1-23　电烙铁架

焊接前，一般要把焊头的氧化层除去并用焊剂进行上锡处理，使焊头的前端保持有一层薄锡，以防止氧化、减少能耗、导热良好。

用电烙铁焊接导线时，必须使用焊料和焊剂。焊料一般为丝状焊锡或纯锡，常见的焊剂有松香和焊锡膏等。

焊接的基本要求：焊点必须牢固，锡液必须充分渗透，焊点表面光滑有光泽，防止出现虚焊。产生虚焊的原因是焊件表面污物未清除干净或焊剂太少，造成焊件表面挂锡太少而导致焊件之间不能充分固定。

行为与责任

焊接在汽车维修中是经常要用到的技术，并且焊接质量的好坏会直接影响汽车的安全行驶。如果在大电流电路中，由于自己的疏忽大意而使电路产生虚接等接触不良的故障，轻则引起车辆不能正常行驶，重则可能发生火灾等，所以大家一定要本着负责的态度，不断追求精益求精的工匠精神！

五、电阻

导体对电流的阻碍作用称为该导体的电阻。

导体的电阻值越大,表示导体对电流的阻碍作用越大。相同长度和横截面积的不同材质的导体,其电阻一般不同。电阻是导体本身的一种性质。电阻通常用字母 R 表示,电阻的单位是欧姆（Ω）,单位还有千欧（kΩ）、兆欧（MΩ）、毫欧（mΩ）。色环电阻、水泥电阻和贴片电阻分别如图 1-24～图 1-26 所示。

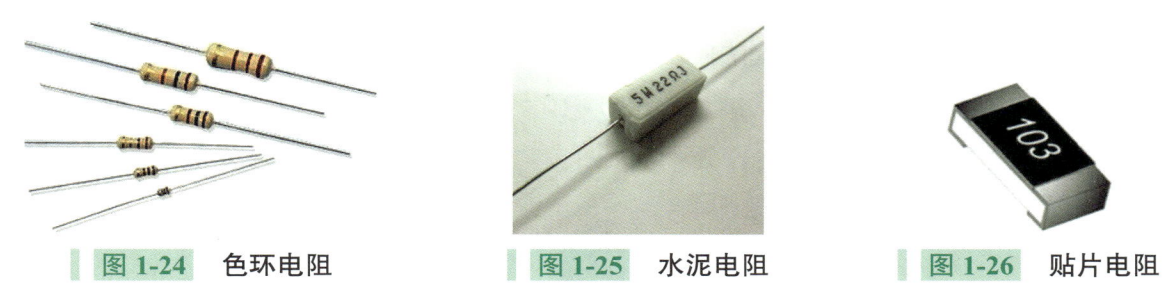

图 1-24　色环电阻　　　　图 1-25　水泥电阻　　　　图 1-26　贴片电阻

色环电阻用 4 道色环、5 道色环或者 6 道色环来表示电阻值,可以从任意角度一次性地读取代表电阻值的颜色信息,见表 1-2。

表 1-2　色环电阻的颜色信息

颜色	Ⅰ	Ⅱ	Ⅲ	倍率	误差
黑	0	0	0	10^0	
棕	1	1	1	10^1	±1%
红	2	2	2	10^2	±2%
橙	3	3	3	10^3	
黄	4	4	4	10^4	
绿	5	5	5	10^5	±0.5%
蓝	6	6	6		±0.25%
紫	7	7	7		±0.1%
灰	8	8	8		
白	9	9	9		
金				10^{-1}	±5%
银				10^{-2}	±10%
无					±20%

以四色环和五色环为例:四环电阻的识别第 1、2 环分别代表两位有效数的电阻值,

第 3 环代表倍率，第 4 环代表误差；五环电阻为精密电阻，前 3 环为数值，最后一环是误差色环。误差色环通常是金、银和棕 3 种颜色，金色的误差为 ±5%，银色的误差为 ±10%，棕色的误差为 ±1%，无色的误差为 ±20%，另外，偶尔有以绿色代表误差的，绿色的误差为 ±0.5%。精密电阻通常用于军事、航天等。

六、电容器

电容器是储存电量和电能（电势能）的元件。两个相互靠近的导体，中间夹一层不导电的绝缘介质就构成了电容器。电容器用字母 C 表示，电容量的基本单位为法拉（F），常用单位有微法（μF）、纳法（nF）、皮法（pF）。

1 法（F）=10^6 微法（μF）=10^9 纳法（nF）=10^{12} 皮法（pF）。

电解电容、瓷片电容、贴片电容分别如图 1-27~图 1-29 所示。

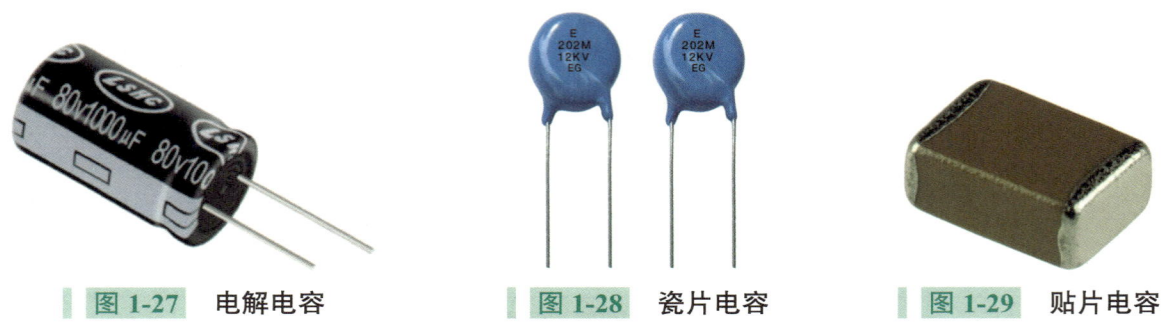

图 1-27　电解电容　　　图 1-28　瓷片电容　　　图 1-29　贴片电容

七、二极管

二极管是由一个 PN 结构成的半导体器件，具有单向导电特性。

二极管的检测是通过用万用表检测其正、反向导通情况，来确定二极管的正、负极和判断二极管是否损坏。

八、晶体管

半导体晶体管又称为双极结型晶体管（BJT），如图 1-30 所示。晶体管按材料分有锗管和硅管两种，每一种都有 NPN 和 PNP 两种结构形式，使用最多的是硅 NPN 和锗 PNP 两种晶体管。晶体管的 3 种工作状态为放大、饱和和截止。

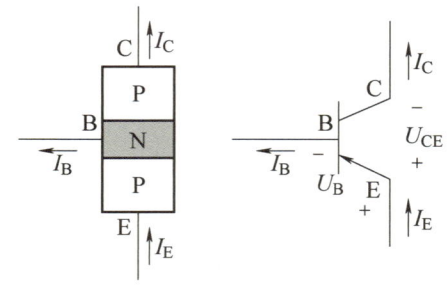

图 1-30　PNP 型晶体管结构示意图

1. 放大区

晶体管工作在放大区时，发射结正偏，集电结反偏。对于 NPN 管来说，发射极正偏，即基极电压 U_B>发射极电压 U_E，集电结反偏就是集电极电压 U_C>基极电压 U_B。其放大条件：NPN 管为 $U_C>U_B>U_E$，PNP 管为 $U_E>U_B>U_C$。

2. 饱和区

晶体管工作在饱和区时，发射结正偏，集电结两个 PN 结均正偏。其饱和导通条件：NPN 管为 $U_B>U_E$、$U_B>U_C$；PNP 管为 $U_E>U_B$、$U_C>U_B$。饱和状态的特征是晶体管的电流 I_B、I_C 都很大，但管压降 U_{CE} 很小，$U_{CE}\approx 0$。饱和压降 U_{CE} 的大小确定，一般在估算小功率管时，对硅管可取 0.3V，对锗管可取 0.1V。此时的 I_C 几乎仅取决于 I_B，而与 U_{CE} 无关，表现出 I_B 对 I_C 的控制作用。这时晶体管的 C、E 极相当于短路，可以等效成一个开关的闭合。

3. 截止区

晶体管工作在截止区时，发射结反偏，集电结反偏。由于两个 PN 结都反偏，使晶体管的电流很小，$I_B\approx 0$，$I_C\approx 0$，而管压降 U_{CE} 很大，这时晶体管 C、E 极相当于断路，可以等效成一个开关的断开。

活动设计

一、活动名称

工具设备使用。

二、活动条件

1）实训室工作台 4 个以上，各工作台配备万用表、试电笔、剥线钳、电烙铁等。
2）汽车电器实训台架 4 个或者整车 4 辆。

三、活动组织

1）分小组，4~5 人组成 1 个小组。
2）选出小组长和评价员，记录评价组员的任务完成情况。
3）小组中进行分工互换，确保每个学生都动手实践。

四、安全及注意事项

1）防止电烙铁烫伤人。
2）不要损坏物件及防止物件坠落伤人。
3）及时清理场地，做好现场 6S 管理。

五、活动实施

活动一　作业准备、识别车辆（台架）信息

1）作业准备（工具、器材、安全防护）。

2）找到并记录车辆（台架）品牌型号、车架号信息。

活动二　电路检查

1）使用万用表对汽车电路的通断性进行检查，如图1-31所示。

2）使用试电笔对汽车电路的通断性进行检查，如图1-32所示。

图1-31　使用万用表对电路进行检查

图1-32　使用试电笔对电路进行检查

活动三　电路维修

1）正确使用剥线钳，对电路断线进行连接，如图1-33所示。

2）规范使用电烙铁，对汽车电路或开关进行焊接，如图1-34所示。

图1-33　剥线钳的使用

图1-34　电烙铁的使用

活动四　元器件检测

1. 电阻检测

（1）外观检查　对于固定电阻，首先查看标志是否清晰，保护漆是否完好、有无烧焦、有无伤痕、有无裂痕、有无腐蚀，电阻体与端子是否紧密接触等；对于电位器，还应检查转轴是否灵活、松紧是否适当、手感是否舒适；有开关的要检查开关动作是否正常。

（2）测量要点

① 测量电阻时，应选用欧姆档，根据被测电阻值的大小来选择万用表欧姆档的不同量程。

② 测量电阻时，首先应该将表笔短接进行误差检查。每次换档之后也需重新短接进行

误差检查,如图 1-35 所示。

③ 在测量过程中,注意拿电阻的手不要与电阻的两个端子相接触,这样会使人体电阻与被测电阻并联,影响测量准确度。电阻测量方法如图 1-36 所示。

④ 不能在带电情况下用万用表电阻档检测电路中电阻的电阻值。在线检测应首先断电,再将电阻从电路中断开,然后进行测量。

⑤ 如果被测电阻在电路板上,则应焊开其中一个端子后才可测量,否则被测电阻有其他分流器件,会导致测量值不准确。

图 1-35　误差检查

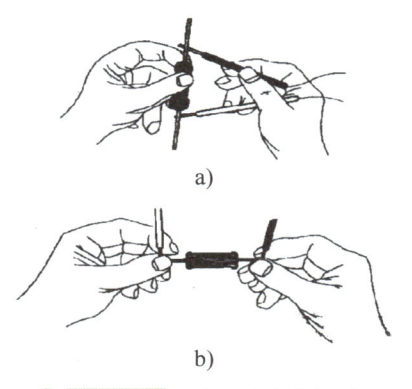

图 1-36　电阻测量方法

2. 电容器检测

(1) 外观检查　检查其外观有无裂纹、破损和严重脏污,外壳有无膨胀、锈蚀、渗液。

(2) 测量要点

① 将功能旋钮开关打至电容档"F",根据被测电容器容量的大小选择合适的电容测试量程。

② 无论是对电容器进行漏电电阻的测量,还是短路、断路的测量,在测量过程中都要注意手不能同时碰触两个引脚,如图 1-37 所示。

图 1-37　电容器的测量

③ 由于电容器在测量过程中有充、放电的过程,所以当第一次测量后,必须先放电(用万用表表笔将电容器两引线短接一下即可),然后才可进行第 2 次测量。

④ 对在路电容器进行检测时,必须弄清所在电路的其他元器件是否影响测量结果。一般情况下应尽量不采用在路测量。

3. 二极管检测

将数字式万用表置于二极管档（⊢⊣），两表笔分别接触二极管的两个电极,并掉转万用表的红、黑表笔正、反各测 1 次。显示"0L"表示二极管反向截止（∞）,如图 1-38 所示;显示"0.534V"表示二极管正向导通,如图 1-39 所示,并且二极管当前的导通电压为 0.534V。以显示"0.534V"的那次测量为准，红表笔接的为二极管正极，黑表笔接的为二极管负极。

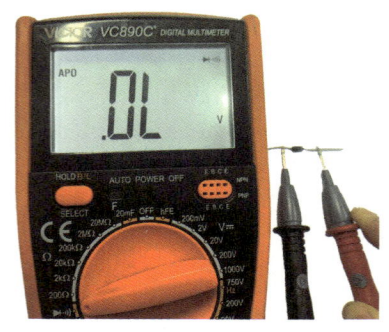

图1-38　反向截止

图1-39　正向导通

4. 晶体管检测

（1）晶体管PNP型、NPN型和基极的判别

① 将数字式万用表置于二极管档（⇥），万用表红表笔接触晶体管的任意一个电极（假设为基极），黑表笔依次接触另外两个电极，分别测量它们之间的导通情况。当用红表笔接触某一电极，用黑表笔分别接触其余两电极，显示与该电极之间均导通时，该管为NPN型晶体管，而且红表笔所接触的电极为基（B）极。

② 若以黑表笔为基准，即将两根表笔对调后，重复上述测量的方法，若同时出现两个PN结导通的情况，则该管为PNP型晶体管，黑表笔所接触的电极为基（B）极。

（2）晶体管集电极（C）和发射极（E）的判别　一般情况下，如果测试出基极是在中间的，那么把晶体管的平面朝向自己，3个端子朝下放置，从左至右排列为（E、B、C），如图1-40所示；如果测出基极是在旁边的，那么把晶体管的平面朝向自己，3个端子朝下放置，从左至右排列为（B、C、E）。万用表的测量档位与测量孔如图1-41所示。

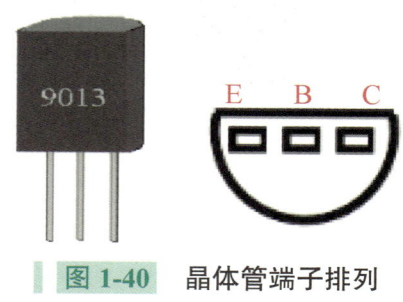

图1-40　晶体管端子排列

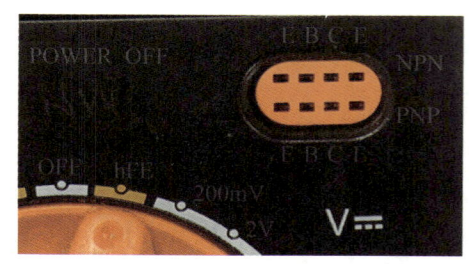

图1-41　万用表的测量档位与测量孔

（3）晶体管放大倍数的测试

① 将数字式万用表调到晶体管放大倍数（hFE）测试档位，找到晶体管放大倍数的测试插孔，如图1-42所示。

② 根据被测晶体管的端子排列（EBC或BCE）及管型（NPN或PNP），将晶体管插入对应的插口，这时显示屏显示出放大倍数。如图1-43所示，显示"0282"，则为该晶体管的

放大倍数为282倍。如果显示数值不正常，则是晶体管损坏或晶体管插入错误。

图1-42 万用表测试插孔

图1-43 测量档位与测量孔

工作任务三　汽车电气元器件测试

职业能力

能述说汽车电路保护装置、线束、插接器的名称、作用及特点；能掌握继电器、开关装置的结构、作用及工作原理；能选用万用表等合适的工具对汽车电路保护装置、开关装置、继电器进行性能测试，判断其好坏并进行维修。

学习目标

1. 能述说汽车电路保护装置的名称、作用及特点。
2. 能述说汽车连接导线和线束的类型、作用及特点。
3. 能述说汽车插接器的类型、作用及特点。
4. 能述说汽车开关装置、继电器的名称、作用及工作原理。
5. 能选用合适的工具对汽车电路保护装置、开关装置、继电器进行性能测试。
6. 培养团结协作和精益求精的工匠精神。

基础知识

一、电路保护装置的作用及种类

汽车电路中都设有保护装置，当电路因负荷超载、短路故障而电流过大时，电路保护装置自动断开电源电路,以防止电路或用电设备烧坏。

电路保护装置有熔断器、易熔线、断路器等。

1. 熔断器

熔断器的保护元件是熔丝,串联在其所保护的电路中。当通过熔丝的电流超过其规定值时,熔丝发热熔断,从而保护电路中用电设备不被烧坏。

通常将熔断器集中安装在一个盒中,称为熔断器盒或电源盒。熔断器的熔丝固定在可插式塑料片上或封装在玻璃管中。

各熔断器都按编号排列,有的熔断器上涂颜色,以便于检修时识别。

2. 易熔线

易熔线比熔丝粗一些,被保护的电路的工作电流往往较大,通常连接在电源电路和通过电流较大的电路中。

3. 断路器

断路器起保护作用,有自恢复式和按压恢复式两种。当被保护电路中的电流超过规定值时,双金属片受热弯曲而使常闭触点断开切断电路,电路断电后,双金属片因无电流通过而逐渐冷却伸直,常闭触点重新闭合接通电路。

如果电路电流过大的原因未及时排除,自恢复式断路器就会使电路时而接通、时而切断,以限制通过电路的电流,起到电路过载保护的作用。

二、导线

汽车线束所用导线常用规格有标称截面积为 $0.5mm^2$、$0.75mm^2$、$1.0mm^2$、$1.5mm^2$、$2.0mm^2$、$2.5mm^2$、$4.0mm^2$、$6.0mm^2$ 等(日系车中常用的标称截面积为 $0.5mm^2$、$0.85mm^2$、$1.25mm^2$、$2.0mm^2$、$2.5mm^2$、$4.0mm^2$、$6.0mm^2$ 等),它们各自都有允许负载电流值,配用于不同功率用电设备。以整车线束为例,$0.5mm^2$ 规格线适用于仪表灯、指示灯、门灯、顶灯等,$0.75mm^2$ 规格线适用于牌照灯、前后示廓灯、制动灯等,$1.0mm^2$ 规格线适用于转向灯、雾灯等,$1.5mm^2$ 规格线适用于前照灯、喇叭等,主电源线(例如发电机电枢线、搭铁线等)要求使用 $2.5\sim4mm^2$ 导线。有些导线如蓄电池的搭铁线、正极电源线的线径比较大,所以单独使用,不编入主线束内。

汽车导线有高压线和低压线两种,两者均采用铜质多芯软线。

1. 低压导线

导线截面积的选择主要根据其工作电流大小进行,但是对于一些工作电流很小的电器,为保证导线具有一定的机械强度,所用导线截面积不得小于 $0.5mm^2$。由于起动机是短期工作,为了保证起动机正常工作时能发出足够的功率,要求在电路上每 100A 的电流所产生的电压降不能超过 0.15V,因此,所用导线截面积较大。不同标称截面积低压导线允许的负载电流值见表 1-3。

表 1-3　不同标称截面积低压导线允许的负载电流值

标称截面积 /mm²	0.5	0.8	1.0	1.5	2.5	3.0	4.0	6.0	10	13
允许的电流值 /A	—	—	11	14	20	22	25	35	50	60

2. 高压导线

在汽车点火线圈至火花塞之间的电路使用高压点火线，简称为高压线。它分为普通铜芯高压线和高压阻尼点火线。带阻尼的高压线可抑制和衰减点火系统产生的高频电磁波，减少对无线电设备和电控装置的干扰。

三、插接器

插接器由插头和插座组成。线束与线束（或导线与导线）、线束（导线）与电器部件之间一般用插接器连接。为了防止插接器在汽车行驶中脱开，所有的插接器均采用了闭锁装置。

四、线束

在汽车上，为了安装方便和保护导线不被水、油侵蚀和磨损，汽车导线除高压线和蓄电池导线外，都用绝缘材料（如薄聚氯乙烯带）缠绕包扎成束，称为线束。安装汽车线束时，应注意以下事项：

1）线束应用卡簧和绊钉固定，以免松动、磨坏。
2）线束在拐弯处或有发生相对移动的部件不应拉得太紧。
3）在穿过洞口和绕过锐角处，应用橡胶、毛毡类垫子或套管保护，使其不被磨损而造成搭铁、短路，甚至酿成火灾等危险。
4）各个接线端子必须连接可靠，接触良好。

五、点火开关

点火开关用于开启或关闭点火线圈的主要电路。其档位及功能见表 1-4。

表 1-4　点火开关的档位及功能

档位	功能
LOCK	锁止档：此位置是钥匙插入和拔出的位置，此时车辆除了防盗系统和车内小灯以外，电路完全关闭，转向盘被锁止
ACC	附件通电档：将钥匙拧到此位置时，附件电路会接通，收音机等设备可用
ON	接通档：将钥匙拧到此位置时，全车电路接通，转向盘解锁，系统会为起动发动机做必要的准备工作和自检工作，车辆正常行驶时钥匙会保持在这个位置
START	起动档：将钥匙拧到此位置时，起动机电路接通，会带动发动机运转并起动，松开钥匙后钥匙会自动回到 ON 档（无自锁功能）

六、汽车继电器

1. 汽车继电器的组成及作用

汽车继电器由磁路系统、接触系统和复原机构组成。

磁路系统由铁心、轭铁、衔铁和线圈等组成。接触系统由静簧片、动簧片和触点底座等组成。复原机构为复原簧片或拉簧。电磁继电器的主要作用是通过线圈的电流控制经过触点的用电器的工作电流，如图1-44所示。

图1-44 汽车继电器

2. 汽车继电器的分类

汽车继电器分为电流型和电压型两种形式。

（1）电流型继电器　电流型继电器的特点是电磁线圈通过的电流较大，而经过触点的电流较小。例如舌簧继电器，圆管玻璃内有两个舌形触头，玻璃管外有粗导线线圈。电磁线圈通电时，触点闭合；电磁线圈断电时，触点断开。它常用于对灯的监测电路，电磁线圈和灯泡串联，触点控制仪表板上的相应故障指示灯工作。

（2）电压型继电器　电压型继电器的特点是电磁线圈通过的电流较小，而经过触点的电流较大。电压型继电器一般有以下几种：

① 常开式：电磁线圈通电时，触点闭合。

② 常闭式：电磁线圈通电时，触点断开。

③ 切换式：同一继电器内有两个触点，1个触点常开，另外1个触点常闭。电磁线圈通电时，常开触点闭合、常闭触点断开。

④ 有多个电磁线圈的继电器：由多个电磁线圈共同控制1个触点，常用于多个控制器件控制同一用电器。

📷 活动设计

一、活动名称

汽车电气元器件测试。

二、活动条件

1）汽车继电器、汽车熔丝、万用表等。

2）汽车电器实训台4个或者整车4辆、所需电气元器件。

三、活动组织

1）分小组，4~5 人组成 1 个小组。

2）选出小组长和评价员，记录评价组员的任务完成情况。

3）小组中进行分工互换，确保每个学生都动手实践。

四、安全及注意事项

1）安全、规范地使用举升机。

2）不要损坏物件及防止物件坠落伤人。

3）及时清理场地，做好现场 6S 管理。

五、活动实施

活动一　作业准备、识别车辆（台架）信息

1）作业准备（工具、器材、安全防护）。

2）找到并记录车辆（台架）品牌型号、车架号信息。

活动二　检测汽车熔丝

1）正确找到汽车熔丝的安装位置，如图 1-45 和图 1-46 所示。

图 1-45　熔丝盒 1

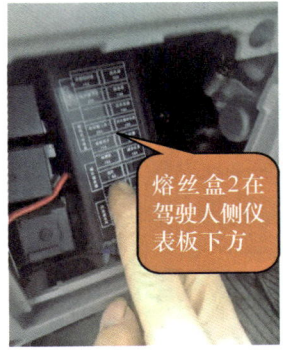

图 1-46　熔丝盒 2

2）说出不同颜色汽车熔丝的额定工作参数，如图 1-47 所示。

活动三　检测汽车继电器

1）说出汽车继电器的安装位置，如图 1-48 所示。

2）指出汽车继电器的结构，如图 1-49 所示。

3）规范地进行继电器静态检测，如图 1-50 所示。将数字式万用表置于 "200Ω" 档，两表笔（不分正、负）接继电器线圈的两端子，万用表指示值应与该继电器的线圈电阻值基本相符。如果电阻值明显偏小，

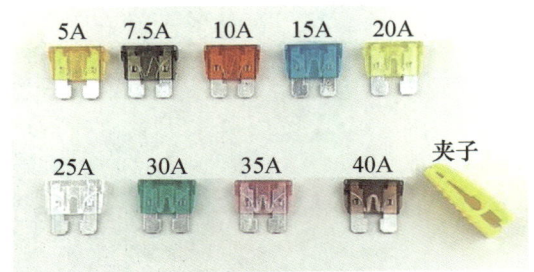

图 1-47　汽车熔丝

说明线圈局部短路；如果阻值为 0，说明两线圈端子间短路；如果阻值为无穷大，说明线圈已断路或端子脱焊。

图 1-48　汽车继电器的安装位置

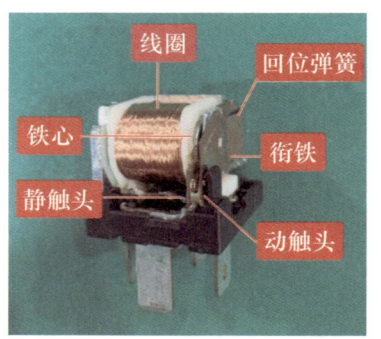

图 1-49　汽车继电器的结构

4）规范地进行继电器动态检测，如图 1-51 所示。给继电器线圈加上规定的工作电压（一般为 12V），然后用数字式万用表"200Ω"档检测触点的通断情况。通电时，应能听到继电器吸合声，或者用手感受一下继电器有没有振动感，如果有，说明继电器电磁线圈工作基本正常。在通电状态时，用万用表检测继电器的常开触点应导通，常闭触点应断开。

图 1-50　继电器的静态检测

图 1-51　继电器的动态检测

活动四　检测汽车点火开关

1）说出点火开关的安装位置，如图 1-52 所示。

2）对点火开关进行检测，如图 1-53 所示。

图 1-52　点火开关的安装位置

图 1-53　对点火开关进行检测

项目二

汽车电源系统维护及检修

工作任务一　认识汽车蓄电池

职业能力

能在车辆上正确找到蓄电池的安装位置，并能说出蓄电池的整体结构特点及型号含义。

学习目标

1. 能说出汽车蓄电池的型号、功能及各组成部件的名称。
2. 能述说汽车蓄电池的工作原理和反应表达式。
3. 能述说汽车蓄电池使用及维护的方法。
4. 培养学生小组协作、团队沟通的能力，认真细致的工作作风。

基础知识

一、蓄电池的功用

蓄电池俗称为电瓶，是一种将化学能转换为电能的装置，是一种可逆的直流电源。汽车上一般装有蓄电池与发电机两个直流电源，全车用电设备均与电源并联连接。汽车电源系统电路图如图2-1所示。

蓄电池的功用如下：

1）起动发动机时，给起动系统和点火

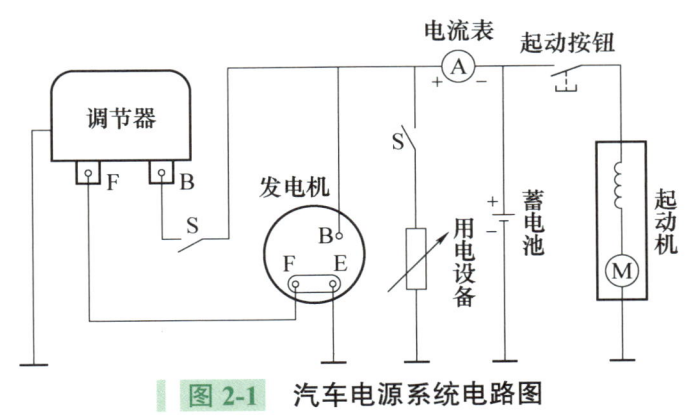

图 2-1　汽车电源系统电路图

系统供电。

2）发动机低速运转时，向用电设备和发电机磁场绕组供电。

3）发动机中、高速运转时，将发电机剩余电能转化为化学能储存起来。

4）发电机过载时，协助发电机向用电设备供电。

5）蓄电池相当于一个大电容器，能吸收电路中出现的瞬时过电压，保护电子元件，保持汽车电气系统电压稳定。

二、汽车用蓄电池的分类

一般汽车用蓄电池有铅酸蓄电池和碱性蓄电池。

铅酸蓄电池分为普通型、干荷电型、湿荷电型、免维护型和胶体型。

技术与创新

新能源汽车技术的高速发展，为动力蓄电池技术的创新发展带来了巨大的动力，特别是以比亚迪、宁德时代为代表的我国的动力蓄电池生产企业，为新能源汽车产业的发展和壮大做出了自己巨大的贡献，为我国的科技企业点赞，只有不断地创新，科技才会有质的飞跃！

三、普通蓄电池的结构

现代汽车用普通蓄电池由3只或6只单格蓄电池串联而成，每只单格蓄电池电压约为2V，串联成6V或12V供汽车选用。柴油机汽车电压设计为24V。蓄电池主要由极板、隔板、电解液、蓄电池盖板、加液孔盖和外壳组成，如图2-2所示。

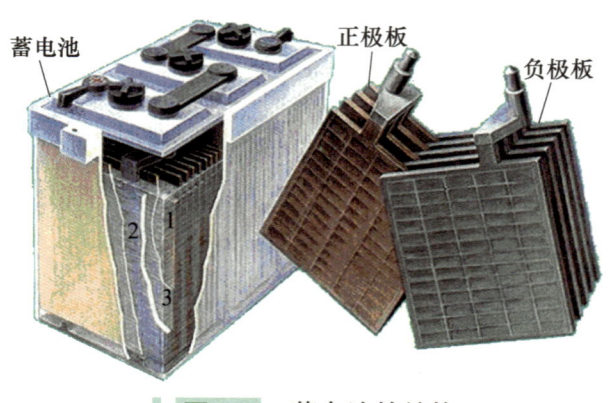

图 2-2　蓄电池的结构

1. 极板

极板是蓄电池的核心部分，分为正极板和负极板两种。蓄电池在充放电过程中，电能与化学能的相互转换就是依靠极板上的活性物质与电解液中的硫酸发生化学反应来实现的。正极板上的活性物质为二氧化铅（PbO_2），呈深棕色。负极板上的活性物质为海绵状纯铅（Pb），呈深灰色。1片正极板和1片负极板浸入电解液中，可得到2V左右的电动势。为增大蓄电池容量，常将多片正、负极板分别并联组成正、负极板组。因为正极板的强度较低，所以在单格蓄电池中，负极板总比正极板多1片，即每1片正极板都处于两片负极板之间，保持其放电均匀，防止变形。

2. 隔板

隔板放置在正、负极板之间，以避免正、负极板之间接触而短路。隔板应具有多孔性，以便电解液渗透，且化学稳定性要好，具有耐酸和抗氧化性。

3. 电解液

电解液是蓄电池内部发生化学反应的主要物质，由硫酸和蒸馏水按一定的比例配制而成。

蓄电池电解液的密度一般为 1.24~1.28g/cm³，应根据地区、气候条件和制造厂的要求确定，见表2-1。

表2-1 不同地区和气候条件下电解液的密度

气候条件	完全充足电的蓄电池在25℃时的电解液密度/（g/cm³）	
	冬季	夏季
冬季温度低于-40℃的地区	1.30	1.26
冬季温度低于-40℃的地区	1.28	1.24
冬季温度低于-30℃的地区	1.27	1.24
冬季温度低于-20℃的地区	1.26	1.23
冬季温度在0℃以上的地区	1.23	1.23

使用中应注意，电解液的腐蚀性极强，如果身体裸露部位接触了蓄电池电解液，应立即用清水彻底冲洗，严重时应求助医生。

4. 外壳

蓄电池的电解液和极板组装在外壳中，外壳应耐酸、耐热、耐振动冲击。外壳为整体式结构，壳内间壁分成3个或6个互不相通的单格，单格电池之间均用铅质联条串联，每个单格电池设有一个加液孔，可以加注电解液或检测电解液密度。孔盖上设有通气孔，便于排出蓄电池内部的气体，防止外壳胀裂，发生事故。

四、蓄电池的型号

《铅酸蓄电池名称、型号编制与命名方法》（JB/T 2599—2012）规定，蓄电池的型号为

| Ⅰ串联的单体蓄电池数 | Ⅱ蓄电池用途、结构特征代号 | Ⅲ额定容量 |

第Ⅰ部分表示串联的单体蓄电池数，用阿拉伯数字表示，蓄电池标准电压是该数字的2倍。

第Ⅱ部分表示蓄电池用途、结构特征代号，用两个汉语拼音字母表示。第1个字母为"Q"，表示起动型铅酸蓄电池。第2个字母表示蓄电池结构特征。

第Ⅲ部分表示额定容量，指20h放电率额定容量，用阿拉伯数字表示，单位为A·h，在型号中单位可省略。在其后用一个字母表示特殊性能。

例：6-Q-120 表示 6 个单体蓄电池串联，额定电压为 12V，额定容量为 120A·h 的普通起动型铅酸蓄电池。

6-QAW-60 表示 6 个单体蓄电池串联，额定电压为 12V，额定容量为 60A·h 的干式荷电免维护起动型铅酸蓄电池。

五、工作原理与特性

1. 工作原理

蓄电池放电时，正、负极的活性物质均变成硫酸铅（$PbSO_4$），充电后恢复到原来的状态，即正极转变成二氧化铅（PbO_2），负极转变成海绵状铅（Pb）。

蓄电池的放电化学反应方程式为

$$PbO_2 + 2H_2SO_4 + Pb \rightarrow 2PbSO_4 + 2H_2O \text{（电解液密度降低）}$$

蓄电池的充电化学反应方程式为

$$2PbSO_4 + 2H_2O \rightarrow PbO_2 + 2H_2SO_4 + Pb \text{（电解液密度升高）}$$

蓄电池放电时，电流从正极经外电路流向负极，再由负极经内电路流向正极。在放电过程中，两极板上的活性物质逐渐被消耗，两极板上都生成了硫酸铅，随着放电的不断进行，硫酸逐渐被消耗，同时生成水，使电解液的浓度逐渐降低。

蓄电池充电时，外部直流电源以适当的反向电流注入，这种反向电流使活性物质还原。铅酸蓄电池的充电反应是放电反应的逆反应，正、负极板上的硫酸铅分别变成二氧化铅和海绵状铅，电解液中的水分子不断消耗，硫酸分子不断生成，电解液密度不断升高。

2. 工作特性

蓄电池放电终了的特征为单格电压降到放电终止电压（单格终止电压和放电电流有关），电解液密度降到最小终止值。

蓄电池充电终了的特征为端电压和电解液密度上升到最大值（2.7V），且在 2h 内不上升，电解液中剧烈冒气泡，呈沸腾现象。

六、蓄电池容量及其影响因素

1. 蓄电池容量

蓄电池的容量是指在规定的放电条件下，完全充足电的蓄电池所能放出的电量，用 C 表示。蓄电池的容量是标志蓄电池对外放电能力、衡量蓄电池质量的优劣以及选用蓄电池的最重要指标。

蓄电池的容量等于放电电流与持续放电时间的乘积，单位为 A·h。

2. 影响蓄电池容量的因素

蓄电池容量由构造因素和使用因素两方面决定。构造因素包括极板的厚度、面积和中心距等，使用因素包括放电电流、电解液温度与密度等。

（1）构造因素对蓄电池容量的影响

1）极板厚度：越薄越好。

2）极板面积：越大越好，方法：增加片数和提高活性物质多孔率。

3）同性极板中心距：越小越好，可减小内阻。

（2）使用因素对蓄电池性能的影响

1）放电电流：放电电流越大，蓄电池输出容量越小。

2）电解液温度：电解液温度降低，蓄电池的输出容量减小。

3）电解液的相对密度：适当增大电解液的相对密度，可以提高电解液的渗透速度及蓄电池的电动势，并可使其容量增大。但电解液相对密度的增大，会使电解液黏度增大，使电解液向孔隙内渗透的速度降低，内阻增大，导致端电压和容量的减小。

七、蓄电池的使用

1. 蓄电池的选用要求

蓄电池电压必须和电气系统的额定电压一致，容量必须满足汽车起动的要求。起动发动机时，蓄电池在 5~10s 内要向起动机连续供给强大电流（汽油机为 200~600A，柴油机为 800~1000A），因此，要求蓄电池容量大、内阻小，有足够的起动能力，并且每次起动发动机的时间不得超过 5s，再次起动时间间隔应超过 15s。

2. 蓄电池的正确使用

（1）三抓

1）抓正确及时充电。放完电的蓄电池应在 24h 内充电，汽车上使用的蓄电池要定期补充充电（2 个月 1 次），放电程度：冬季不超过 25%、夏季不超过 50%，带电解液存放的蓄电池要定期补充充电（2 个月 1 次）。

2）抓正确操作使用。每次起动时间不超过 5s，起动间隔时间应超过 15s，最多连续起动 3 次，车上蓄电池应固定牢靠，安装、搬运时应轻搬轻放。

3）抓清洁维护。保持蓄电池表面清洁，及时清除蓄电池表面的酸液，经常疏通气孔。

（2）五防

1）防止长时间过充电和充电电流过大。

2）防止过度放电。

3）防止电解液液面过低。

4）防止电解液密度过高。

5）防止电解液内混入杂质。

（3）冬季使用蓄电池应注意事项

1）应特别注意保持其处于充足电状态，以防结冰。

2）冬季补加蒸馏水应在充电时进行，以防结冰。

3）冬季蓄电池的容量降低，发动机起动前应进行预热，每次起动时间不超过5s，两次起动时间间隔应超过15s。

4）冬季气温低，蓄电池充电困难，应经常检查蓄电池的存电状况。

3. 蓄电池的储存

（1）未灌电解液的蓄电池的储存

1）干燥、通风，室温为5~40℃。

2）避免暴晒，远离热源。

3）按行存放于木架上。

4）旋紧加液孔盖，通气孔密闭。

（2）使用过的蓄电池的长时间储存

1）干法储存。先将其充足电，再按20h放电率放电至单格电压为1.75V，倒出电解液，加入蒸馏水，3h后更换蒸馏水，反复进行至浸不出来酸为止，倒干净蒸馏水，旋紧加液孔盖，封闭通气孔。

2）带电解液的蓄电池的储存。将其充足电，旋紧加液孔盖，室内应通风、干燥，室温为5~30℃，定期补充充电。

4. 蓄电池常见的充电种类

（1）蓄电池的初充电　干式荷电蓄电池初次使用时，只需按规定加足电解液后，静放20~30min即可装车使用。

（2）蓄电池的补充充电

1）清洁蓄电池外部的脏污以及极柱上的氧化物，疏通通气小孔并拧下加液孔盖。

2）连接充电机的正、负极到蓄电池的正、负极，准备充电。

3）补充充电常采用改进定流充电法，其步骤：检查电解液液面高度，若不足，应补加蒸馏水；选择充电电流为蓄电池额定容量的1/10，充至单格电压达2.3~2.4V；充电电流减半，即蓄电池额定容量的1/20，充至单格电压达2.5~2.7V。

📷 活动设计

一、活动名称

汽车蓄电池认识。

二、活动条件

1）实训室工作台5个以上，各工作台配备零件盆、毛巾等用品。

2）普通铅酸蓄电池10个（完整的5个、分解的5个）。

三、活动组织

1）分小组，4~5人组成1个小组。
2）选出小组长和评价员，记录评价组员的任务完成情况。
3）小组中进行分工互换，确保每个学生都动手实践。

四、安全及注意事项

1）防止蓄电池倾倒漏出硫酸及不要接触到硫酸。
2）不要损坏物件及防止物件坠落伤人。
3）及时清理场地，做好现场6S管理。

五、活动实施

活动一　作业准备、识别车辆（台架）信息

1）作业准备（工具、器材、安全防护）。
2）找到并记录车辆（台架）品牌型号、车架号信息。

活动二　指出蓄电池安装位置及型号

1）指出蓄电池的安装位置，如图2-3所示。
2）指出蓄电池的型号，如图2-4所示。

图2-3　蓄电池的安装位置　　　　图2-4　蓄电池的型号

活动三　核对蓄电池相关参数

1）核对蓄电池实车信息，如图2-5所示。
2）核对蓄电池厂家信息，见表2-2。
3）对蓄电池信息进行分析。

活动四　对照实物指出蓄电池整体结构

1）指出正、负极柱，说出其特点，如图2-6所示。
2）指出加液孔、加液孔盖，说出其特点，如图2-6所示。

图2-5　蓄电池实车信息

表 2-2 蓄电池厂家信息

品牌名称	选装代码	型号
GS 统一	55D26L-KR	6-QW-60（450）
额定电压	额定容量	蓄电池类型
12V	60A·h	免维护蓄电池

3）指出正、负极板，说出其特点，如图 2-7 所示。

4）指出联条、横板隔板、外壳，说出其特点，如图 2-7 所示。

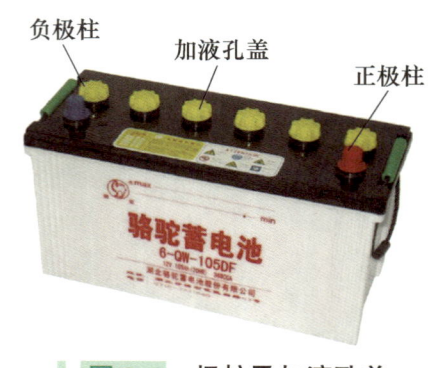

图 2-6 极柱及加液孔盖

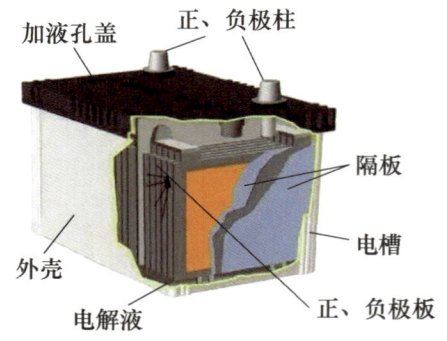

图 2-7 极板、联条、隔板、外壳

工作任务二　汽车蓄电池维护及检修

职业能力

能分析蓄电池的常见故障并给出故障排除方法；能对蓄电池的电压、电解液密度、放电情况进行检测，并通过对蓄电池检测的各参数进行分析、判断；能对汽车蓄电池进行维修及更换作业。

学习目标

1. 能使用密度计对蓄电池进行电解液密度检测。
2. 能使用万用表、蓄电池测试仪对汽车蓄电池进行电压和容量检测。
3. 能对蓄电池检测的参数进行分析、判断。
4. 能分析蓄电池的常见故障并给出故障排除方法。
5. 能对蓄电池进行更换作业。
6. 培养学生团结协作、科学分析的工匠精神。

基础知识

一、蓄电池的检测

1. 外部检查

1) 区分蓄电池的正极与负极。

2) 检查蓄电池封胶有无开裂和损坏,极柱有无破损,壳体有无泄漏,否则应修复或更换。

3) 先用温水清洗蓄电池外部的灰尘、泥污,再用碱水清洗。

4) 疏通加液盖通气孔,用钢丝刷或极柱接头清洗器除去极柱和接头的氧化物,并涂一层薄薄的工业凡士林或润滑脂。

2. 电解液检测

（1）电解液液面高度检查　电解液液面应在蓄电池外壳上、下液面线之间。当电解液液面低于电解液液位标记"Min"时,只能使用蒸馏水来补足液面高度。可用玻璃管测量电解液液面高度,如图 2-8 所示,用内径为 4~6mm、长度约为 150mm 的玻璃管检测电解液液面高度。要求液面高出隔板上沿 10~15mm。对于半透明式蓄电池,液面应位于最高和最低液面标记之间。液面过低时,应补加蒸馏水;液面过高时,应用密度计吸出部分电解液。

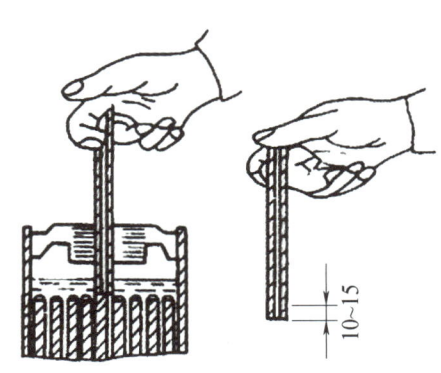

图 2-8　电解液液面高度的检查

（2）电解液相对密度检测　用吸式密度计或冰点仪进行电解液相对密度检测,方法如图 2-9 所示。可根据蓄电池充电状态与电解液密度的关系（见表 2-3）判断蓄电池的充电状态。

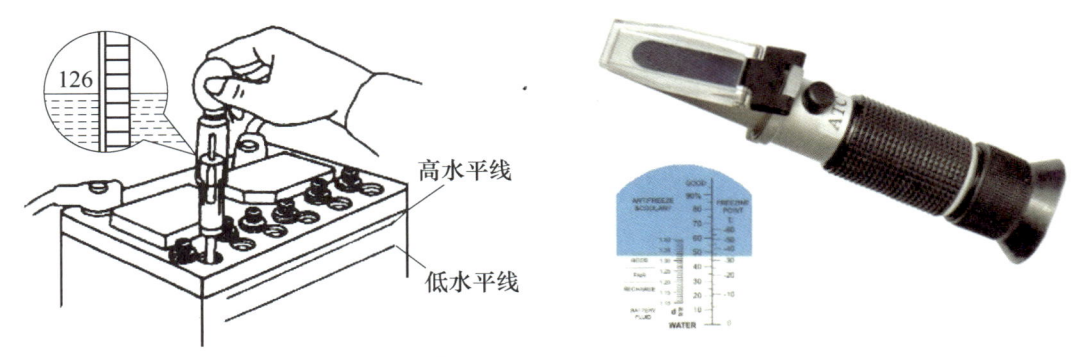

图 2-9　电解液相对密度的检测

3. 电压检测

（1）静止电动势（开路电压）检测　若蓄电池刚充过电或车辆刚行驶过,应打开前照灯远光灯 30s,消除"表面充电"现象,然后熄灭前照灯,切断所有负载,用万用表测量蓄电池的开路电压,并根据表 2-4 判断放电程度。

表 2-3 蓄电池充电状态与电解液密度的关系(温度 25℃)

充电状态(%)	100	75	50	25	0
电解液密度 /(g/cm^3)	1.27	1.23	1.19	1.15	1.11

表 2-4 蓄电池电压与放电程度对照表

蓄电池开路电压 /V	≥12.6	12.4	12.2	12.0	≤11.7
放电程度(%)	0	25	50	75	100

(2)负荷试验检测

1)车上起动测试。在发动机正常温度下,将一只电压表接在蓄电池的正、负极上,断开喷油器电路,使发动机不能起动。起动发动机连续运转 5~10s,同时观察电压表的读数,在起动机和电路连接良好的情况下,12V 的蓄电池电压在 9.6V 或高于 9.6V 时,说明蓄电池技术状况良好;如果电压低于上述值,则说明蓄电池处于亏电状况,存电量不足。

2)高率放电计测试。高率放电计用于测量蓄电池电压和存电量之间的关系。测试时,将两放电针压在蓄电池正、负极柱上并保持 15s,若电压稳定,根据电压数值判断放电程度,若电压迅速下降,说明蓄电池已损坏。

测 12V 蓄电池时,将蓄电池充满电,电解液密度在 $1.24g/cm^3$ 以上,接入时间为 3~5s,则

① 电压保持在 10.5V 以上,说明存电量为充足,蓄电池无故障。
② 电压保持在 9.6~10.5V 范围内,说明存电量为不足,蓄电池无故障。
③ 电压降到 9.6V 以下,说明存电量严重不足或蓄电池有故障。

4. 免维护蓄电池检查

免维护蓄电池因其在正常充电的情况下,电解液仅产生少量的气体,极板有很强的抗过充电能力,而且具有内阻小、低温起动性能好、比常规蓄电池使用寿命长等特点,所以在整个使用期间不需添加蒸馏水,在充电系统正常的情况下,不需要从车上拆下进行补充充电。但在维护时,应对其电解液的密度进行检查。大多数免维护蓄电池在盖上设有一个孔形液体(温度补偿型)密度计,它会根据电解液密度的变化而改变颜色,如图 2-10 所示,可以指示蓄电池的存放电状态和电解液液位的高度。当密度计的指示孔显示绿色时,表明充电已充足,蓄电池正常;当指示孔绿点很少或为黑色时,表明蓄电池需要充电;当指示孔显示淡黄色或无色时,表明蓄电池内部有故障,需要修理或进行更换。

二、蓄电池的常见故障及排除方法

蓄电池的常见故障包括内部故障和外部故障。外部故障主要为外壳裂纹、极柱腐蚀、极柱松动、封胶干裂。内部故障主要为极板硫化、活性物质脱落、极板栅架腐蚀、自放电、极板短路、极板拱曲。

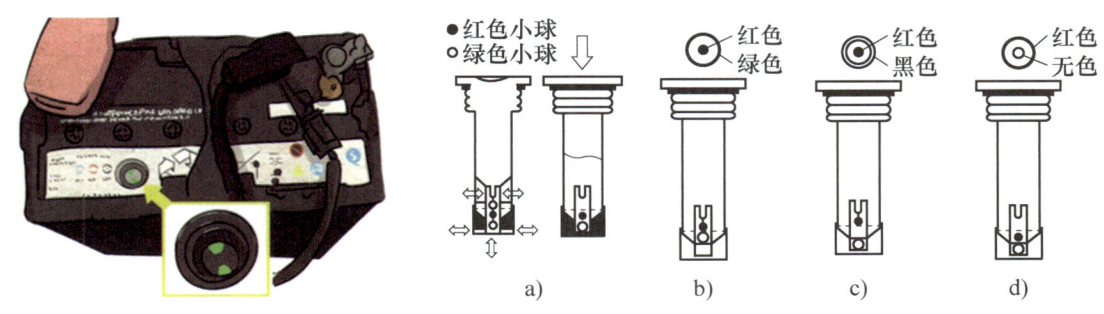

图 2-10 免维护蓄电池的检查

a）指示器结构　b）电量充足　c）充电不足　d）电解液不足

1. 极板硫化

极板硫化是极板上生成白色的粗晶粒硫酸铅的现象。粗晶粒硫酸铅的导电性差，正常充电过程中很难转化还原。由于晶粒粗、体积大，会堵塞活性物质的孔隙，阻碍电解液的渗透，使蓄电池内阻增大。

（1）故障特征

1）放电时，内阻大，电压急剧下降，不能持续供给起动电流。

2）充电时，内阻大，单体蓄电池的充电电压高达2.8V以上，密度上升慢，温度上升快，过早出现沸腾现象。

（2）故障原因

1）蓄电池长期充电不足或放电后不及时充电，温度变化时，硫酸铅发生再结晶。

2）蓄电池液面过低，极板上部发生氧化后与电解液接触，生成粗晶粒硫酸铅。

3）电解液密度过大、电解液不纯或气温变化剧烈等促使硫化。

4）经常过放电，使硫酸铅深入极板内层，充电时不能恢复，导致硫化。

（3）处理措施

1）硫化不严重时，采用去硫充电法充电。

2）硫化严重时，报废。

3）保持蓄电池经常处于充足电状态：

① 汽车上的蓄电池定期彻底充电。

② 放完电的蓄电池在24h内充电。

4）电解液液面高度与密度符合规定。

2. 活性物质脱落

（1）故障特征　蓄电池输出容量下降，充电时电解液混浊，有棕色物质自底部升起。

（2）故障原因

1）充电电流过大，水被电解，产生大量气体。

2）过充电时间过长：电解水→产生 $H_2\uparrow$ 和 $O_2\uparrow$ →冲击极板上的活性物质。

3）低温大电流放电，硫酸铅迅速生成，体积膨胀，造成极板拱曲，使活性物质脱落。

4）汽车行驶时颠簸、振动。

3. 自放电

蓄电池在无负载的状态下，电量自动消失的现象称为自放电。蓄电池的自放电是不可避免的。

（1）故障特征　充足电的蓄电池在 30 天内每昼夜容量降低超过 $2\%Q_e$，称为故障性自放电。

（2）故障原因

1）电解液含杂质过多（不纯）。

2）电解液密度偏大。

3）蓄电池表面不清洁。

4）栅架中含锑。

（3）防止措施

1）使用符合标准的硫酸和蒸馏水配置电解液。

2）配置电解液的容器保持清洁。

3）防止杂质进入蓄电池内。

4）蓄电池表面保持清洁、干燥。

（4）处理措施　发生自放电后，将蓄电池完全放电，倒出电解液，取出极板组，抽出隔板，用蒸馏水冲洗之后重新组装，加入新的电解液。

4. 极板短路

（1）故障特征　充电电压很低或为零，密度上升很慢或不上升，气泡很少或无气泡。

（2）故障原因　活性物质大量脱落，沉积后将正、负极板连通。必须拆开检查。

三、蓄电池的更换

1. 蓄电池更换前检查

1）长期不用的蓄电池，往往会导致自放电，且可能使其硫酸盐化。如果用一般的充电器对蓄电池快速充电，蓄电池将不能吸收电能或过早显示已"完全充电"的信号，实际上仅为表面充电。

2）如果蓄电池中的电解液密度偏差不大于 $0.02\mathrm{g/cm^3}$，则蓄电池可以充电。

3）充电电流一般采用 3~5A，因此可以使用低输出的充电器。

4）充电结束后，蓄电池必须经过深放电试验。仅当蓄电池输出值不稳定时才视为不合格。

2. 蓄电池的更换作业

（1）拆卸原蓄电池

1）确认蓄电池的安装部位，在相应位置做好车身防护措施。

2）拆卸蓄电池防护罩等外部保护装置，用万用表测量两极柱间的电压，或通过观察孔查看蓄电池状态。

3）如车辆带有防盗系统，可以先接上外接电源，或者并联一块电量充足的蓄电池。注意先连接正极再连接负极，外接电源的正极可直接连在蓄电池正极接线柱上，但负极不能直接连在蓄电池负极接线柱上，而应该连接到车身搭铁处。

4）关闭故障车辆的点火开关，先断开蓄电池的负极连接线，再断开蓄电池的正极连接线。如果蓄电池带有通气管，要先将其取下。

5）拆除蓄电池的固定装置，取出蓄电池。如果车辆连接了外接电源，不要使正极接线与车身接触，可用棉布等进行隔离。

6）如果原蓄电池有漏液腐蚀现象，需要对蓄电池连接线等进行清洁。

（2）安装新蓄电池

1）安装新的蓄电池前，如果蓄电池品牌、型号不一致，要对比两蓄电池的外形尺寸和接线柱位置，还要仔细核对蓄电池的容量和冷起动电流参数。

2）将新蓄电池放置到安装位置，并进行固定。对于带有通气管的蓄电池，从旧蓄电池上取下通气管接头，安装到新的蓄电池上。

3）连接蓄电池接线时，要先连接正极，再连接负极。安装完成后，可在蓄电池接线柱上喷涂防锈保护剂或无酸酯进行保护。

4）检查并确认紧固可靠后，即可拆除外接电源。起动发动机，检查发电机电压，可在发电机输出端测量，也可在蓄电池接线柱上测量，如有专用诊断设备，还可以读取数据流中的电压数据。

5）在更换蓄电池后，使用故障诊断仪清除系统中记录的相关故障码。

6）确认电气系统检查无误后，安装好蓄电池保护装置，取下车身保护设施，关闭发动机舱盖或行李舱盖。

活动设计

一、活动名称

汽车蓄电池维护及检修。

二、活动条件

1）实训室工作台5个以上，各工作台配备零件盆、毛巾等用品。

2）密度计（吸式玻璃管和冰点仪）、万用表、高率放电计各5个。

3）普通铅酸蓄电池5个，车辆5辆或台架5台。

三、活动组织

1）分小组，4~5人组成1个小组。

2）选出小组长和评价员，记录评价组员的任务完成情况。

3）小组中进行分工互换，确保每个学生都动手实践。

四、安全及注意事项

1）防止蓄电池倾倒漏出硫酸及不要接触到硫酸。

2）不要损坏物件及防止物件坠落伤人。

3）及时清理场地，做好现场 6S 管理。

五、活动实施

活动一　作业准备、识别车辆（台架）信息

1）作业准备（工具、器材、安全防护）。

2）找到并记录车辆（台架）品牌型号、车架号信息。

活动二　检测蓄电池电解液

1）检查蓄电池电解液液面高度，如图 2-11 所示。

2）检测蓄电池电解液密度（采用冰点仪检测），如图 2-12 所示。

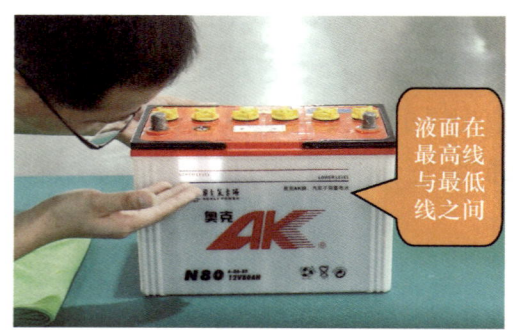

图 2-11　蓄电池电解液液面高度的检查

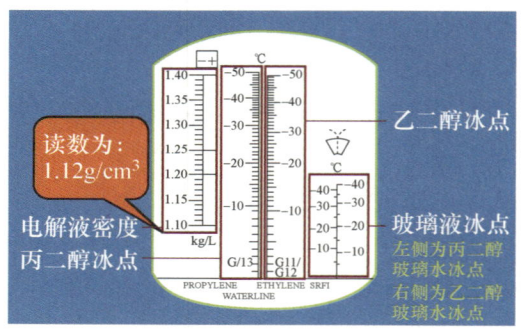

图 2-12　蓄电池电解液密度的检测

活动三　检测蓄电池电压

1）检测静态电压（蓄电池不对外供电工况），如图 2-13 所示。

2）检测起动电压（蓄电池处于起动供电工况），如图 2-14 所示。

3）检测蓄电池测试仪（高率放电计），如图 2-15 所示。

活动四　检测蓄电池相关电路寄生电流

1）检测蓄电池正、负极电缆寄生电流，如图 2-16 所示。

图 2-13　静态电压的检测

2）检测充电电缆寄生电流，如图 2-17 所示。

图 2-14　起动电压的检测

图 2-15　蓄电池测试仪的检测

图 2-16　正、负极电缆寄生电流的检测

图 2-17　充电电缆寄生电流的检测

活动五　更换蓄电池

1）拆卸原蓄电池，如图 2-18 所示。

2）安装新蓄电池，如图 2-19 所示。

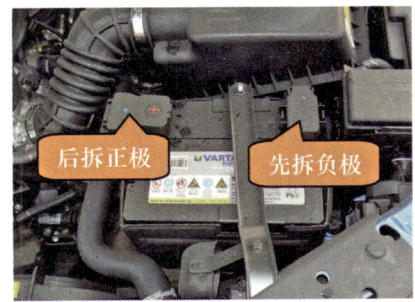

图 2-18　蓄电池的拆卸

图 2-19　蓄电池的安装

工作任务三　认识汽车发电机

职业能力

能在车辆上正确找到交流发电机的安装位置；能述说交流发电机的构造及工作原理，并能规范地拆装交流发电机。

学习目标

1. 能说出汽车发电机的型号、功能及各组成部件的名称。
2. 能述说汽车发电机的发电、整流及电压调节的工作原理。
3. 培养学生团结协作、精益求精的工匠精神和为人民服务的信念。

基础知识

一、发电机的功用

发电机是汽车的主要电源，其功用是在发动机正常运转（怠速以上）时，向所有用电设备（起动机除外）供电，同时给蓄电池充电。

二、发电机的分类

汽车用发电机可分为直流发电机和交流发电机，由于交流发电机在许多方面优于直流发电机，目前，所有的汽车均采用交流发电机。交流发电机按照不同的分类方法可分为以下几类：

1. 按总体结构分

1）普通交流发电机（使用时需要配装电压调节器的发电机），例如 JF132（EQ140 用）。

2）整体式交流发电机（发电机和电压调节器制成一个整体的发电机），例如别克轿车的发动机上装配的是 CS 型发电机（包括 CS-121、CS-130 和 CS-144 3 种不同的型号）。

3）带泵交流发电机（和汽车制动系统用真空助力泵安装在一起的发电机），例如 JFZB292 发电机。

4）无刷交流发电机（不需要电刷的发电机），例如 JFW1913。

5）永磁交流发电机（磁极为永久磁铁制成的发电机）。

2. 按整流器结构分

1）6 管交流发电机 JF1522（东风汽车用）。

2）8 管交流发电机 JFZ1542（天津夏利汽车用）。

3）9 管交流发电机（日本日立、马自达汽车用）。

4）11 管交流发电机 JFZ1913Z（奥迪、桑塔纳汽车用）。

3. 按磁场绕组搭铁形式分

1）内搭铁型交流发电机：磁场绕组的一端（负极）直接搭铁（和壳体相连）。

2）外搭铁型交流发电机：磁场绕组的一端（负极）接入调节器，通过调节器后再搭铁。

三、发电机型号

根据《汽车电气设备产品型号编制方法》（QC/T 73—1993）的规定，汽车交流发电机的型号组成如下：

| 1 | 2 | 3 | 4 | 5 |

1. 产品代号

产品代号用中文字母表示：

例：JF—普通交流发电机　JFZ—整体式交流发电机

JFB—带泵的交流发电机　JFW—无刷交流发电机

2. 分类代号（电压等级）

电压等级用一位阿拉伯数字表示，例：1 表示 12V 系统，2 表示 24V 系统，6 表示 6V 系统。

3. 分组代号（电流等级）

电流等级用一位阿拉伯数字表示，其含义见表 2-5。

表 2-5　电流等级代号

代号	1	2	3	4	5	6	7	8	9
电流等级 /A	0~19	≥20~29	≥30~39	≥40~49	≥50~59	≥60~69	≥70~79	≥80~89	≥90

4. 设计序号

设计序号用 1~2 位阿拉伯数字表示，表示产品设计的先后顺序。

5. 变形代号

交流发电机以调整臂的位置作为变形代号。从驱动端看，调整臂在左边用 Z 表示，调整臂在右端用 Y 表示，调整臂在中间不加标记。

注：进口发电机不符合上述标准。

四、交流发电机的工作原理

交流发电机的工作原理如图 2-20 所示。

1）在发电机内部有一个由发动机带动的转子（旋转磁场）。

2）磁场外有一个定子绕组，绕组有3组线圈（3相绕组），3相绕组彼此相隔120°。

3）当转子旋转时，旋转的磁场使固定的电枢绕组切割磁力线（或者说使电枢绕组中通过的磁通量发生变化），从而产生电动势。

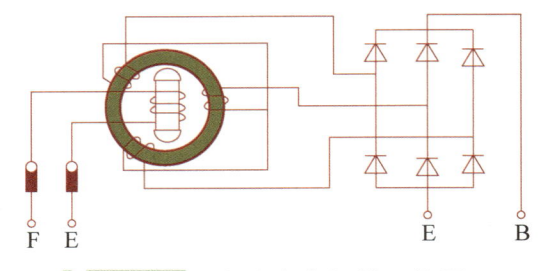

图 2-20　交流发电机的工作原理

五、整流原理

在交流发电机定子的三相绕组中，感应产生的是交流电，然后通过6只二极管组成的三相桥式整流电路转变为直流电。

1. 整流原理

三相桥式整流电路及电压波形如图2-21所示。

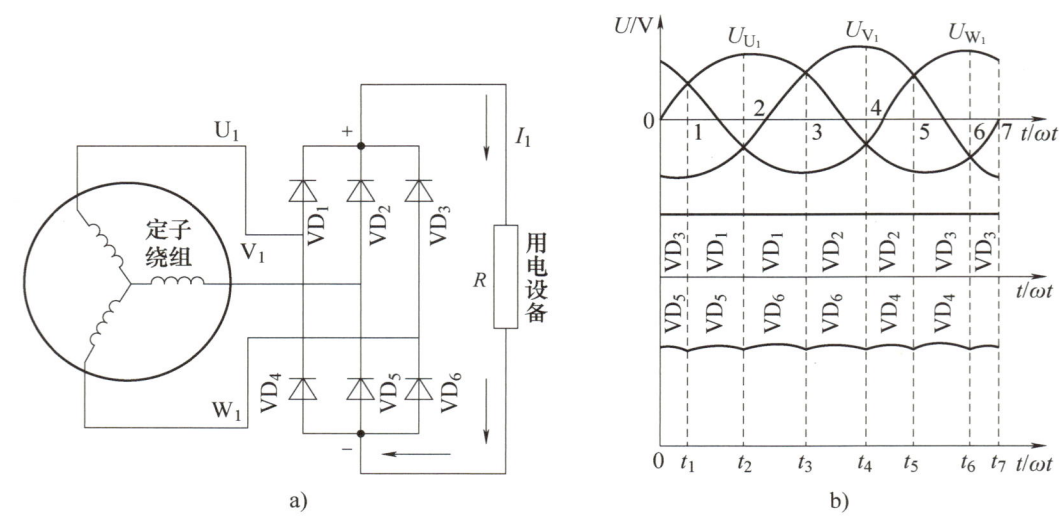

图 2-21　三相桥式整流电路及电压波形

a）整流电路　b）电压波形

2. 中性点电压

有的发电机具有中性点接线柱（见图2-22），是从三相绕组的中性点引出来的，标记为"N"。输出电压为U_N，称为中性点电压。

中性点电压的瞬时值是一个3次谐波电压，中性点电压的平均值为发电机输出电压（平均值）的一半，即

$$U_N = U_B/2$$

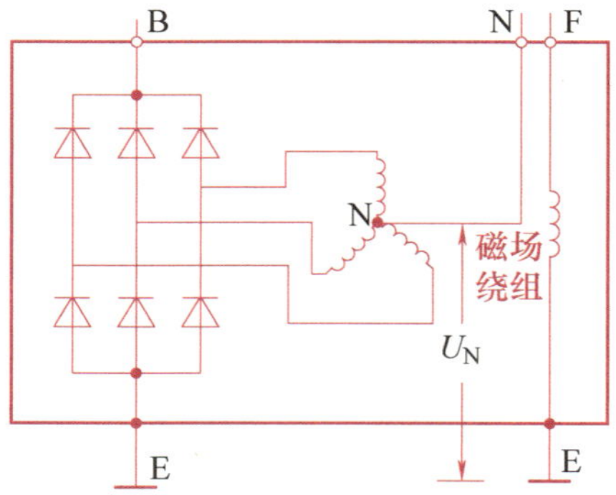

带有中性点接线柱的发电机，可用中性点电压来控制各种用途的继电器。

图 2-22　具有中性点接线柱的发电机

六、交流发电机的结构

交流发电机一般由转子、定子、整流器和端盖组成。

JF1521型交流发电机组件图如图2-23所示。

1. 转子

转子的功用是产生旋转磁场。转子由爪极、磁轭、磁场绕组、集电环和转子轴组成，如图2-24所示。

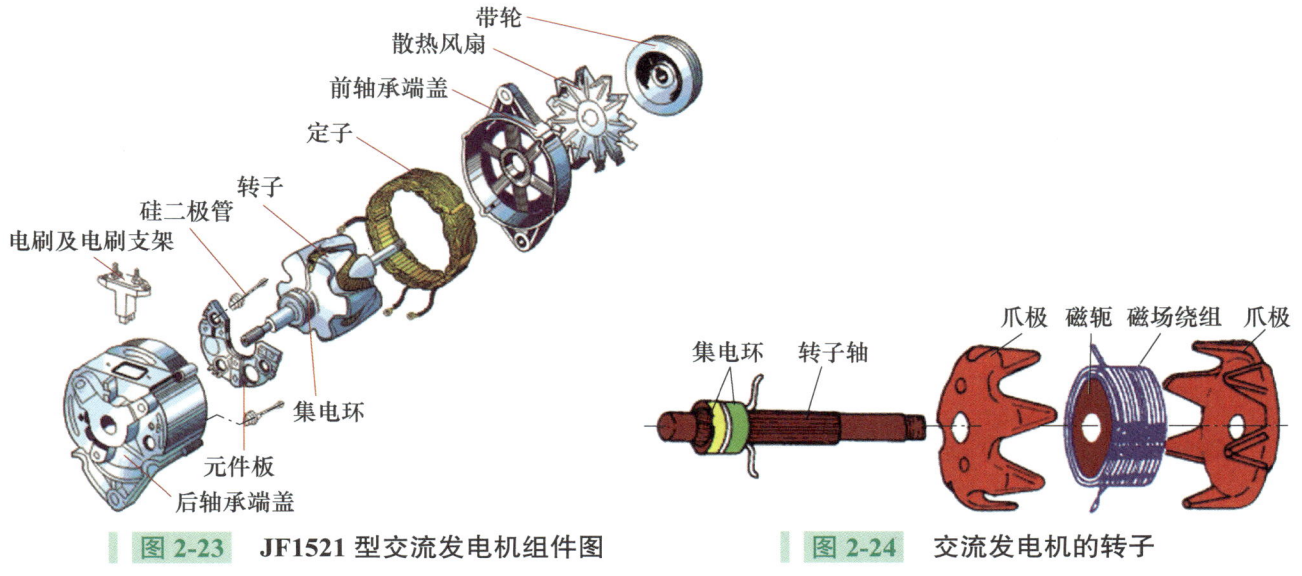

图2-23　JF1521型交流发电机组件图

图2-24　交流发电机的转子

2. 定子

定子的功用是产生交流电。定子由定子铁心和定子绕组组成，如图2-25所示。

3. 整流器

交流发电机整流器（见图2-26）的作用是将定子绕组的三相交流电转变为直流电。

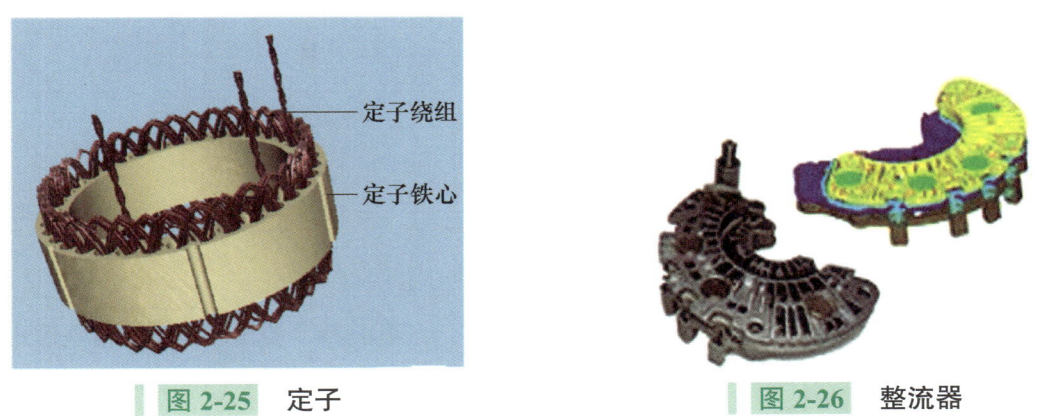

图2-25　定子

图2-26　整流器

引出线为正极的管子称为正极管，引出线为负极的管子称为负极管。将正极管安装在一块铝制散热板上，称为正整流板；将负极管安装在另一块铝制散热板上，称为负整流板，也可用发电机后盖代替负整流板，如图 2-27 所示。

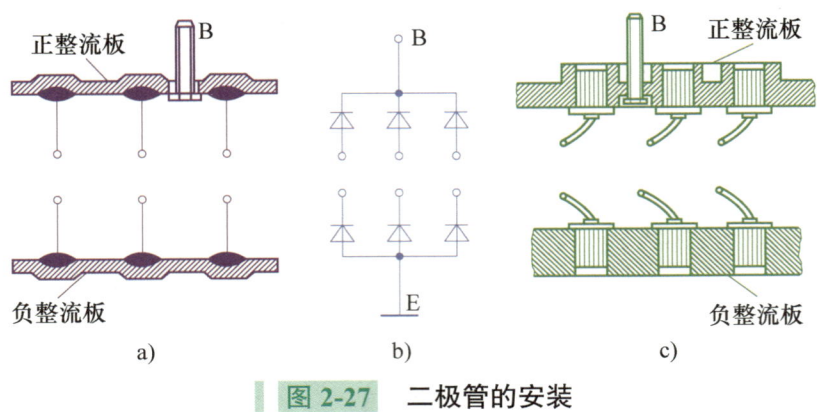

图 2-27　二极管的安装

4. 端盖

端盖一般分为两部分（前端盖和后端盖），起固定转子、定子、整流器和电刷组件的作用。端盖一般用铝合金铸造，一是可有效地防止漏磁，二是铝合金散热性能好。后端盖上装有电刷组件，由电刷、电刷架和电刷弹簧组成，如图 2-28 所示。电刷的作用是将电源通过集电环引入磁场绕组。

5. 搭铁形式

磁场绕组（两只电刷）和发电机的连接不同，使发电机分为内搭铁型和外搭铁型两种。

（1）内搭铁型发电机　内搭铁型发电机是指磁场绕组负电刷直接搭铁的发电机（和壳体直接相连），如图 2-29a 所示。

（2）外搭铁型发电机　外搭铁型发电机是指磁场绕组的两只电刷都和壳体绝缘的发电机。外搭铁型发电机的磁场绕组负极（负电刷）接调节器后再搭铁，如图 2-29b 所示。

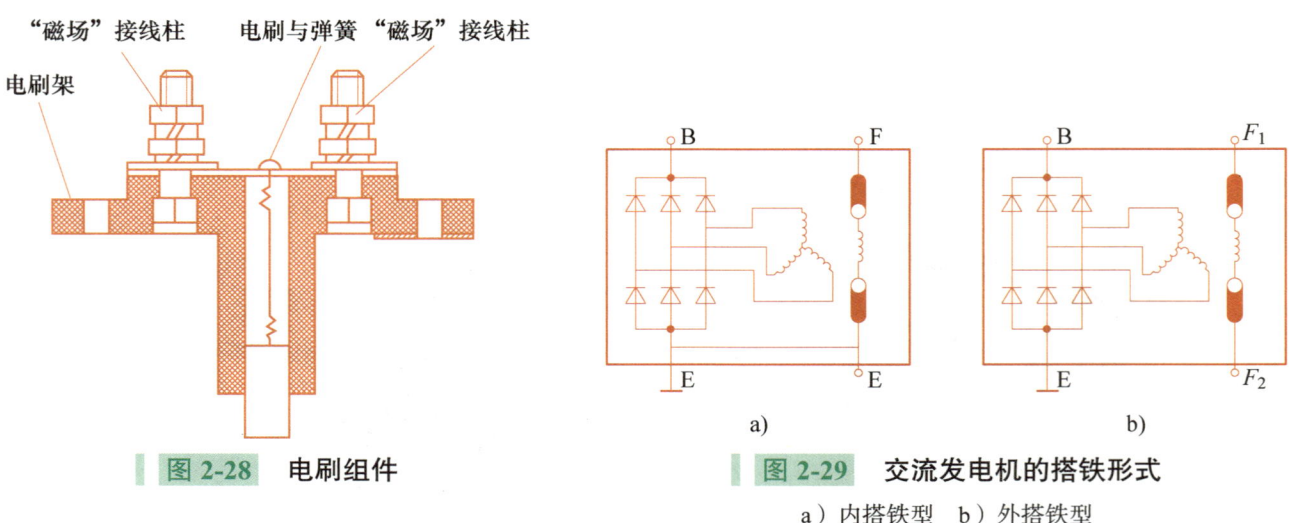

图 2-28　电刷组件

图 2-29　交流发电机的搭铁形式
a）内搭铁型　b）外搭铁型

七、交流发电机的励磁

除了永磁式交流发电机不需要励磁以外，其他形式的交流发电机都需要励磁，因为它们的磁场都是电磁场，也就是说，必须给磁场绕组通电才会有磁场产生。

将电源引入磁场绕组使之产生磁场称为励磁。交流发电机的励磁方式有他励和自励两种。

1. 他励

在发动机起动期间，需要由蓄电池供给发电机磁场绕组电流，使其产生磁场。这种供给磁场电流的方式称为他励。

2. 自励

随着转速的提高，发电机的电动势逐渐升高并能对外输出（一般在发动机怠速时发电机就能对外供电了），当发电机能对外供电时，就可以把自身发的电供给磁场绕组生磁发电，这种供给磁场电流的方式称为自励。

由于在发动机转速低时交流发电机不能自励发电，所以低速时采取他励发电；当发动机达到正常怠速转速时，发电机的输出电压一般高出蓄电池电压1~2V，以便对蓄电池充电，此时，由发电机自励发电。

八、交流发电机的电压调节器

1. 功用

由于交流发电机的转子是由发动机通过传动带驱动旋转的，且发动机和交流发电机的速比为1.7~3，因此交流发电机转子的转速变化范围非常大，这将引起发电机的输出电压发生较大变化，无法满足汽车用电设备的工作要求。为了满足用电设备恒定电压的要求，交流发电机必须配用电压调节器，使其输出电压在发动机所有工况下基本保持恒定。

2. 分类

（1）按工作原理分

1）触点式电压调节器。触点式电压调节器应用较早，这种调节器触点振动频率小，存在机械惯性和电磁惯性，电压调节精度低，触点易产生火花，对无线电干扰大，可靠性差，使用寿命短，现已被淘汰。

2）晶体管调节器。其优点是晶体管的开关频率大，且不产生火花，调节精度高，还具有重量轻、体积小、使用寿命长、可靠性高、电波干扰小等优点，现广泛应用于东风、解放及多种中低档车型。

3）集成电路调节器。集成电路调节器除具有晶体管调节器的优点外，还可制成超小型，安装于发电机的内部（又称为内装式调节器），减少了外接线，并且冷却效果得到了改善，现广泛应用于桑塔纳、奥迪等多种轿车车型。

4）ECU控制调节器。ECU控制调节器是现在轿车采用的一种新型调节器，由电负载检测仪测量系统总负载后，向发电机ECU发送信号，然后由发动机ECU控制发电机电压调节器，适时地接通和断开磁场电路，既能可靠地保证电气系统正常工作，使蓄电池充电充足，又能减轻发动机负荷，提高燃料经济性。上海别克、广州本田等轿车发电机上使用了这种调节器。

(2) 按搭铁形式分

1) 内搭铁型调节器。适合于与内搭铁型交流发电机匹配的电子调节器称为内搭铁型调节器。内搭铁型电子调节器电路原理图如图 2-30 所示。

2) 外搭铁型调节器。适合于与外搭铁型交流发电机匹配的电子调节器称为外搭铁型调节器。外搭铁型电子调节器电路原理图如图 2-31 所示。

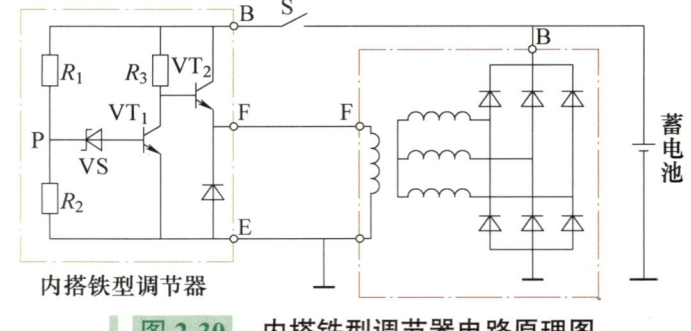

图 2-30　内搭铁型调节器电路原理图

📷 活动设计

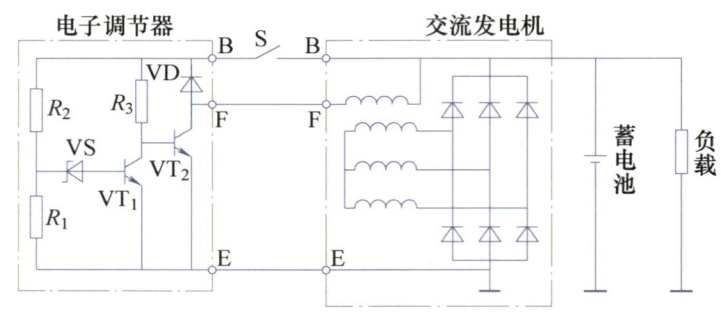

图 2-31　外搭铁型调节器电路原理图

一、活动名称

认识汽车发电机。

二、活动条件

1) 实训室工作台 5 个以上，各工作台配备零件盆等用品。

2) 工具车及常用拆装工具 5 套、交流发电机 5 个。

三、活动组织

1) 分小组，4~5 人组成 1 个小组。

2) 选出小组长和评价员，记录评价组员的任务完成情况。

3) 小组中进行分工互换，确保每个学生都动手实践。

四、安全及注意事项

1) 不要损坏物件及防止物件坠落伤人。

2) 及时清理场地，做好现场 6S 管理。

五、活动实施

活动一　作业准备、识别车辆（台架）信息

1) 作业准备（工具、器材、安全防护）。

2) 找到并记录车辆（台架）品牌型号、车架号信息。

活动二 指出交流发电机的功用、型号含义

1）指出发电机的功用。

2）指出发电机的型号及含义，如图2-32所示。

活动三 拆解发电机

1）按规范拆解发电机。

2）记录拆解过程情况。

活动四 指出交流发电机的结构名称和特点

对照实物指出交流发电机的结构名称和特点，如图2-33所示。

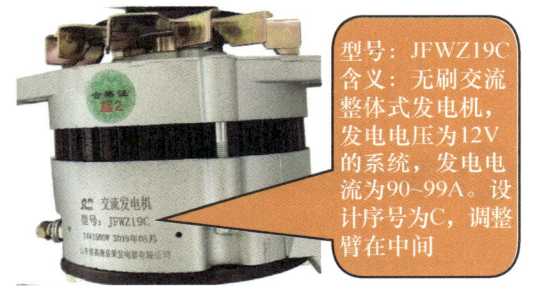

图2-32 发电机的型号及含义

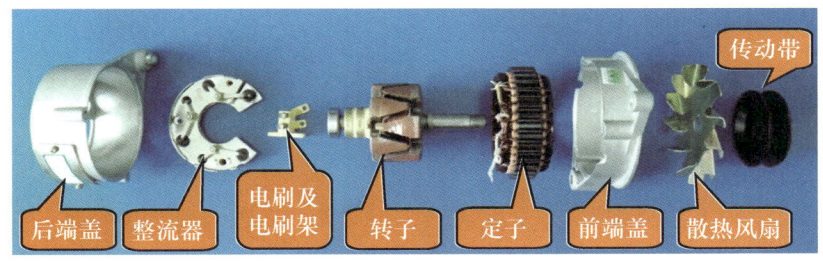

图2-33 交流发电机的结构名称

活动五 指出各接线柱名称及连通部件

1）指出各接线柱端子名称，如图2-34所示。

2）指出各端子连通部件。

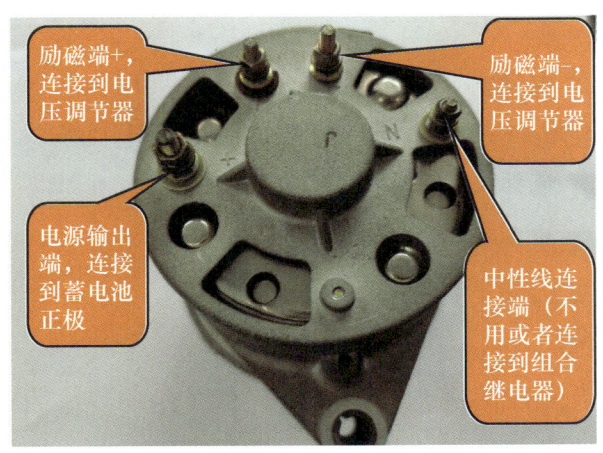

图2-34 发电机接线柱端子名称

活动六 装复发电机

1）装复发电机。

2）记录装复过程情况。

工作任务四　汽车发电机维护及检修

职业能力

能对汽车交流发电机进行不解体检测；能完成交流发电机拆解、各部件检测和组装，并能完成交流发电机的维护。

学习目标

1. 在汽车发电机不解体的情况下，能熟练对其进行整机的检查、检测。
2. 能选择合适的工具对汽车发电机进行分解。
3. 能使用万用表对汽车发电机转子、定子、整流器和电刷进行检测与维修。
4. 能选择合适的工具对汽车发电机进行整机的组装和检查。
5. 能分析汽车发电机的常见故障及排除方法。

基础知识

一、硅整流交流发电机的不解体检测

汽车充电系统故障主要包括两个方面：一方面为不充电，另一方面为充电电流过大或过小。引起故障的原因是充电电路故障、励磁电路故障、发电机本身故障。

当掌握了交流发电机不解体检验方法后，就能在车上初步判断发电机是否有故障，这样就可以避免在故障未确定之前盲目地把发电机从车上拆下来。

不解体检查的内容和方法如下：

1. 外部观察和转动检查

1）检查交流发电机端盖有无破裂，各接线柱有无松动。如果是在汽车上检查，应先将传动带松开，并将发电机上各接线柱上的导线拆下。

2）用手转动发电机转子，检查其转动是否灵活自如，不应有卡滞、异响。

2. 用万用表测量交流发电机各接线柱之间的电阻值

根据国家标准规定，国产汽车交流发电机的各接线柱可用字母表示：电枢接线柱（B）、磁场接线柱（F）、搭铁接线柱（E）、中性点接线柱（N）。交流发电机各接线柱之间的电阻值见表 2-6。

项目二 汽车电源系统维护及检修

表 2-6 交流发电机各接线柱之间的电阻值

发电机型号	"F"与"E"之间的电阻值 /Ω	"B"与"E"之间的电阻值 /Ω	
		正向	反向
JF11	5~6	40~50	>1000
JF12	19.5~21	40~50	>1000

（1）测量交流发电机"F"与"E"接线柱之间的电阻值 使用万用表电阻档，将红、黑表笔任意分别接"F"和"E"接线柱，其阻值应符合标准值。然后用手转动发电机转子，观察其电阻值是否改变。如果电阻值大于规定值或为∞，则表明电刷与集电环接触不良，集电环脏污或磁场绕组断路，电刷磨损严重，电刷在刷架内卡死等。若转动转子时，其电阻值变化较大，则可能是电刷与集电环接触不良，电刷弹簧弹力过小，电刷磨损严重或电刷接线柱松动等。若电阻值过小，则可能是磁场绕组有匝间短路、"F"接线柱有搭铁等。

（2）测量交流发电机"B"与"E"（外壳）接线柱之间的正、反向电阻值 使用万用表电阻档，测量正向电阻值，将红表笔接"B"接线柱、黑表笔接发电机外壳，此时电阻值应为 40~50Ω；测量反向电阻值，将红表笔接发电机外壳、黑表笔接"B"接线柱，此时电阻值应大于 10kΩ。

二、硅整流交流发电机的拆解及清洗

1）拧下电刷组件的两个固定螺钉，取下电刷组件。
2）拧下后轴承盖的 3 个固定螺钉，取下后轴承防尘盖，拧下后轴承处的紧固螺母。
3）拧下前、后端盖的连接螺栓，轻敲前、后端盖，使前、后端盖分离。
4）从后端盖上拆下定子绕组端头，使定子总成与后端盖分离。
5）拆下整流器总成。
6）拆下传动带轮紧固螺母，从转子上取下传动带轮、半圆键、风扇和前端盖。
7）用布或棉纱蘸适量清洗剂擦洗转子绕组、定子绕组、电刷及其他机件。

三、交流发电机解体后的检查

经过不解体的检查初步判断为有故障的交流发电机，为进一步判断其发生故障的具体部位，应进行解体检查。交流发电机解体检查的内容和方法如下：

1. 转子总成的检修

（1）转子绕组检修

1）如图 2-35 所示，用万用表电阻档检测两集电环之间的电阻，应与标准相符。若阻值为∞，说明断路；若阻值过小，说明短路。

2）如图2-36所示，用万用表电阻档检测两集电环与铁心（或转子轴）之间的电阻，应为∞，否则为搭铁。

3）若断路，应焊修或更换转子总成；若短路和搭铁，应更换转子总成。

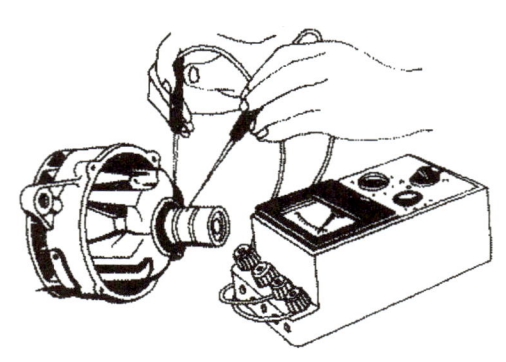

图 2-35　转子绕组的检查

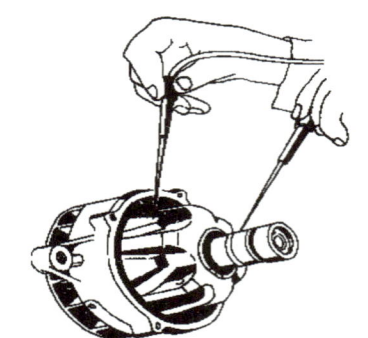

图 2-36　转子绕组搭铁的检查

（2）集电环检修

1）集电环表面应平整、光滑，若有轻微烧蚀，用"00"号砂布打磨；若烧蚀严重，应在车床上精车加工。

2）用钢直尺测量集电环的厚度，应与规定相符，否则应更换。

3）用千分尺测量集电环圆柱度，应与规定相符，否则应精车加工。

（3）转子轴检修　如图2-37所示，用百分表测量转子轴的摆差，应与规定相符，否则应予以校正。

2. 定子总成的检修

（1）定子绕组短路检修　通过台架试验测其输出功率或通过示波器测其输出电压波形进行判断。各种故障的端电压波形如图2-38所示。若短路，应更换定子绕组或定子总成。

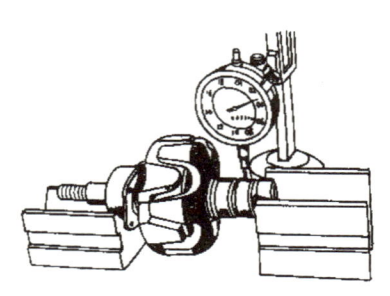

图 2-37　转子轴的检查

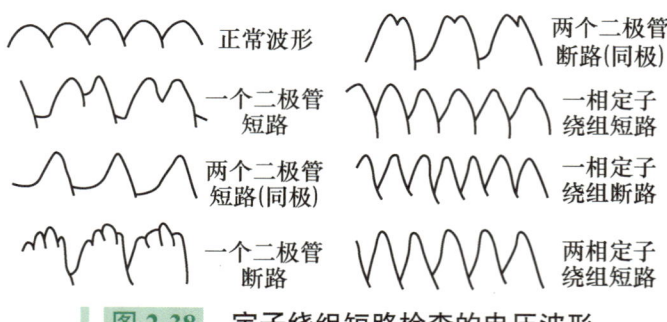

图 2-38　定子绕组短路检查的电压波形

（2）定子绕组断路检修　如图2-39所示，用万用表电阻档检测定子绕组3个接线端，两两相测，阻值应小于1Ω，若阻值为∞，说明断路。断路故障应用电烙铁焊接修复，若不能修复，应更换定子绕组或定子总成。

（3）定子绕组搭铁检修　如图2-40所示，用万用表电阻档检测定子绕组接线端与定子铁心间的电阻，应为∞，否则说明有搭铁故障。若有搭铁故障，应更换定子绕组或定子总成。

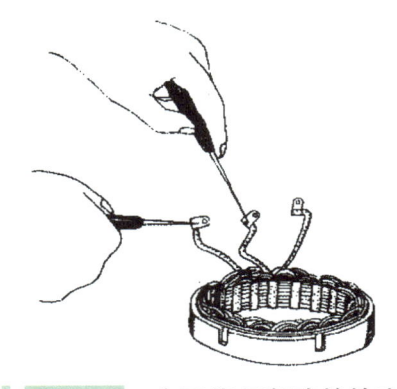

图 2-39　定子绕组断路的检查

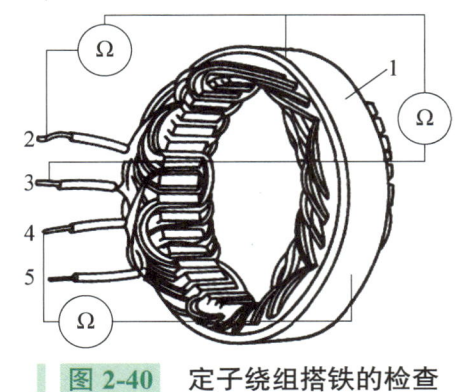

图 2-40　定子绕组搭铁的检查

3. 整流器的检查

以夏利轿车 JFZ1542 型整体式交流发电机为例说明，如图 2-41 所示。

当检测负极管时，先将与万用表电阻档电源正极相连的表笔接"E"端（图中有 3 个部位），与电源负极相连的表笔分别接 P_1、P_2、P_3、P_4，万用表均应导通，如果不导通，说明该负极管断路，则应更换整流器总成；再调换两表笔检测，万用表应不导通，如果导通，说明该负极管短路，也需更换整流器总成。

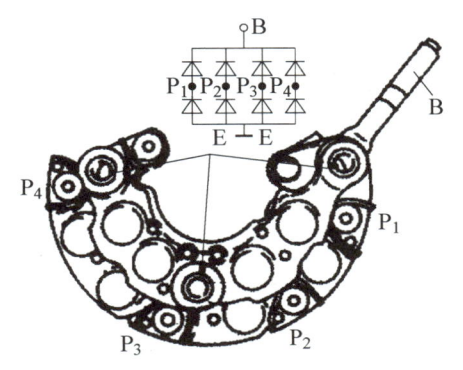

图 2-41　整流器的检查

当检测正极管时，先将与万用表内电源负极相连的表笔接整流器端子"B"；另一只表笔分别接 P_1、P_2、P_3、P_4 进行检测，万用表均应导通，如果不导通，说明该正极管断路，则应更换整流器总成；再调换两表笔检测部位进行检测，此时万用表应不导通，如果导通，说明该正极管短路，也应更换整流器总成。

4. 电刷组件的检查

（1）外观检查　电刷表面应无油污，无破损、变形，且应在电刷架中活动自如。

（2）电刷长度检查　如图 2-42 所示，用游标卡尺或钢直尺测量电刷露出电刷架的长度，应与规定相符。

5. 其他零件检查

检查发电机各接线柱的绝缘情况，若发现搭铁故障应拆检；检查轴承轴向和径向间隙，均应不大于 0.20mm，滚珠、滚道无斑点，轴承无转动异响；检查前端盖、后端盖、传动带轮等，应无裂损，绝缘垫应完好。

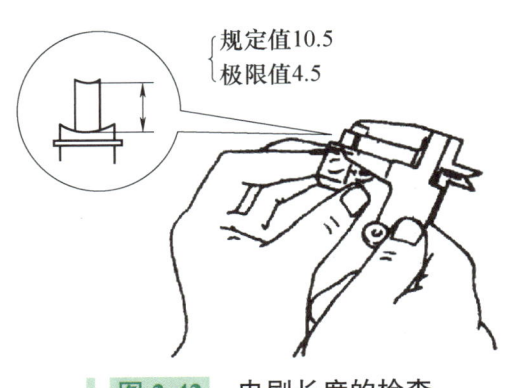

图 2-42　电刷长度的检查

四、装复

完全掌握交流发电机的结构、检测技术及其安装要求后，按照与拆卸相反的顺序将发电机装复。

五、交流发电机的维护

对使用中的汽车交流发电机，应定期进行以下检查：

1. 发电机传动带的检查

1）检查传动带的外观。用肉眼观看，应无裂纹或磨损现象，如有，则应更换。

2）检查传动带的挠度。用100N的力压两个传动轮之间的传动带，新带挠度约为5~10mm，旧带挠度约为7~14mm。

2. 导线的连接检查

1）检查接线是否正确。

2）检查接线是否牢靠。

3）发电机输出端接线螺钉必须加弹簧垫。

3. 运转时有无噪声的检查

4. 是否发电的检查

1）观察充电指示灯的熄灭情况。若充电指示灯一直亮着，说明发电机或调节器有故障，也可能是充电指示灯电路有故障，应及时维修。

2）用万用表直流电压档测量电压。在发电机未转动时，测量蓄电池的端电压并记录下来；起动发动机并将转速提高到怠速以上，测量蓄电池的端电压。若能高于原记录，说明发电机能发电；若测量电压一直不上升，说明发电机或调节器有故障，应及时维修。

活动设计

一、活动名称

汽车发电机维护及检修。

二、活动条件

1）实训室工作台5个以上，各工作台配备零件盆等用品。

2）工具车及常用拆装工具、万用表、游标卡尺等5套。

3）交流发电机5个。

三、活动组织

1）分小组，4~5 人组成 1 个小组。
2）选出小组长和评价员，记录评价组员的任务完成情况。
3）小组中进行分工互换，确保每个学生都动手实践。

四、安全及注意事项

1）不要损坏物件及防止物件坠落伤人。
2）及时清理场地，做好现场 6S 管理。

五、活动实施

活动一　作业准备、识别车辆（台架）信息

1）作业准备（工具、器材、安全防护）。
2）找到并记录车辆（台架）品牌型号、车架号信息。

活动二　不解体检测交流发电机

1）检测不解体励磁线圈和电刷，如图 2-43 所示。
2）检测不解体整流器，如图 2-44 所示。

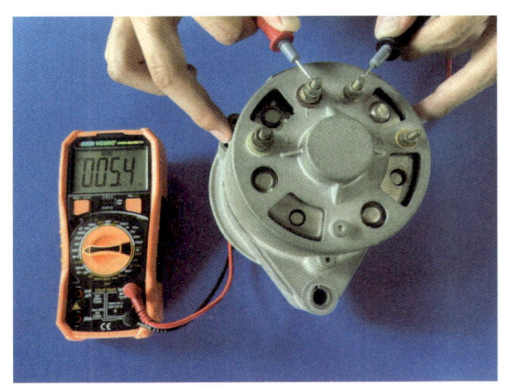

图 2-43　励磁线圈、电刷的检测

图 2-44　整流器的检测

活动三　检测定子总成

1）检测定子总成线圈断路，如图 2-45 所示。
2）检测定子总成线圈绝缘，如图 2-46 所示。

活动四　检测转子总成

1）检测励磁线圈，如图 2-47 所示。
2）检查集电环，如图 2-48 所示。
3）检查转子轴。

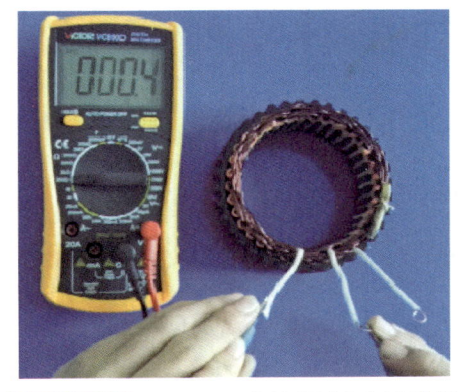

图 2-45　定子总成线圈断路的检测

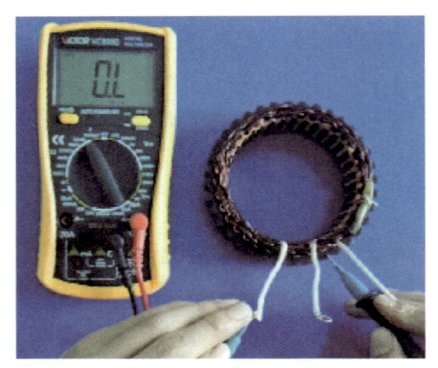
图 2-46 定子总成线圈绝缘的检测

图 2-47 励磁线圈的检测

活动五 检测整流器

1）检测整流器正向导通，如图 2-49 所示。

图 2-48 集电环的检查

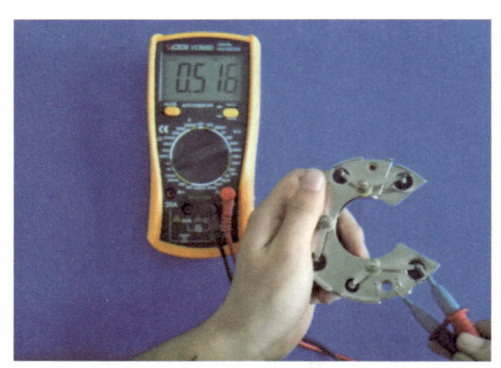
图 2-49 整流器正向导通的检测

2）检测整流器反向导通，如图 2-50 所示。

活动六 检测电刷

1）检测电刷高度（电刷露出电刷架的长度≥7mm），如图 2-51 所示。

2）检测电刷弹簧拉力。

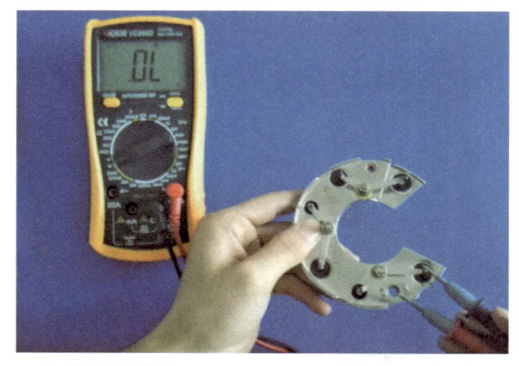
图 2-50 整流器反向导通的检测

图 2-51 电刷高度的检测

工作任务五　汽车电源系统故障检修

职业能力

能分析汽车充电源系统的常见故障及排除方法；会查阅维修手册；会看电路图；能根据故障现象确定故障范围，制订维修方案，并能使用万用表等工具对电源电路进行检测与维修。

学习目标

1. 能对维修车辆做好安全防护工作，起动车辆观察充电指示灯状态。
2. 能分析汽车充电源系统的常见故障并给出排除方法。
3. 会查阅维修手册。
4. 会分析充电系统电路图，并确定故障范围。
5. 能使用万用表等工具对充电系统故障进行检测与维修。

基础知识

一、汽车电源系统

汽车电源系统由蓄电池、交流发电机、充电指示装置、电压调节器和控制电路等组成。

二、汽车充电工作原理

1. 发电机发电

在发动机起动期间，需要蓄电池供给发电机磁场电流生磁使发电机发电，由于在发动机转速低时交流发电机不能自励发电，所以低速时采取他励发电。随着转速的提高，发电机的电动势逐渐升高并能对外输出，就可以把自身发的电供给磁场绕组生磁发电，当发电机的输出电压高出蓄电池电压1~2V，便对蓄电池充电，此时，由发电机自励发电。交流发电机的励磁电路如图2-52所示。

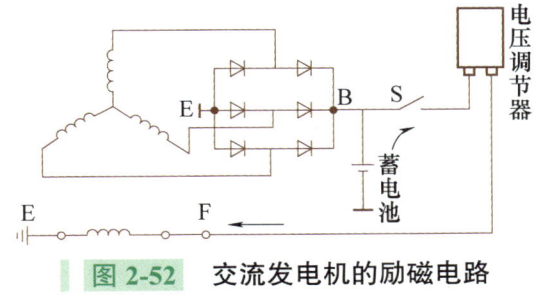

图2-52　交流发电机的励磁电路

2. 充电指示

利用充电指示灯监视发电机的工作情况。

（1）充电指示灯的作用　在某些充电系统电路中，接有充电指示灯，如图 2-53 所示，其作用如下：

1）指示发电机是否有故障。

2）警告驾驶人停车后关断点火开关。

（2）充电指示灯的工作情况

1）在发动机起动期间，发电机电压 U_{D+} < 蓄电池电压时，整流二极管截止，发电机不能对外输出电能，由蓄电池供给磁场电流，路径为：蓄电池正极→点火开关→充电指示灯→调节器→磁场绕组→搭铁→蓄电池负极。这时，充电指示灯亮。

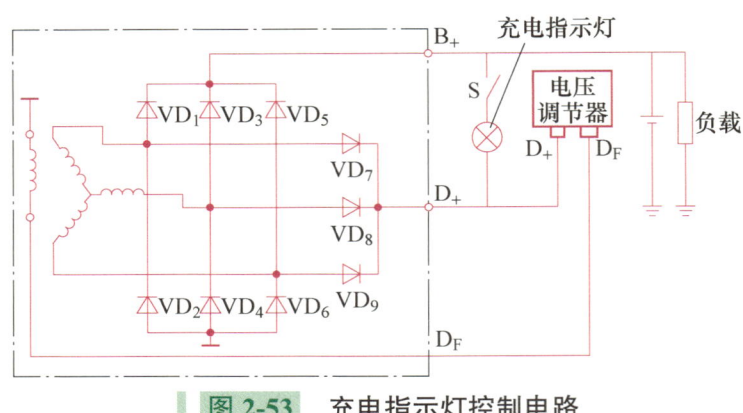

图 2-53　充电指示灯控制电路

2）当发动机转速升高到怠速及其以上时，发电机能正常发电并对外输出，此时，发电机电压＞蓄电池电压，发电机自励。$U_B=U_{D+}$，充电指示灯两端压降为零，灯熄灭，若没有熄灭，说明发电机有故障或充电指示灯电路有搭铁。

充电指示灯不仅可指示发电机的工作情况，而且可在发动机熄火后亮起（因发电机不再发电，蓄电池电压＞U_{D+}），提醒驾驶人及时关闭点火开关。

3）将发动机熄火，检查发电机传动带是否过松、打滑，若打滑，则进行调整。

4）旋转发电机支架的固定螺栓，移动发电机，调整到合适位置后，旋转支架固定螺栓。

5）若传动带松紧程度正常，拆掉发电机"F"与调节器"磁场"接线柱之间的连线后，用一根导线连接发电机"电枢"与"F"接线柱。

6）起动发动机，慢慢踩下加速踏板，使发动机转速达到 1500r/min，若电流表指示充电电流仍小，检查发电机；若充电电流增大，用万用表检查调节器和励磁电路。其具体检测方法：拆除发电机"F"（磁场）或调节器"F"（磁场）接线柱上的导线，用一字螺钉旋具将发电机"B"（电枢）接线柱与"F"（磁场）接线柱短接。如果充电电流增大，说明故障在调节器，或从调节器"F"（磁场）到发电机"F"（磁场）之间连线有接触不良的现象；若仍指示充电电流过小，则说明发电机有故障。

三、典型汽车充电电路分析

下面以 2008 款别克凯越小轿车为例，进行充电电路的分析。

1. 充电故障警告灯电路分析

（1）工作过程　当点火开关打到 ON 档时，蓄电池给发电机的励磁线圈提供励磁电流，充电故障报警指示灯亮；当点火开关打到 ST 档起动发动机时，发电机运转开始发电，当发电机电压高于蓄电池两端电压值时，充电故障警告灯熄灭，发电机进入自励状态。

（2）工作电流回路　蓄电池正极→点火开关→熔丝 F4 →充电故障警告灯 A19 端子→充电故障警告灯 A2 端子→发电机 L 端→内部电压调节器→搭铁。

2. 发电机励磁电路分析

（1）工作过程　当点火开关打到 ON 档时，蓄电池通过熔丝 F2 从发电机的 F 端经过电压调节器给励磁线圈提供励磁电流，进入他励状态；当点火开关打到 ST 档起动发动机时，发电机运转开始发电，当发电机电压高于蓄电池两端电压值时，发电机通过内部回路给励磁线圈提供励磁电流，发电机进入自励状态。

（2）工作电流回路　蓄电池正极→点火开关→熔丝 F2 →发电机 F 端→内部电压调节器→励磁线圈→搭铁。

3. 发电机充电主回路分析

（1）工作过程　当点火开关打到 ST 档起动发动机时，发电机运转开始发电，当发电机电压高于蓄电池两端电压值时，发电机从蓄电池端（B+）给蓄电池充电。

（2）工作电流回路　发电机蓄电池端→起动机电动机 B+ →蓄电池正极→蓄电池负极→搭铁 G103。

活动设计

一、活动名称

汽车充电系统故障检修。

二、活动条件

1）工具车及常用拆装工具、车内外三件套等 5 套。

2）万用表、高率放电计、密度计等 5 套。

3）实训车辆 5 辆。

三、活动组织

1）分小组，4~5 人组成 1 个小组。

2）选出小组长和评价员，记录评价组员的任务完成情况。

3）小组中进行分工互换，确保每个学生都动手实践。

四、安全及注意事项

1）不要损坏物件及防止物件坠落伤人。

2）及时清理场地，做好现场 6S 管理。

五、活动实施

活动一　作业准备、识别车辆（台架）信息

1）作业准备（工具、器材、安全防护）。

2）找到并记录车辆（台架）品牌型号、车架号信息。

活动二　观察故障现象，确定故障范围

1）起动车辆，观察发动机起动状态和充电指示灯工作状态。

2）根据故障现象，分析故障产生的原因。

3）确定故障范围，制订诊断方案。

活动三　检修控制系统故障

1）查阅维修手册。

2）分析控制电路。

3）电路检测维修。

4）确定故障部位。

5）更换故障元件。

活动四　检查电源系统工作状态

1）检查蓄电池工作状态。

2）检查充电指示灯工作状态。

项目三

汽车起动系统维护及检修

工作任务一　认识汽车起动机

职业能力

能在汽车上找到起动机的安装位置，并能正确分析起动机的直流电动机、传动机构、控制机构的结构特点和工作原理。

学习目标

1. 能描述起动机在汽车上的作用和分类。
2. 能指出起动机的型号并能解释型号的含义。
3. 能说出起动机的工作原理、结构特点及各部件的名称和作用。

基础知识

一、起动机的作用与组成

起动机的作用是带动发动机曲轴转动，使发动机曲轴达到必需的起动转速，以使发动机进入自行运转状态。当发动机进入自行运转状态后，起动机便结束任务停止工作。起动机由串励式直流电动机、传动机构和控制机构三部分组成，如图3-1所示。

1. 串励式直流电动机

串励式直流电动机的作用是将电能转换为机械能，产

图3-1　起动机的组成

生电磁转矩带动发动机曲轴旋转，起动发动机。

2. 传动机构

传动机构的作用是在发动机起动时使起动机的驱动齿轮与飞轮齿圈啮合，将电动机的转矩传给发动机飞轮；在发动机起动后，使起动机与飞轮自动脱离。

3. 控制机构

控制机构即电磁开关，用来控制起动机主电路的通断。同时，它还控制传动机构。在有些汽车上，控制机构具有接入和隔离点火线圈附加电阻的作用。

二、汽车用起动机的分类

起动机的种类很多，其分类有以下几种：

1. 按电动机种类分类

根据电动机种类的不同可分为普通起动机和永磁式起动机。

2. 按控制机构分类

根据控制机构的不同可分为机械控制式起动机和电磁控制式起动机。

3. 按传动机构分类

根据传动机构的不同可分为惯性啮合式起动机、强制啮合式起动机、电枢移动式起动机和减速式起动机。

三、起动机的型号

根据《汽车电气设备产品型号编制方法》（QC/T 73—1993）的规定，起动机的型号由五部分组成：

1）产品代号：起动机的产品代号有 QD、QDJ、QDY 3 种，分别表示普通起动机、减速起动机和永磁起动机。

2）分类代号（电压等级）：用 1 位阿拉伯数字表示，1、2 分别表示 12V、24V。

3）分组代号（功率等级）：用 1 位阿拉伯数字表示，其含义见表 3-1。

表 3-1　起动机的功率等级代号

代号	1	2	3	4	5	6	7	8	9
功率/kW	~1	1~2	2~3	3~4	4~5	5~6	6~7	7~8	>8

4）设计序号：设计序号用 1~2 位阿拉伯数字表示，表示产品设计的先后顺序。

5）变形代号：产品的主要电气参数和基本结构不改变的情况下，一般电气参数和结构做某些改变称为变型，以汉字拼音大写字母 A、B、C…顺序表示。

四、起动机用直流电动机

1. 直流电动机的组成

起动机的电动机一般为串励式直流电动机,其主要由定子、转子、电刷、电刷架及端盖组成,如图3-2所示。

(1) 定子 定子由磁极和机壳组成,如图3-3所示。机壳的作用是安装磁极,固定机件。

机壳上只有一个电流输入接线柱并在内部与磁场绕组的一端相接,壳内壁固定有磁极铁心和磁场绕组。磁极的作用是产生磁场,由固定在机壳上的磁极铁心和磁场绕组组成,大多数起动机采用4个磁极。4个磁极的连接方法有两种:一种是4个绕组相互串联,另一种是两串两并,即先将两个绕组串联后再并联,如图3-4所示。

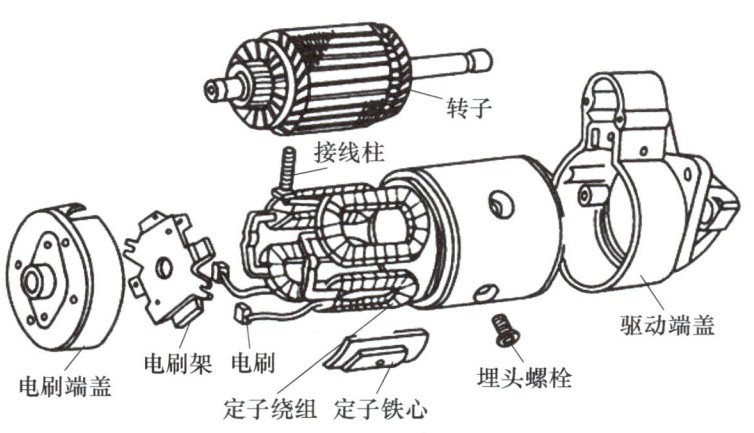

图 3-2 起动机用直流电动机的结构

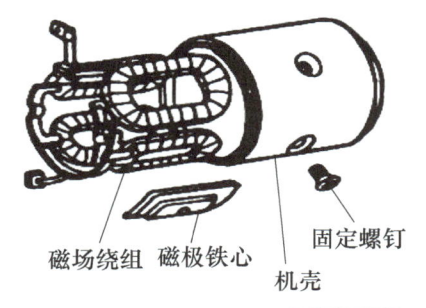
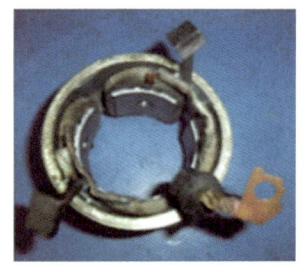

图 3-3 定子

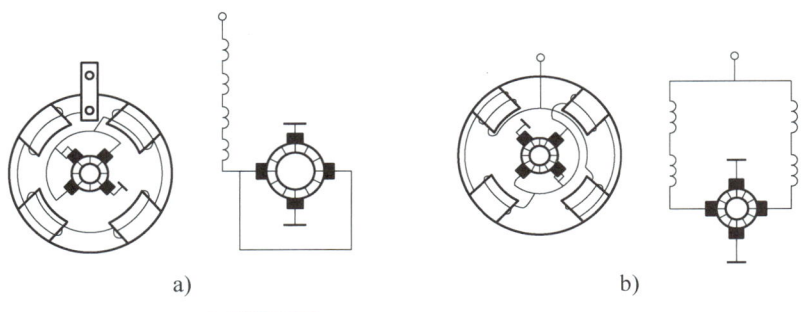

图 3-4 磁场绕组的连接方法
a) 4个绕组相互串联 b) 4个绕组两两串联后再并联

(2) 转子 转子俗称为"电枢",其作用是产生磁转矩。电枢由电枢轴、电枢铁心、电枢绕组和换向器组成,如图3-5所示。

电枢铁心由硅钢片叠装而成并固定在轴上,铁心外围开有线槽,用来安放电枢绕组。

换向器由铜质换向片和云母片相间叠压而成,其作

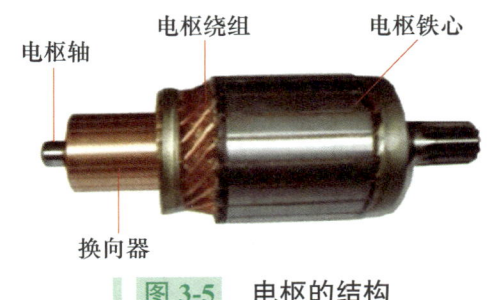

图 3-5 电枢的结构

用是把通入电刷的直流电流传递给电枢线圈,并适时地改变电枢绕组中电流的方向。

(3)电刷及电刷架　电刷及电刷架的作用是将电流引入电动机。一般有4个电刷及电刷架,其中两个为绝缘电刷,两个为搭铁电刷。电刷一般是用铜和石墨粉压制而成的。电刷装在电刷架中,借弹簧压力将它压紧在换向器上,如图3-6所示。

(4)端盖　端盖分为前端盖和后端盖,如图3-7所示。后端盖一般用钢板压制而成,其上装有4个电刷架,前端盖为灰铸铁浇铸而成。它们分别装在机壳的两端,靠两根长螺栓与起动机机壳紧固在一起。两端盖内均装有青铜石墨轴承套或铁基含油轴承套,以支撑电枢轴。

图 3-6　电刷及电刷架

图 3-7　前、后端盖

2. 直流电动机的工作原理

直流电动机是根据通电导体在磁场中受磁场力作用的原理制成的。其工作原理图如图3-8所示,电动机工作时,电流通过电刷和换向器流入电枢绕组。

换向片A与正电刷接触、换向片B与负电刷接触,绕组中的电流方向为a→b→c→d,根据左手定则,绕组边ab、cd均受到电磁力F的作用,由此产生逆时针方向的电磁转矩使电枢转动。

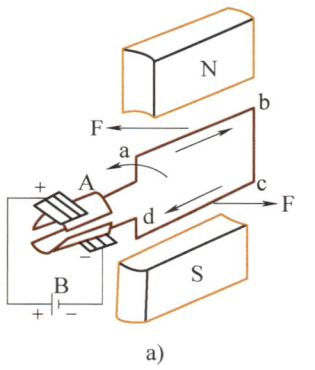 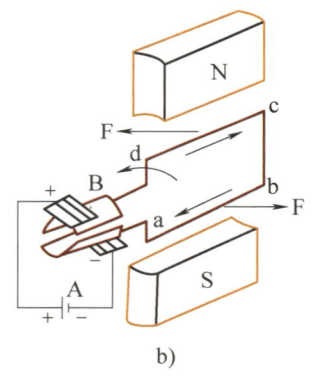

图 3-8　直流电动机的工作原理图
a)电流从a到d　b)电流从d到a

当电枢转动至换向片A与负电刷接触、换向片B与正电刷接触时,电流方向为d→c→b→a,如图3-8b所示,但电磁转矩的方向保持不变,使电枢按逆时针方向继续转动。

图3-8只列举了电枢绕组中一匝线圈的工作过程,实际上,直流电动机电枢是由很多组线圈组成的,换向器的铜片数量也随线圈数量的增多而增多。

五、起动机的传动机构

1. 传动机构的作用及组成

传动机构的作用是把直流电动机产生的转矩传递给飞轮齿圈,再通过飞轮齿圈把转矩传递给发动机的曲轴，使发动机起动；发动机起动后，飞轮齿圈与驱动小齿轮自动打滑脱离。传动机构由驱动齿轮、单向离合器、拨叉、减速机构（有的起动机不具有减速机构）等组成，如图3-9所示。

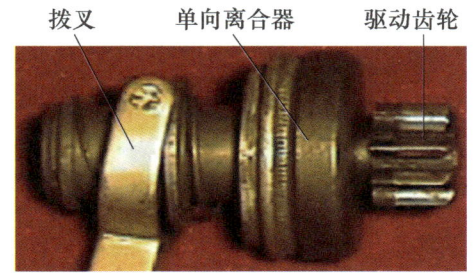

图 3-9　传动机构的组成

2. 传动机构的工作过程

起动机不工作时，驱动齿轮处于图3-10a所示位置；当需要起动时，拨叉在电磁力的作用下将驱动齿轮推出与飞轮齿圈啮合，如图3-10b所示；待驱动齿轮与飞轮齿圈接近完全啮合时，起动机主开关接通，起动机带动发动机曲轴运转，如图3-10c所示。

发动机起动后，如果驱动齿轮仍处于啮合状态，则单向离合器打滑，小齿轮在飞轮的带动下空转，电动机处于空载下旋转，避免了被飞轮反拖高速旋转的危险。起动完毕后，起动机拨叉在回位弹簧的作用下回位，带动驱动小齿轮退出飞轮齿圈的啮合。

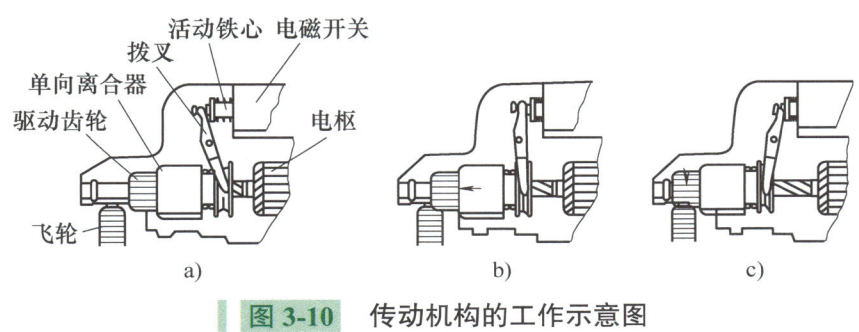

图 3-10　传动机构的工作示意图

3. 单向离合器的结构及工作原理

常见的起动机单向离合器主要有滚柱式、摩擦片式和弹簧式3种。

（1）滚柱式单向离合器　滚柱式单向离合器的结构如图3-11所示。驱动齿轮与外壳连成一体，滚柱和弹簧嵌装在与花键套筒制成一体的十字块上。整个离合器总成套装在电动机轴的花键部位上，既可在拨叉作用下沿电枢轴轴向移动，又可在电枢动作下进行旋转运动。

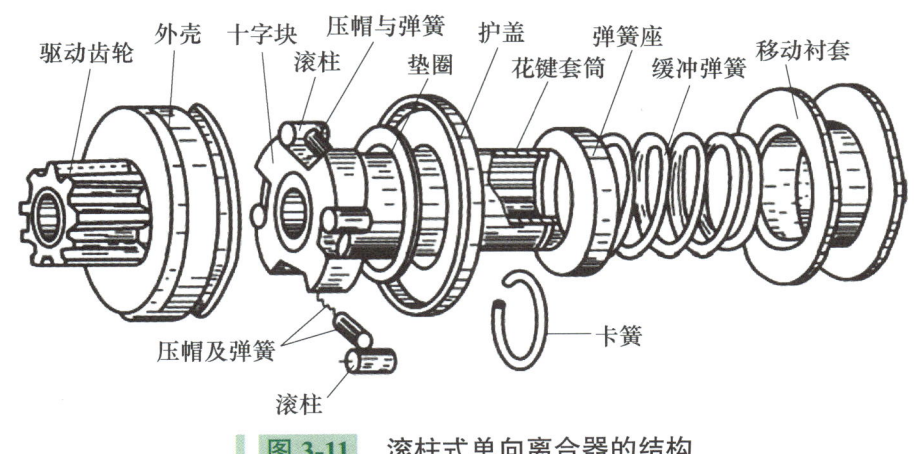

图 3-11　滚柱式单向离合器的结构

滚柱式单向离合器的工作原理是通过改变滚柱在楔形槽中的位置来实现分离和结合,具体分析如下:

起动时,拨叉动作,将驱动齿轮与发动机飞轮齿圈啮合,电枢转矩由传动套筒传给十字块,使十字块随同电枢轴旋转。此时,飞轮齿圈施加给小齿轮的阻力使滚柱滚向槽的窄端面而卡死,如图3-12a所示。电枢轴产生的转矩通过驱动齿轮传给飞轮,起动发动机。

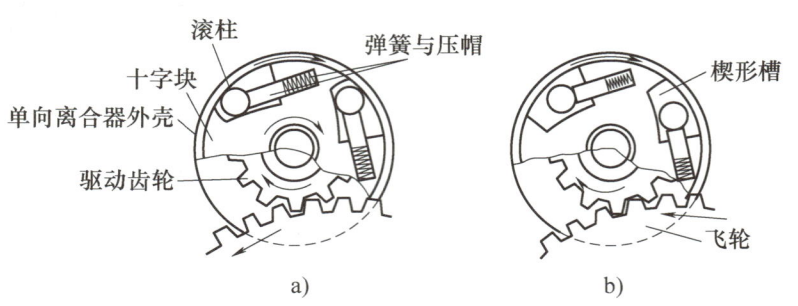

图3-12 滚柱式单向离合器的工作原理图

发动机起动后,飞轮齿圈带动驱动齿轮高速旋转。当驱动齿轮的转速大于十字块的转速时,滚柱滚入楔形槽的宽处面打滑,如图3-12b所示。这样,驱动齿轮高速旋转的转矩不会传给电枢轴,从而防止电枢因高速飞转而造成电枢飞散的事故。

滚柱式单向离合器主要用于中、小功率的起动机。

(2)摩擦片式单向离合器 摩擦片式单向离合器是通过主、从动摩擦片的压紧和放松来实现接合和分离的,其结构如图3-13所示。

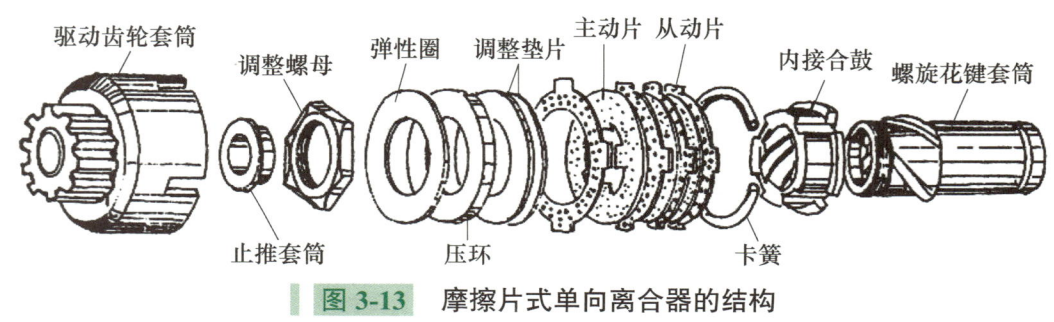

图3-13 摩擦片式单向离合器的结构

离合器的花键套筒通过4条内螺纹与电枢花键轴相连接,花键套筒通过3条外螺纹与内接合鼓连接。主动摩擦片内齿卡在内接合鼓的切槽中,组成了离合器主动部分。外接合鼓和驱动齿轮是一个整体,带凹坑的从动摩擦片外齿卡在外接合鼓的切槽中,形成了离合器的从动部分。主、从动摩擦片交错安装,并通过特殊螺母、弹性圈和压环限位,在压环和摩擦片间装有调整垫片。其工作过程如下:

当起动机带动发动机曲轴旋转时,内接合鼓沿花键套筒上的螺旋花键向飞轮方向旋进,将摩擦片压紧,把起动机转矩传给发动机。发动机起动后,当飞轮以较高转速带动驱动齿轮旋转时,内接合鼓沿螺旋花键退出,摩擦片打滑,使齿轮空转而电枢不跟着飞轮高速旋转。当电动机超载时,弹性圈在压环凸缘的压力作用下弯曲变形,当弯曲到内接合鼓的左端顶住了弹性圈的中心部分时，即限制了内接合鼓继续向左移动，离合器便开始打滑，从而避免因负荷过大烧坏电动机的危险。

摩擦片式单向离合器传递的最大转矩可通过增减调整垫片进行调整，但其结构较复杂，在较大功率起动机上应用比较广泛。

（3）弹簧式单向离合器　弹簧式单向离合器是通过扭力弹簧的径向收缩和放松来实现接合和分离的，其结构如图3-14所示。驱动齿轮与花键套筒间采用浮动的圆弧定位键相连接。齿轮后端传力圆柱表面和花键套筒外圆柱面上包有扭力弹簧。扭力弹簧两端各有1/4圈弹簧的内径较小，弹簧两端分别箍紧在齿轮柄和套筒上。扭力弹簧外装有护套。

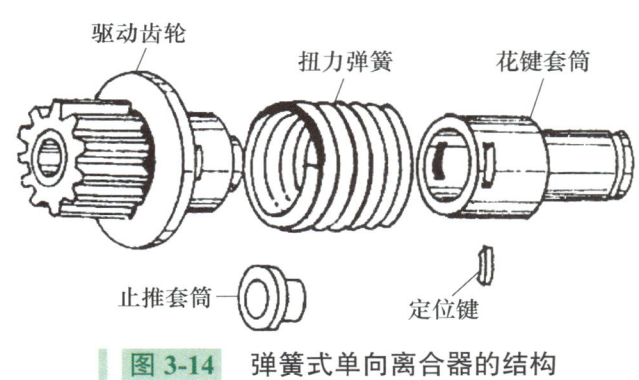

图 3-14　弹簧式单向离合器的结构

当起动机带动发动机转动时，扭力弹簧按卷紧方向扭转，弹簧内径变小。扭力弹簧借助摩擦力将驱动齿轮柄和花键套筒紧抱成一体，把起动机转矩传给飞轮。发动机起动后，飞轮转动线速度超过起动机驱动齿轮线速度，飞轮便驱动起动机小齿轮，此时，扭力弹簧受力方向与上述情况相反；弹簧朝旋松方向扭转，内径增大，驱动齿轮与花键套筒分成两体而打滑，于是齿轮空转，而电枢不能跟着飞轮高速旋转。

弹簧式单向离合器具有结构简单、使用寿命长和成本低等特点。因其扭力弹簧圈数较多，轴向尺寸较大，所以多用于大中型起动机。

六、起动机的控制机构

1. 控制机构的作用与组成

起动机的控制机构安装在起动机的上部，用来控制电动机电路的接通与切断，并操纵传动机构，使驱动齿轮和飞轮进行啮合与分离。它主要由电磁开关和拨叉等组成，电磁开关由吸拉线圈、保持线圈、活动铁心、副开关、接触盘及回位弹簧等组成，如图3-15所示。其中，吸拉线圈与电动机串联，保持线圈与电动机并联。

活动铁心既可驱动拨叉运动，又可推动接触盘推杆。

2. 控制机构的工作过程

将起动开关接通时，蓄电池经起动控制电路向起动机电磁开关通电，其电流回路为

$$\text{蓄电池正极} \rightarrow \text{点火开关} \rightarrow \begin{cases} \text{保持线圈} \\ \text{吸拉线圈} \rightarrow \text{直流电动机} \end{cases} \rightarrow \text{蓄电池负极}$$

此时，吸拉线圈和保持线圈磁场方向相同。活动铁心在电磁力的作用下克服回位弹簧的弹力向内移动，压动推杆使起动机主开关接触盘与接触点靠近，同时带动拨叉将驱动小齿轮

推向啮合；当驱动小齿轮与飞轮齿圈接近完全啮合时，接触盘已将接触点接通，起动机主电路接通，直流电动机产生强大转矩并通过接合状态的单向离合器传给发动机飞轮齿圈。主开关接通后，吸拉线圈被主开关短路，电流消失，活动铁心在保持线圈电磁力的作用下保持在吸合位置。此时副开关接通，将点火线圈附加电阻短路。

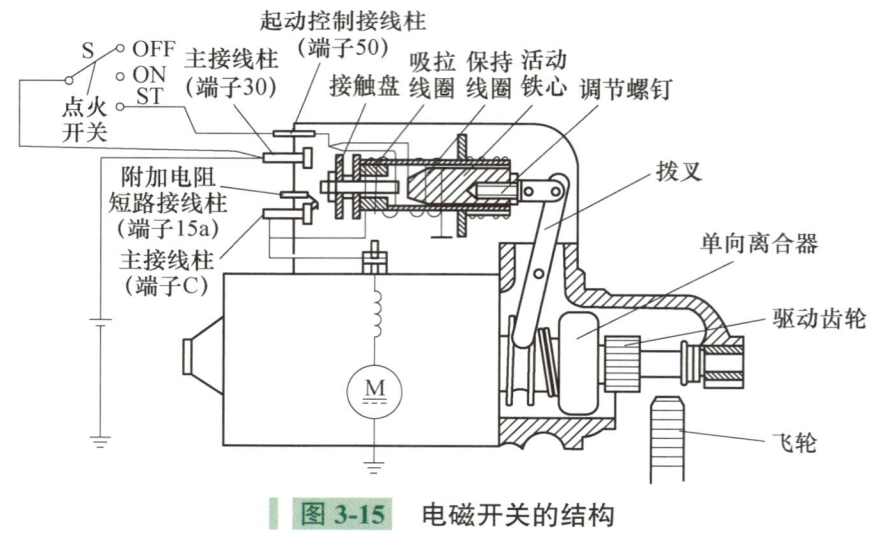

图 3-15　电磁开关的结构

发动机起动后，飞轮转动线速度超过了起动机驱动小齿轮的线速度，单向离合器打滑，避免了电枢绕组高速甩散的危险。

松开起动开关时，起动控制电路断开，但电磁开关内吸拉线圈和保持线圈通过仍然闭合的主开关得到电流，其电流回路为

$$蓄电池正极 \rightarrow 主开关 \rightarrow \begin{cases} 吸拉线圈 \rightarrow 保持线圈 \\ 直流电动机 \end{cases} \rightarrow 蓄电池负极$$

因吸拉线圈和保持线圈磁场方向相反，相互削弱，活动铁心在回位弹簧的作用下迅速回位，使驱动小齿轮脱开啮合，主开关断开，起动机停止工作，起动结束。

活动设计

一、活动名称

认识汽车起动机。

二、活动条件

1）实训室工作台 5 个以上，各工作台配备零件盆、抹布等用品。

2）起动机 10 个（完整的 5 个、拆解的 5 个）。

三、活动组织

1）分小组，4~5人组成1个小组。

2）选出小组长和评价员，记录评价组员的任务完成情况。

3）小组中进行分工互换，确保每个学生都动手实践。

四、安全及注意事项

1）不得穿拖鞋、串位、吵闹。

2）注意人身及设备安全，按规程操作，不要人为损坏工具设备及防止物件坠落伤人。

3）及时清理场地，做好现场6S管理。

五、活动实施

活动一　作业准备、识别车辆（台架）信息

1）作业准备（工具、器材、安全防护）。

2）找到并记录车辆（台架）品牌型号、车架号信息。

活动二　指出起动机安装位置及型号

1）指出起动机的安装位置，如图3-16所示。

2）指出起动机的型号，如图3-17所示。

图3-16　起动机的安装位置

图3-17　起动机的型号（QD1212）

活动三　核对起动机相关参数

1）核对起动机实车信息，如图3-18所示。

2）核对起动机厂家信息。

3）起动机信息分析。

活动四　对照实物指出起动机整体结构

1）指出起动机各接线端子的名称，如图3-19所示。

2）指出定子、转子、电刷、电刷架及特点，如图3-20所示。

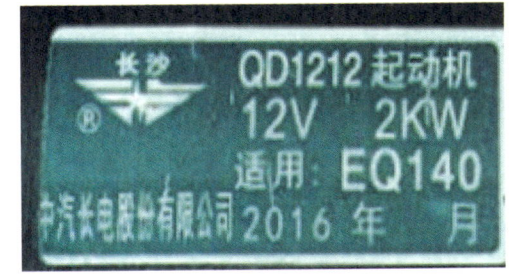

图3-18　起动机实车信息

3）指出电磁开关及特点，如图 3-20 所示。

4）指出单向离合器及特点，如图 3-20 所示。

5）指出前、后端盖及特点，如图 3-20 所示。

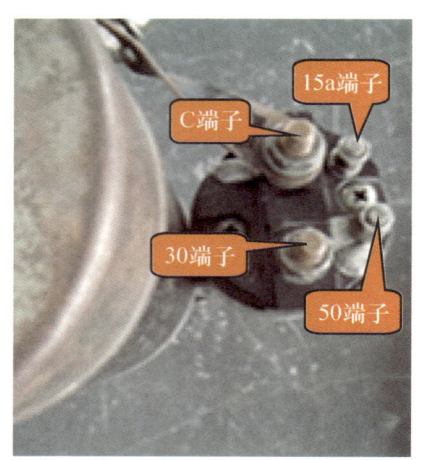

图 3-19　起动机各接线端子的名称

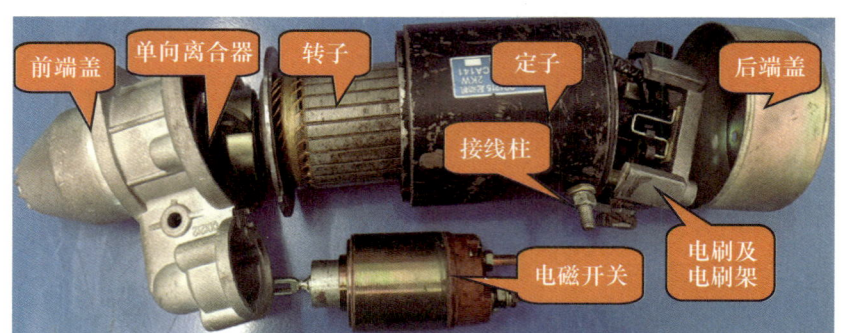

图 3-20　各部件名称

活动五　6S 管理

1）清扫、整理工位。

2）清洁仪器、设备。

工作任务二　汽车起动机维护及检修

职业能力

能对汽车起动机的各接线端子进行分析，并对起动机进行不解体检查；能对汽车起动机进行拆装及性能检测，并根据各项测试参数进行分析，从而判断起动机的性能好坏。

学习目标

1. 能对汽车起动机总成进行不解体检查。
2. 能选取合适的工具对起动机总成进行分解。
3. 能正确使用仪表对汽车起动机的转子、定子、电磁开关进行性能检测。
4. 能对起动机测试的各项参数进行分析，判断起动机的性能好坏。

基础知识

一、起动机接线端子的识别

起动机上有多个接线端子，现以QD1215型汽车起动机（见图3-21）为例对各端子进行介绍。

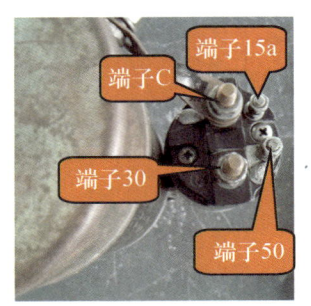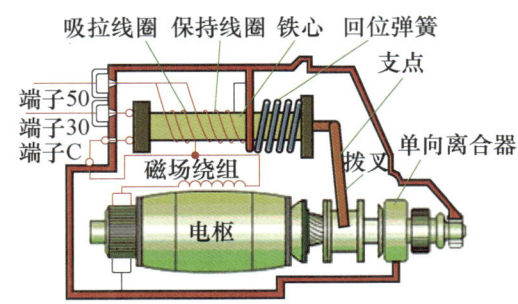

图 3-21　起动机接线端子图

端子30：无焊点大端子，主电源输入端，外接蓄电池正极，内接电磁开关主静触点。

端子C：有焊点大端子，主电源输出端，外接电动机接线端，内接电磁开关主静触点和吸拉线圈。

端子50：有焊点小端子，控制电源输入端，外接起动继电器触点（或点火开关），内接电磁开关吸拉线圈和保持线圈。

端子15a：无焊点小端子，点火控制端，外接点火线圈附加电阻，内接电磁开关辅助静触点。起动时，短接点火线圈附加电阻，提高点火能量。

二、起动机的不解体检查

为了确定起动机有无故障，在起动机解体之前可凭经验或用仪器对其进行不解体检查。其具体方法如下：

1）检查外壳有无裂纹及损坏，接线端子有无松动。

2）转动转子，检查轴承阻力、噪声以及转子与定子之间有无摩擦。

3）拆下电磁开关与电动机之间的连接片，用数字万用表200Ω档位检测电磁开关吸拉线圈、保持线圈、直流电动机的电阻值。其电阻值应符合：吸拉线圈电阻小于1Ω，保持线圈电阻小于2Ω，电动机线圈电阻值小于1Ω。

三、起动机的拆解

以QD1215型汽车起动机（见图3-22）为例，其拆卸步骤如下：

1）将起动机外部擦拭干净。

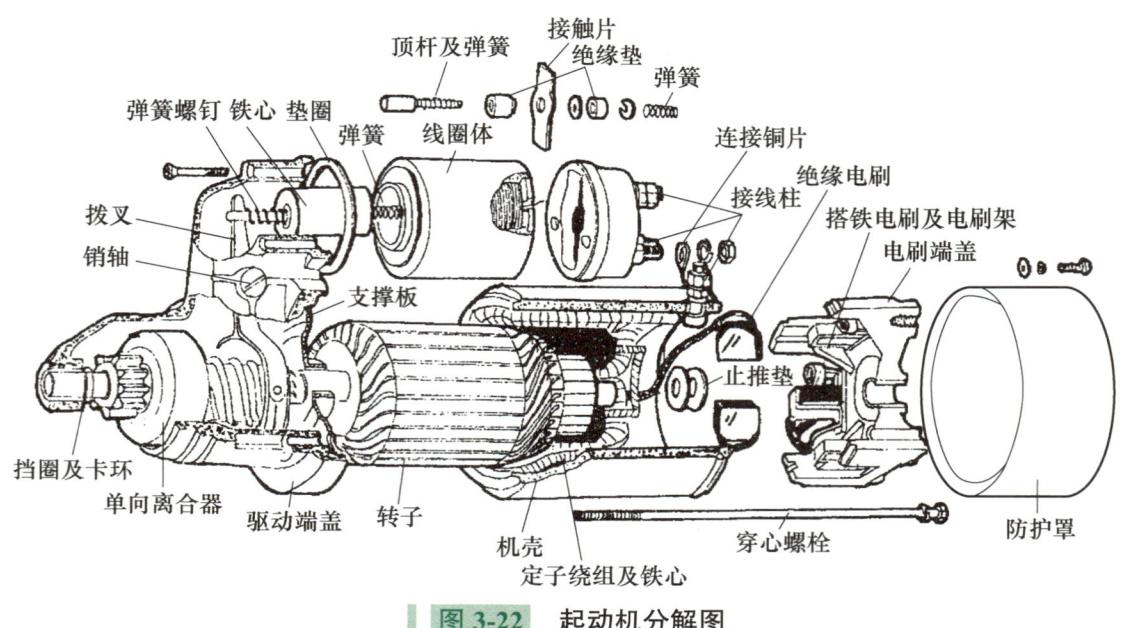

图 3-22 起动机分解图

2）拆下电磁开关与电动机的连接铜片。

3）从驱动端盖上拆下电磁开关固定螺栓，取下电磁开关。

4）拆下起动机防护罩。

5）用电刷钩取出电刷。

6）旋出两只穿心螺栓，使驱动端盖（连同转子）、定子与电刷端盖分离。注意转子换向器处止动垫圈片数。

7）拆下拨叉销轴，从驱动端盖中取出转子（连同中间支撑板、单向离合器）。

8）拆下转子驱动端锁环，取下挡圈，取下单向离合器、中间支撑板。

四、起动机的解体检测

1. 直流电动机的检测

（1）磁场绕组的断路和搭铁检测

1）磁场绕组断路的检测。

① 将万用表调到欧姆档，量程：200Ω（一般选取最小量程档）。

② 测试部位：电动机接线柱与绝缘电刷。

③ 标准值范围：小于1Ω。

④ 故障判断：检测值小于1Ω说明正常，检测值为"∞"说明断路，应修理或更换。

2）磁场绕组搭铁的检测。

① 将万用表调到欧姆档，量程：20MΩ（一般选取最大量程档）。

② 测试部位：电动机接线柱或绝缘电刷与机壳之间。

③ 标准值范围："∞"。

④ 故障判断：检测值为"∞"说明正常，检测值"过小"说明有搭铁故障，应修理或更换。

（2）电枢绕组的断路和搭铁检测

1）电枢绕组断路的检测。

① 将万用表调到欧姆档，量程：200Ω（一般选取最小量程档）。

② 测试部位：两相邻换向片（测量1圈）。

③ 标准值范围：小于1Ω。

④ 故障判断：检测值小于1Ω说明正常，检测值为"∞"说明断路，应修理或更换。

2）电枢绕组搭铁的检测。

① 将万用表调到欧姆档，量程：20MΩ（一般选取最大量程档）。

② 测试部位：换向片与铁心或电枢轴之间。

③ 标准值范围："∞"。

④ 故障判断：检测值为"∞"说明正常，检测值"过小"说明有搭铁故障，应修理或更换。

（3）电枢轴的检修　电枢轴的常见故障是弯曲变形，用百分表测量电枢轴的弯曲程度，径向圆跳动应不大于0.15mm，否则应校正或更换。

（4）换向器的检修　检查换向器表面是否清洁，如有烧蚀、脏污，可用细砂纸打磨修整，严重烧蚀或失圆（径向圆跳动>0.05mm）时，应进行机加工；检查换向器云母深度，深度应为0.5~0.8mm，最浅应为0.2mm，如果不符合标准，应修理或更换换向器；用游标卡尺测量换向器的外径，当磨损至低于使用极限时应更换。

（5）电刷与电刷架的检修　电刷在刷架中应活动自如，不应有卡滞现象。电刷与换向器的接触面积不应低于75%，否则应研配或更换。电刷长度应不低于新电刷长度的2/3，否则应更换，绝缘电刷架与底板之间应绝缘。

2. 电磁开关的检测

吸拉线圈的检测：用数字万用表200Ω档检测电磁开关吸拉线圈（端子50与C）电阻，其值应小于1Ω。如果不导通，则线圈断路，应更换。

保持线圈的检测：用数字万用表200Ω档位检测电磁开关保持线圈（端子50与电磁开关壳体）电阻，其值应小于2Ω。如果不导通，则线圈断路，应更换。

主开关的检测：将活动铁心推入到位，用数字万用表200Ω档位检测电磁开关端子30与C应导通，其值应小于1Ω。如果不导通，则开关接触不良，应更换。

3. 单向离合器的检测

握住外座圈，转动驱动齿轮，应能自由转动；反转时不应转动，否则是有故障，应更换单向离合器。将单向离合器夹紧在台虎钳上，用扭力扳手逆时针方向转动，单向离合器应能承受规定的转矩而不打滑，否则应更换。

五、起动机的装复

起动机的装复顺序与解体的顺序相反。

活动设计

一、活动名称

汽车起动机维护及检修。

二、活动条件

1）实训室工作台 5 张以上，各工作台配备零件盆、抹布等用品。
2）起动机 5 个。
3）拆装工具 5 套。
4）万用表、百分表、游标卡尺等检测仪表量具 5 套。

三、活动组织

1）分小组，4~5 人组成 1 个小组。
2）选出小组长和评价员，记录评价组员的任务完成情况。
3）小组中进行分工互换，确保每个学生都动手实践。

四、安全及注意事项

1）不得穿拖鞋、串位、吵闹。
2）注意人身及设备安全，按规程操作，不要人为损坏工具设备及防止物件坠落伤人。
3）及时清理场地，做好现场 6S 管理。

五、活动实施

活动一 作业准备、识别起动机信息

1）作业准备（工具、器材、安全防护）。
2）找到并记录起动机品牌型号、参数信息。

活动二 不解体检查起动机

1）检查外壳有无裂纹及损坏，接线端子有无松动。
2）转动转子，检查轴承阻力、噪声以及转子与定子之间有无摩擦。
3）拆下电磁开关与电动机之间的连接片，检测电磁开关吸拉线圈、保持线圈、直流电

动机的电阻值。

活动三　拆解起动机（以 QD1215 型汽车起动机为例）

活动四　检测解体后的起动机

1）检测磁场绕组的断路和搭铁，如图 3-23 和图 3-24 所示。

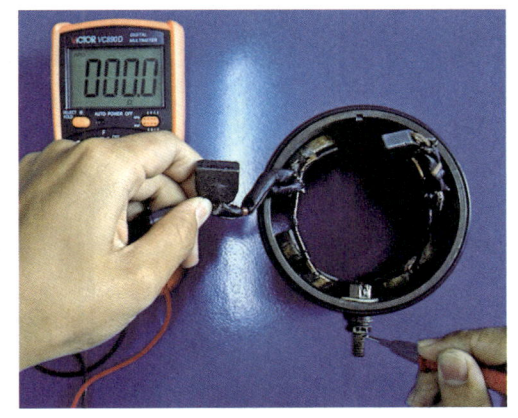

图 3-23　磁场绕组断路的检测

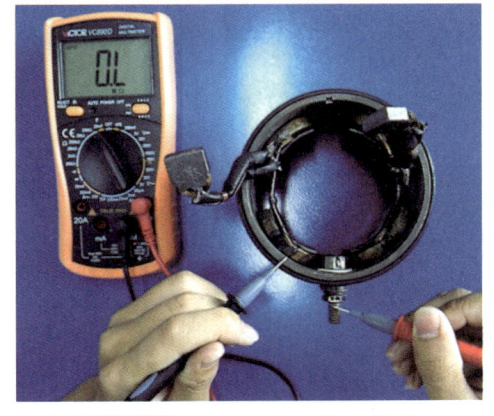

图 3-24　磁场绕组搭铁的检测

2）检测电枢绕组的断路和搭铁，如图 3-25 和图 3-26 所示。

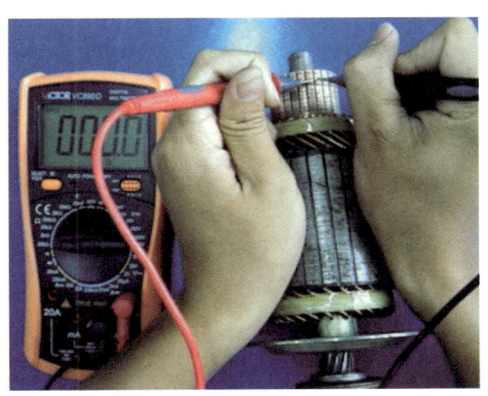

图 3-25　电枢绕组断路的检测

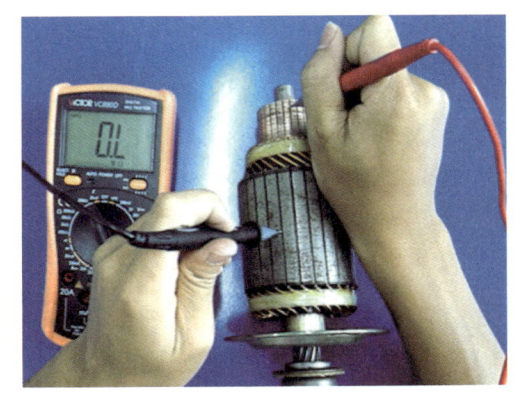

图 3-26　电枢绕组搭铁的检测

3）检测电枢轴的弯曲程度，如图 3-27 所示。

4）检测换向器的表面烧损、失圆度、外径和云母深度，如图 3-28~图 3-30 所示。

5）检测电刷长度、电刷与换向器的接触面积、绝缘电刷架与底板之间的绝缘状况，如图 3-31 和图 3-32 所示。

6）检测电磁开关的吸拉线圈、保持线圈及主开关，如图 3-33 和图 3-34 所示。

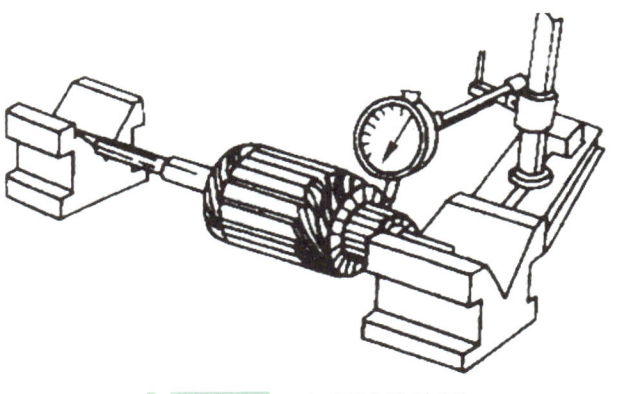

图 3-27　电枢轴的检测

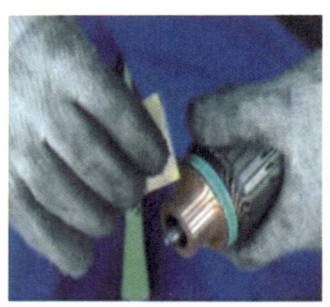
图3-28　打磨换向器

图3-29　检查云母深度

图3-30　测量换向器外径

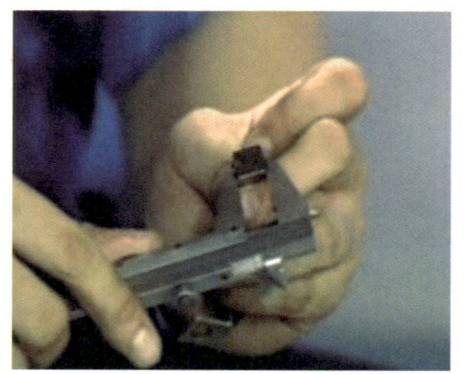
图3-31　电刷长度的测量

图3-32　电刷架绝缘的测量

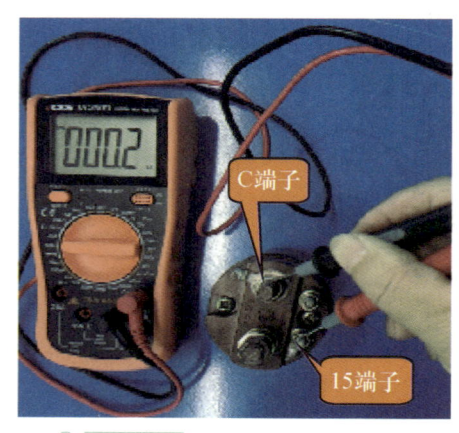
图3-33　吸拉线圈的检测

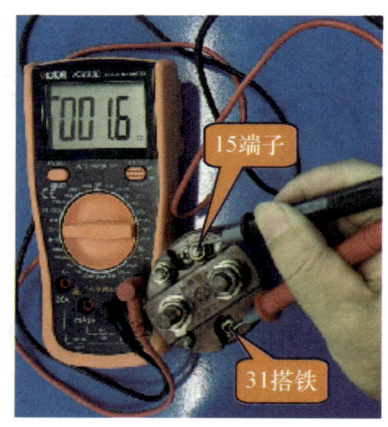
图3-34　保持线圈的检测

7）检测单向离合器，如图3-35所示。

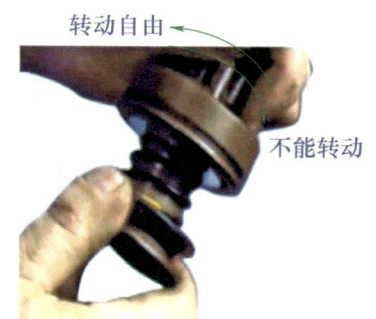
图3-35　单向离合器的检测

活动五　起动机的装复

按与起动机拆分相反的顺序进行装复。

活动六　6S 管理

1) 清扫、整理工位。

2) 清洁仪器、设备。

工作任务三　汽车起动系统故障检修

职业能力

熟悉汽车起动系统的常见故障及排除方法；会查阅维修手册，根据故障现象对起动电路进行分析，并能独立使用万用表和试灯等仪表、工具对起动电路故障进行检测与维修。

学习目标

1. 能叙述起动系统的电路组成。
2. 会识读汽车起动电路图。
3. 会查阅维修手册，根据故障现象对起动电路进行分析。
4. 能进行起动系统电路常见故障的检测与维修。

基础知识

一、汽车起动系统控制电路的工作原理

汽车起动系统电路有 3 种形式，分别为不带起动继电器的起动控制电路、带起动继电器的起动控制电路和带起动保护的起动控制电路。

在识读汽车起动控制电路时，可将启动电路分为两个部分：一部分是主电路，另一部分是控制电路。

1. 不带起动继电器的起动控制电路

不带起动继电器的起动电路，如图 3-36 所示。该电路分析如下：

控制电路为蓄电池正极→熔丝→点火开关，然后

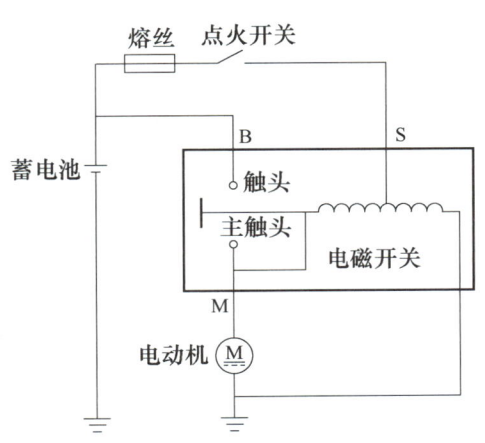

图 3-36　不带起动继电器的起动电路

分为两路：一路经电磁开关内部的保持线圈→搭铁→蓄电池负极；另一路经电磁开关内部的吸拉线圈→起动机电动机→搭铁→蓄电池负极。此时电磁开关动作，一方面使起动主电路接通，另一方面使起动机小齿轮与飞轮接合，达到使起动机带动发动机飞轮齿圈转动的目的。

主电路为蓄电池正极→起动机电磁开关内部的开关触点→起动电动机→搭铁→蓄电池负极。

2. 带起动继电器的起动控制电路

带起动继电器的起动控制电路通过控制起动继电器内的电磁线圈，使继电器内部的常开触点闭合而接通起动电磁开关电路，使起动电磁开关工作。其电路如图3-37所示。该电路在主电路上与不带起动继电器的起动电路相同，不同之处在控制电路上。下面把控制电路分两级进行分析。

第一级控制电路：当点火开关置于ST档时，蓄电池正极→AM2熔丝→点火开关→空档起动开关→起动继电器线圈→防盗ECU。防盗验证通过后，从防盗ECU输出低电压信号，起动继电器线圈得电，其触点闭合。

第二级控制电路：蓄电池正极→MAIN熔丝→起动继电器触点→起动机ST端子后接通起动机电磁开关电路，从而接通主电路，使起动机工作。

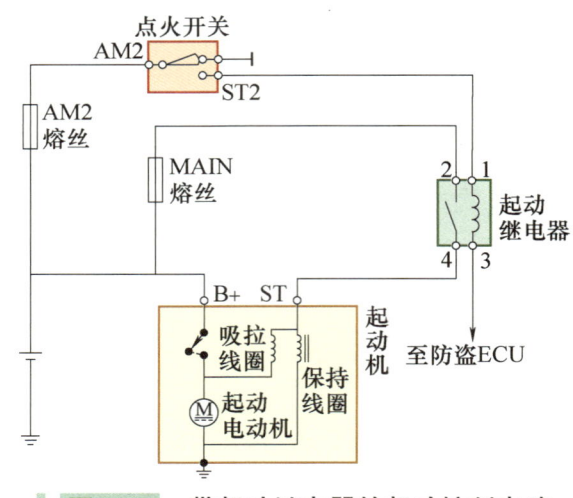

图3-37 带起动继电器的起动控制电路

3. 带起动保护的起动控制电路

图3-38所示为带起动保护的起动控制电路。该起动电路最大的特点是带有组合起动继电器，具有起动保护的作用，即在发动机运行状态下，如果因误操作而将点火开关转到起动档，起动机不会工作，这样避免了飞轮在运转时，起动机驱动齿轮的啮入而造成打齿的现象。

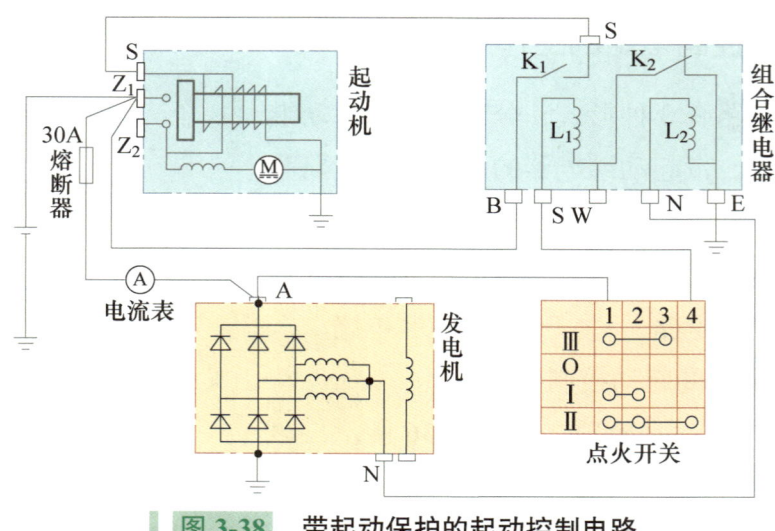

图3-38 带起动保护的起动控制电路

电路分析如下：

K_1 为起动继电器的常开触点，K_2 为充电指示灯继电器的常闭触点。

起动时，点火开关打到Ⅱ档，复合继电器中的起动继电器线圈 L_1 通电，其电流路径为蓄电池正极→起动机主接线柱→熔断器→电流表→点火开关→复合继电器 SW 接线柱→线圈 L_1→触点 K_2→搭铁。

由于线圈 L_1 通电，则 K_1 闭合，接通起动机电磁开关电路，起动机正常工作。

起动机起动后，发电机开始发电，发电机中性点接线柱 N 使线圈 L_2 有电流通过，K_2 断开，线圈 L_1 断电，触点 K_1 断开，使起动机电磁开关断电，起动机自动停止工作，同时充电指示灯熄灭。

发动机工作时，由于发电机中性点电压的作用而使触点 K_2 常开，这时，即使将点火开关误打到 ST 档，起动机也不会工作，以防止误操作。

蓄电池正极→起动机 B+ →电磁开关→起动机电动机→搭铁→蓄电池负极。此时起动机电动机得电起动。

二、汽车起动系统常见故障的诊断与排除

1. 起动机不转

（1）故障现象　点火开关旋至起动档时，起动机不转。

（2）故障原因

1）蓄电池亏电或内部损坏。

2）电路故障：导线断路、接触不良。

3）点火开关或起动继电器有故障。

4）起动机控制装置故障。

① 电磁开关触点烧蚀引起接触不良。

② 电磁开关线圈断路、搭铁和短路。

5）起动机电动机故障。

① 电枢轴弯曲或轴承过紧。

② 换向器脏污或烧坏。

③ 电刷磨损过短、弹簧过软、电刷在架内卡住而与换向器不能接触。

④ 电枢绕组或励磁线圈短路、断路或搭铁。

（3）诊断与排除

1）按喇叭或开前照灯，若喇叭响声变小或前照灯灯光暗淡，说明蓄电池容量过低或电源导线接触不良。

2）若蓄电池良好，则对蓄电池的正极线、搭铁线及各接线柱进行检查。若有脏污或松脱，应清洁或紧固。

3）用导线连接电磁开关上的蓄电池正接线和 50 号接线柱（即吸引线圈及保持线圈电流流入端）。若起动机不工作，说明电磁开关或电动机有故障，应进一步检查电磁开关或电动机；若起动机工作，说明 50 号接线柱至蓄电池之间电路或点火开关有故障。

4）用导线短接起动继电器的点火开关连接端与蓄电池接线柱。若起动机工作，说明点火开关或其连线有故障；若起动机不工作，说明继电器及其连线有故障。

2. 起动机起动无力

（1）故障现象　接通起动开关，起动机转动缓慢或不能连续运转。

（2）故障原因

1）蓄电池和电路故障：蓄电池存电不足，起动机电路插头松动、脏污、接触不良。

2）起动机故障。

① 电枢绕组或励磁线圈局部短路，使起动机功率下降。

② 电枢轴弯曲、轴承间隙过大导致转子与定子碰擦。

③ 电刷磨损严重，弹簧过软，使电刷与换向器接触不良。

④ 换向器表面烧蚀、脏污。

⑤ 电磁开关主触点、接触盘烧蚀。

⑥ 起动机轴承过紧，转动阻力过大。

（3）诊断与排除

1）检查蓄电池和连接电路是否正常，要特别注意检查蓄电池极柱、起动和搭铁电缆插头等处是否接触良好。

2）如果蓄电池和电路良好，则表明起动机有故障。

3. 起动机空转

（1）故障现象　接通起动开关，起动机只是空转，不能带动发动机运转。

（2）故障原因

1）飞轮齿圈磨损严重或损坏。

2）单向离合器失效打滑。

3）电磁开关铁心行程太短，驱动小齿轮与飞轮齿圈不能啮合，拨叉连接处脱开。

（3）诊断与排除　起动机空转有两种情况：一种是起动机驱动齿轮不与飞轮齿圈啮合的空转，这是由于起动机的操纵机构或控制机构有故障造成的；另一种是起动机的驱动齿轮已与飞轮齿圈啮合，但由于单向离合器打滑而空转。诊断排除方法如下：

1）检查电磁控制式起动机接触盘的行程。若行程过小，则会使起动机提前转动，驱动小齿轮不能与飞轮齿圈啮合，而出现打齿现象。

2）检查单向离合器是否打滑。

4. 起动机异响

（1）故障现象　接通起动开关，可听到"嘎、嘎"的齿轮撞击声。

（2）故障原因

1）起动机齿轮或飞轮齿圈牙齿损坏。

2）电磁开关行程调整不当，使起动机驱动齿轮未啮入飞轮齿圈之前，起动机主电路过早接通。

3）起动机固定螺钉或离合器壳松动。

4）电磁开关内部电路接触不良。

（3）诊断与排除

1）检查起动机固定螺钉或离合器外壳有无松动。

2）检查啮合的齿轮副是否磨损严重。

3）检查起动机控制开关主电路是否接通过早。

4）检查电磁开关保持线圈是否短路、断路或接触不良。

活动设计

一、活动名称

汽车起动系统故障检修。

二、活动条件

1）实训小车 5 辆。

2）工具车 5 个，并配备万用表、试灯、常用工具、工作灯、清洁毛巾等。

3）各工位配备车轮挡块 4 个，翼子板布、三件套、地板垫各 1 套。

4）维修手册 5 本。

三、活动组织

1）分小组，4~5 人组成 1 个小组。

2）选出小组长和评价员，记录评价组员的任务完成情况。

3）小组中进行分工互换，确保每个学生都动手实践。

四、安全及注意事项

1）注意人身安全，按规程操作，车辆起动前要检查车轮挡块、档位（P 位）、驻车制动是否正确，翼子板布、三件套、地板垫是否安装到位。

2）注意设备安全，按规程操作，不要人为损坏工具设备。

3）及时清理场地，做好现场 6S 管理。

五、活动实施

活动一　作业准备、识别车辆信息

1）作业准备（工具、器材、安全防护）。

2）找到并记录车辆（台架）品牌型号、车架号信息。

活动二　判断起动机工作状况

1）挂 P 位，拉紧驻车制动器手柄。

2）把点火开关打到起动档，观察起动机的运转情况。

活动三　汽车起动电路故障检修

1）查看维修手册起动电路图，分析起动机工作时的电流走向。

2）在实车上找到起动电路中各元件（起动机、点火开关、起动继电器、熔丝等）的具体位置。

3）根据故障现象，分析故障的可能原因。

4）使用试灯或万用表对起动系统的可能故障元件和电路进行检测，并记录检测结果。

5）对检测结果进行分析判断找出故障点。

6）排除故障。

活动四 4　6S 管理

1）清扫、整理工位。

2）清洁仪器、设备。

项目四

汽车点火系统维护及检修

工作任务一　认识汽车点火系统

职业能力

能在汽车上找出点火系统的各部件；能指出点火系统各零部件的结构及作用；能熟练对点火系统进行拆装，并能对点火系统各零部件进行检修。

学习目标

1. 能描述点火系统在汽车上的作用和分类。
2. 能说出各种点火系统的结构特点及工作原理。

基础知识

一、汽车点火系统的作用及类型

汽车点火系统的基本功用是在发动机各种工况和使用条件下，在气缸内适时、准确、可靠地产生电火花，以点燃可燃混合气，使发动机做功。

点火系统按其组成和产生高压电方式的不同可分为传统点火系统、电子点火系统和微机控制点火系统。传统点火系统曾在汽车上得到广泛应用，现在汽车普遍使用微机控制点火系统。

二、传统点火系统

1. 传统点火系统的特点

传统点火系统结构简单、成本低，是一种应用较早、较普遍的点火系统。但该点火系统的工作可靠性差，点火状况受转速、触点技术状况影响较大，需要经常维修、调整。随着汽车技术的发展，传统点火系统越来越不适应现代发动机对点火的要求，正日趋被替代。

2. 传统点火系统的结构

传统点火系统由电源、点火开关、点火线圈、分电器、高压线和火花塞组成，如图4-1所示。

3. 传统点火系统的工作原理

在传统点火系统中，蓄电池或发电机供给12V低电压，经点火线圈和断电器转变为高电压，再经配电器分送到各缸火花塞，使电极间产生电火花。发动机工作时，

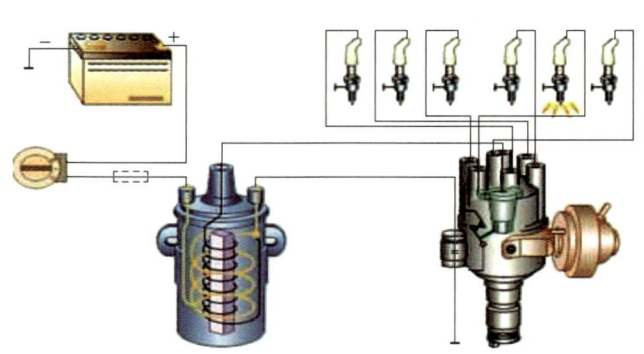

图 4-1　传统点火系统的组成

断电器轴连同凸轮一起在发动机凸轮轴的驱动下旋转。断电器凸轮转动时，断电器触点交替地闭合和打开，因此，传统点火系统的工作原理可分为触点闭合，低压电路接通；触点断开，二次绕组产生高压电；火花塞电极间火花放电3个阶段进行分析。传统点火系统的工作原理图如图4-2所示。

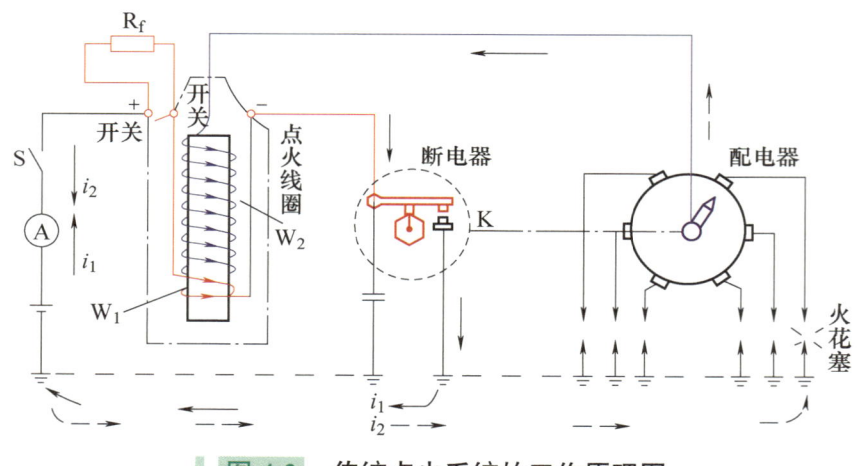

图 4-2　传统点火系统的工作原理图

1）断电器触点闭合时，低压电路接通，点火线圈中磁场形成。

当断电器触点受分电器凸轮控制而处于闭合状态时，点火系统低压电路即被接通，点火线圈一次绕组就有电流流过，其路径为蓄电池正极→点火开关→附加电阻 R_f →点火线圈一次绕组→断电器触点（已闭合）→搭铁（蓄电池负极）。一次电流便在点火线圈铁心中产生磁场。

2）断电器触点断开，一次（低压）电路被切断，二次绕组产生高压电。

当断电器触点被分电器凸轮顶开时，一次电路被切断，一次电流迅速减小，其铁心中的磁通量迅速变化，产生200~300V的自感电动势，根据电磁感应原理，这便使绕在铁心上的二次绕组感应出15~20kV的高压电。

3）高压电由配电器分配，并送至等待点火的那一缸火花塞，从而实现点火。

4缸的点火顺序：1→3→4→2 或 1→2→4→3。

6缸的点火顺序：1→5→3→6→2→4。

三、电子点火系统

1. 电子点火系统的特点和分类

电子点火系统的点火电压和点火能量高，受发动机工况和使用条件的影响小，结构简单，工作可靠，维护、调整工作量小，节约燃油，污染小，应用日益广泛。电子点火系统可以分为电磁感应式、霍尔效应式和光电式3种。

（1）电磁感应式电子点火系统　电磁感应式电子点火系统主要由磁感应式信号发生器、点火控制器、分电器、火花塞和点火线圈等组成。它利用电磁感应原理使磁通量发生变化产生交变的电动势，从而产生点火信号。

（2）霍尔效应式电子点火系统　在霍尔效应式电子点火系统中，分电器采用的是霍尔式点火信号发生器。利用霍尔效应原理制成的传感器产生点火信号，触发和控制电子点火系统工作。霍尔效应式电子点火系统是目前国内外使用较多的一种点火装置。

（3）光电式电子点火系统　在光电式电子点火系统中，采用的是光电式点火信号发生器的分电器。它利用发光原理产生点火信号。

2. 电子点火系统的结构

电子点火系统由电源、分电器、点火控制器或点火模块、点火线圈和火花塞等组成，如图4-3所示。

3. 电子点火系统的工作原理

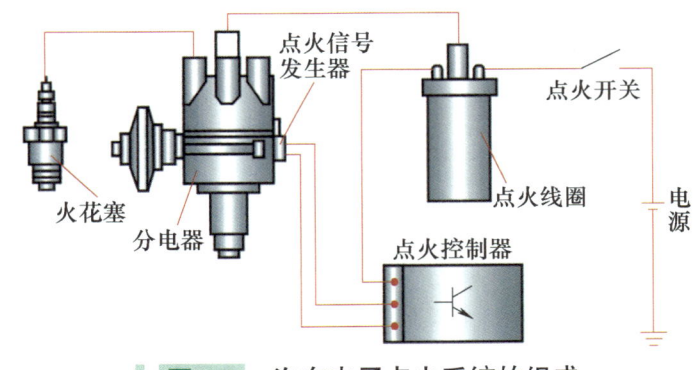

图4-3　汽车电子点火系统的组成

电子点火系统与机械式点火系统完全不同，它有一个点火用电子控制装置，内部有发动机在各种工况下所需的点火控制曲线图。通过一系列传感器［如发动机转速传感器、进气管真空度传感器（发动机负荷传感器）、节气门位置传感器、曲轴位置传感器等］来判断发动机的工作状态，在MAP图上找出发动机在此工作状态下所需的点火提前角，按此要求进行点火。然后根据爆燃传感器信号对上述点火要求进行修正，使发动机工作在最佳点火时刻。

四、微机控制点火系统

1. 微机控制点火系统的特点和分类

微机控制点火系统的特点：取消离心式、真空式等机械式点火提前调节装置，采用微机控制点火提前角；采用爆燃传感器闭环控制，使发动机工作在爆燃的边缘而又不发生爆燃，发动机的热效率高，动力性能、经济性能好；减小了点火能量损失（配电器分火头与旁电极之间跳火会损失部分点火能量），保证发动机在高速时有足够的二次电压和点火能量；具有故障自诊断功能。

微机控制点火系统可以分为有分电器微机控制点火系统和无分电器微机控制点火系统两种。

2. 微机控制点火系统的结构

微机控制点火系统主要由与点火有关的各种传感器、电子控制器（ECU）、点火电子组件（点火控制器）、点火线圈、分电器和火花塞等组成，如图4-4所示。

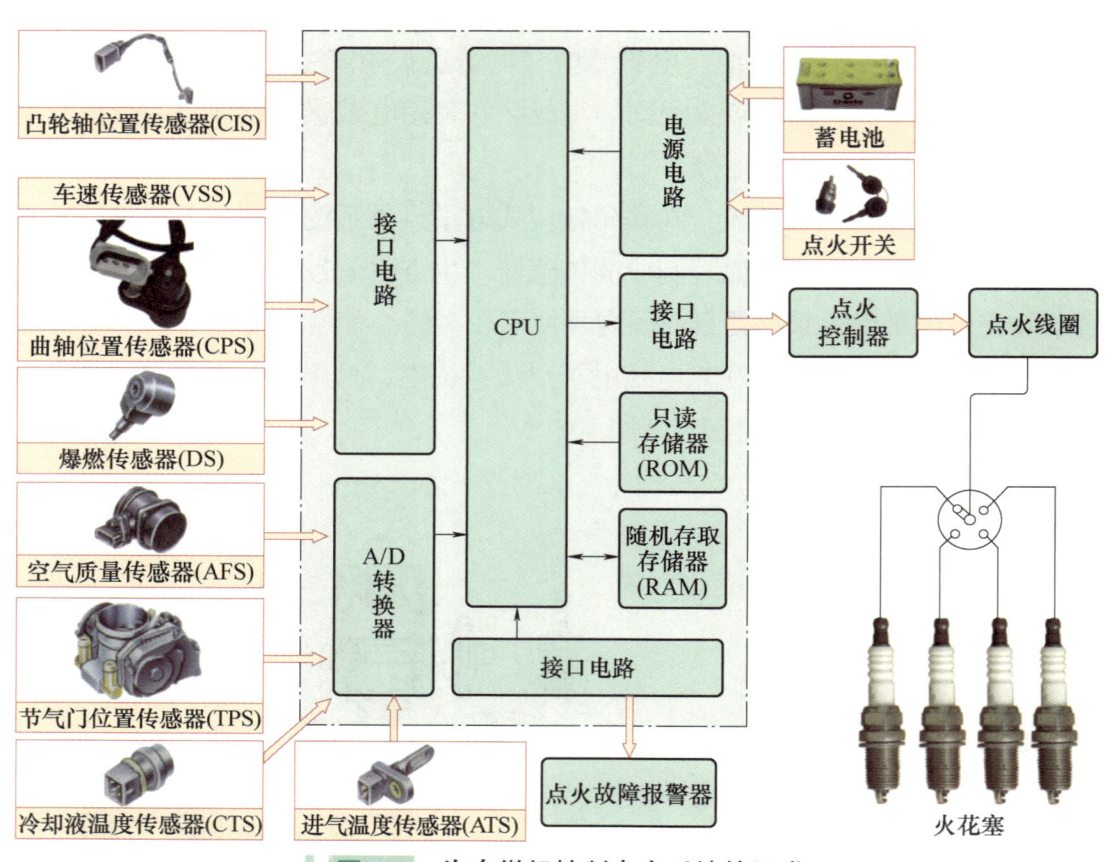

图4-4　汽车微机控制点火系统的组成

（1）传感器　传感器用来不断地检测与点火有关的发动机工作状况信息，并将检测结果输入电子控制器，作为运算和控制点火时刻的依据。各车型使用的传感器类型、数量、结构及安装位置不同，但其作用大同小异。

1）凸轮轴位置传感器（CIS）。凸轮轴位置传感器的功用是采集配气凸轮轴的位置信号，并输入ECU，以便ECU识别气缸压缩上止点，从而进行顺序喷油控制、点火时刻控制和爆燃控制。此外，凸轮轴位置信号还用于发动机起动时识别出第一次点火时刻。因为凸轮轴位置传感器能够识别哪一个气缸活塞即将到达上止点，所以也称为气缸识别传感器。

2）车速传感器（VSS）。车速传感器的作用是检测汽车的车速，ECU用这个输入信号来控制发动机怠速、自动变速器的变矩器锁止、自动变速器换档、发动机散热风扇的开闭和巡航定速等功能。车速传感器通常安装在驱动桥壳或变速器壳内。在汽车上，磁电式及光电式传感器是应用最多的两种车速传感器。

3）曲轴位置传感器（CPS）。曲轴位置传感器的作用是确定曲轴的位置，也就是曲轴的转角。它通常要配合凸轮轴位置传感器一起来工作——确定基本点火时刻。

4）爆燃传感器（DS）。爆燃传感器的作用是测定发动机抖动度，当发动机发生爆燃时，用来调整点火提前角。爆燃传感器安装在发动机缸体中间，以4缸发动机为例，安装在2、3缸之间，或者在1、2缸和3、4缸中间各安装1个。常见的有压电式和磁致伸缩式两大类。其中，压电式共振型传感器应用最多，它一般安装在发动机机体上部，利用压电效应把爆燃时产生的机械振动转变为信号电压。

5）空气流量传感器（AFS）。空气流量传感器是电喷发动机的重要传感器之一。它将吸入的空气流量转换成电信号送至电控单元（ECU），是决定喷油和点火的基本信号之一，一般安装在空气滤清器与节气门之间。

6）节气门位置传感器（TPS）。节气门位置传感器又称为节气门开度传感器或节气门开关。其主要功用是检测发动机是处于怠速工况还是负荷工况，是加速工况还是减速工况。

7）冷却液温度传感器（CTS）。冷却液温度传感器安装在发动机缸体水套或冷却液管路中，与冷却液接触，用来检测发动机冷却液的温度。ECU收到其温度信号后修正喷油时间和点火时间。

8）进气温度传感器（ATS）。进气温度传感器的作用是检测发动机的进气温度，向ECU输入进气温度信号，作为燃油喷射和点火正时的修正信号。进气温度传感器通常安装在空气滤清器之后的进气软管上或空气流量传感器上。

（2）ECU　ECU（Electronic Control Unit）是点火控制系统和喷油控制系统的中枢，其作用是接收上述各有关传感器的信号，并按照特定的程序进行判断、运算后，给点火电子组件输出最佳点火提前角和一次电路导通时间的控制信号。在现代发动机集中控制系统中，点火系统仅是ECU的一个子系统。

（3）点火控制器　点火控制器是综合控制的执行器之一。点火控制器的作用是根据ECU的指令，通过内部大功率晶体管的导通和截止，控制一次电流的通断，完成点火工作。

各种发动机的点火控制器结构各不相同，有的点火控制器除接通、切断一次电路的功能外，还有恒流控制、闭合角控制、气缸判别、点火监视等功能。也有的发动机不设点火控制器，控制一次电路的大功率晶体管设在ECU内部。

（4）点火线圈　与微机控制电子点火系统匹配的点火线圈为专用高能点火线圈，一般采用闭磁路，能量损失小，对外电磁干扰小。

（5）分电器　微机控制点火系统的分电器结构随发动机型号的不同有较大差异，由配电器和凸轮轴位置传感器组成。现在不少汽车发动机取消了分电器，其点火系统称为无分电器微机控制点火系统。

3. 微机控制点火系统的工作原理

发动机工作时，ECU根据传感器信号（G、NE等信号），确定出最佳点火提前角和通电时间，并以此向点火控制器发出指令（IGT、IGD信号）。点火控制器根据指令，控制点火线圈一次电路的导通和截止。当电路导通时，点火线圈一次电路导通。当一次电路被切断时，二次绕组中感应出高压，经分电器或直接送至工作气缸的火花塞。

（1）有分电器微机控制点火系统的工作原理　发动机工作时，ECU根据接收到的传感器信号，按存输器中的相关程序和数据，确定出最佳点火提前角和一次绕组通电时间，并以此向点火控制器发出点火信号（IGT），点火控制器根据指令，控制点火线圈一次电路的导通和截止，从而形成点火高电压。当火花塞成功点火后，便会有一个点火反馈信号IGT给ECU，如图4-5所示。

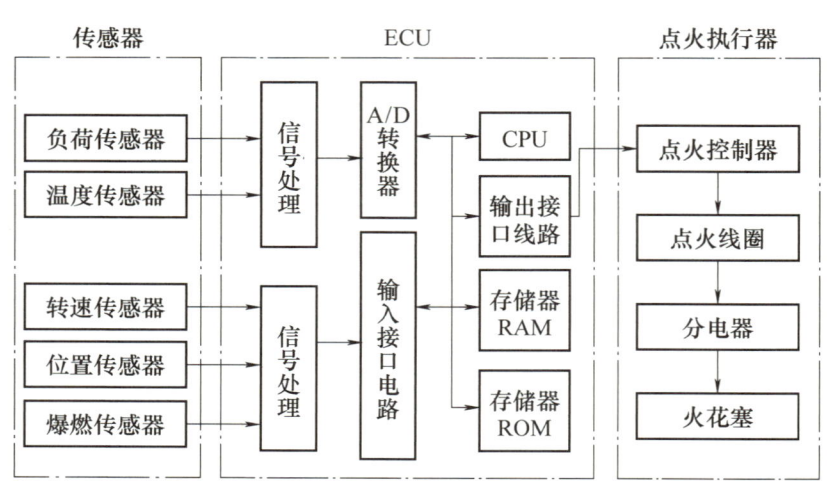

图 4-5　有分电器微机控制点火系统工作原理

（2）有分电器微机控制点火系统的控制内容　有分电器微机控制点火系统的控制内容主要包括点火提前角的控制、爆燃的控制和修正点火提前角等。点火提前角的控制方式有开环控制方式和闭环控制方式两种。

1）点火提前角的控制。微机控制点火系统的点火提前角由初始点火提前角、基本点火提前角和修正点火提前角三部分组成。

点火提前角：从火花塞开始跳火到活塞运行到上止点的时间内，曲轴转过的角度。它用来表征点火提前程度。

最佳点火提前角：保证发动机动力性、经济性、排放性等综合性能最优的点火提前角。点火提前角控制即计算并保证最佳点火提前角。

初始点火提前角：曲轴位置传感器在发动机上固定后，由曲轴位置传感器的信号转子和曲轴的相对位置决定的点火提前角。一旦曲轴位置传感器在发动机上固定，初始点火提前角就相应确定。

基本点火提前角：在初始点火提前角的基础上，ECU根据发动机转速和负荷大小自动使点火提前角进一步增大，增大的部分就是基本点火提前角。

修正点火提前角：计算机控制单元根据发动机冷却液温度、节气门开度、爆燃传感器信号、氧传感器信号等参数确定出的点火提前角修正量。它用以确定实际的最佳点火提前角。

2）爆燃的控制。爆燃是指由于特殊原因，燃烧室内有多个起燃点，各燃烧点相互作用并产生强烈的冲击。

发动机工作在临近爆燃或有轻微爆燃的情况下，其热效率最高，动力性和经济性最好。但严重的爆燃会使发动机的动力性和经济性严重减退。控制爆燃直接而有效的手段是控制点火提前角，因此，利用点火提前角的闭环控制可使发动机工作在爆燃的边缘，提高发动机的动力性和经济性。

3）修正点火提前角。ECU根据其他影响因素对点火提前角进行修正的部分。它分为暖机修正、过热修正、怠速稳定修正、空燃比反馈修正等。

① 暖机修正：怠速暖机时，随着冷却液温度的升高，燃烧速度加快，点火提前角修正逐渐减小。

② 过热修正：冷却液温度过高时，为避免爆燃，减小点火提前角。如为怠速状态时，为避免发动机长时间过热，增大点火提前角。

③ 怠速稳定修正：怠速时，由于负荷的变化（例如开启空调）引起发动机转速的波动，ECU会根据情况对点火提前角进行修正，以稳定怠速。

④ 空燃比反馈修正：在反馈控制时，随着喷油量的修正，会带来转速的波动，此时ECU会根据喷油量的变化对点火提前角进行修正。

（3）无分电器微机控制点火系统的组成与工作原理　无分电器微机控制点火系统又称为直接点火系统，如图4-6所示。该系统中点火线圈上的高压线直接与火花塞相连，工作时，点火线圈产生的高压电直接送到各火花塞，由微机根据各传感器输入的信息，依照发动机的点火顺序，适时地控制各缸火花塞点火。

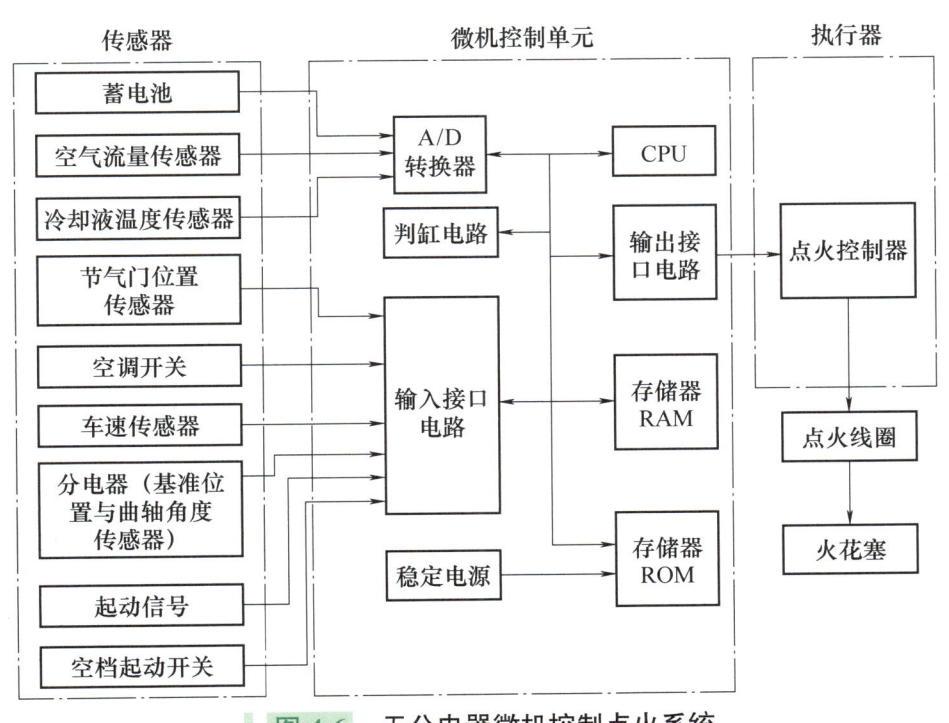

图4-6　无分电器微机控制点火系统

活动设计

一、活动名称

认识汽车点火系统。

二、活动条件

1）活动场地配备 3 种点火系统的整车或实训台架 5 个工位以上。

2）各工位配备工作灯、清洁毛巾。

3）各工位配备车轮挡块 4 个，翼子板布、三件套、地板垫各 1 套。

三、活动组织

1）分小组，4~5 人组成 1 个小组。

2）选出小组长和评价员，记录评价组员的任务完成情况。

3）小组中进行分工互换，确保每个学生都动手实践。

四、安全及注意事项

1）注意高压电不要直接触摸高压火花。

2）不要损坏物件及防止物件坠落伤人。

3）及时清理场地，做好现场 6S 管理。

五、活动实施

活动一 作业准备、识别车辆（台架）信息

1）作业准备（工具、器材、安全防护）。

2）找到并记录车辆（台架）品牌型号、车架号信息。

活动二 指出点火系统各部件安装位置及特点

1）指出电源安装位置及特点，如图 4-7 所示。

2）指出点火开关安装位置及特点，如图 4-8 所示。

3）指出分电器的安装位置及特点，如图 4-9 所示。

4）指出点火线圈的安装位置及特点，如图 4-10 所示。

5）指出高压线的安装位置及特点，如图 4-11 所示。

6）指出火花塞的安装位置及特点，如图 4-12 所示。

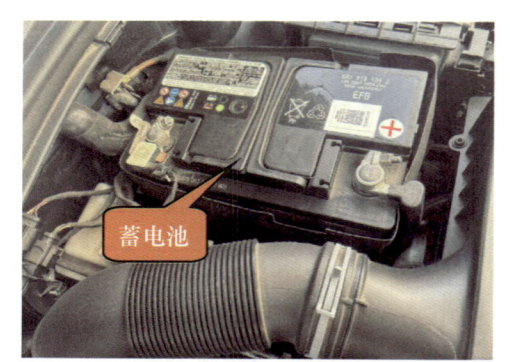

图 4-7 蓄电池的安装位置

图4-8 点火开关的安装位置

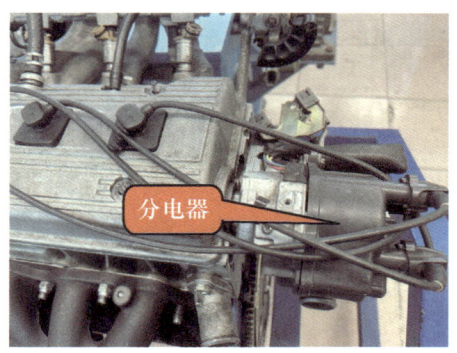

图4-9 分电器的安装位置

图4-10 点火线圈的安装位置

图4-11 高压线的安装位置

活动三　指出点火系统工作过程和点火顺序

1）指出点火系统产生高压火花的过程。

2）查阅维修手册。

3）指出点火顺序（1→3→4→2）。4缸发动机气缸排列如图4-13所示。

图4-12 火花塞的安装位置

图4-13 4缸发动机气缸排列

工作任务二　汽车点火系统零部件检测

职业能力

能在汽车上找出点火系统各零部件的位置；能指出各零部件的结构特点及作用；能熟练更换点火系统的零部件，并能对点火系统各零部件进行检修。

学习目标

1. 能说出汽车点火系统零部件的特点和作用。
2. 能对点火系统重要零部件进行检测。

基础知识

一、点火线圈

1. 点火线圈的结构及作用

汽车点火线圈主要由一次绕组、二次绕组和铁心等组成，如图4-14所示。

在点火系统中，利用点火线圈将低压电变成高压电，使火花塞产生电火花。点火线圈是点火系统中的核心部件，如果没有点火线圈产生的高压电，那么气缸内的可燃混合气体将不会被点燃，发动机将无法正常做功。因此，需要定期对点火线圈进行维护和检测。

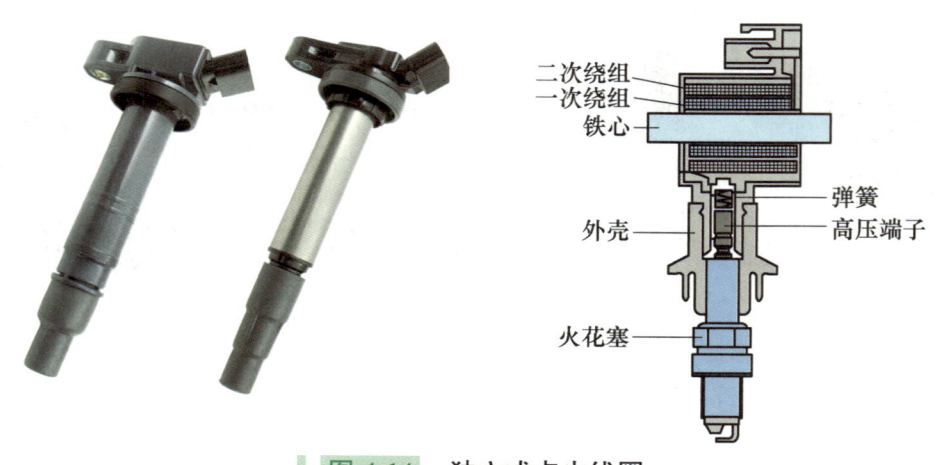

图 4-14　独立式点火线圈

2. 点火线圈的检修

（1）外观检查　目测点火线圈，若有绝缘盖破裂或外壳碰裂，就会受潮而失去点火能力，应予以更换。

（2）点火线圈检测

1）测量一次绕组短路、断路：使用数字式万用表200Ω档或者欧姆档的最小档，测量一次绕组的两接线柱间的电阻值，正常值应小于1Ω；若电阻值过小，则为短路；若电阻为∞，则为断路。

2）测量二次绕组短路、断路：使用数字式万用表200Ω档或者欧姆档的最小档，测量二次绕组的电阻值，因为二次绕组一端接于高压孔，另外一端与一次绕组相连，所以万用表表笔分别接一次绕组和高压插孔，正常值应为11~15kΩ。若电阻值过小，则为短路；若电阻值为∞，则为断路。

3）测量点火线圈的搭铁情况：使用数字式万用表欧姆档的最大档，红表笔接初级绕组、黑表笔接壳体，正常值应为无穷大，否则为搭铁不良。

二、火花塞

火花塞（Spark Plugs）的作用是把高压导线送来的脉冲高压（20000~30000V）电放电，击穿火花塞两电极间空气，产生电火花点燃气缸内的混合气体。

1. 火花塞的结构

火花塞的结构如图4-15所示。

火花塞的工作环境极为恶劣，以一台普通四冲程汽油机的火花塞为例，在进气行程时温度只有60℃，压力为90kPa；在点火燃烧时，温度会瞬间上升至3000℃，压力达到4000kPa；这种急冷急热的交替频率很高，一般材料应付不了这种工作环境，还要保证绝缘性能，因此，对火花塞的材料要求很苛刻。火花塞的关键部分是绝缘体，如果绝缘体不起作用，高压电就会不经过两电极搭铁，会造成无火花现象。因此，火花塞的绝缘体必须要有良好的力学性能和耐高电压、耐高温冲击，耐化学腐蚀的能力。普通火花塞多采用以氧化铝为基础的陶瓷做成。

火花塞电极间的间隙对火花塞的工作有很大影响，若间隙过小，则火花微弱，并且容易因产生积炭而漏电；若间隙过大，所需击穿电压升高，发动机不易起动，且在高速时容易发生"缺火"的现象，所以火花塞间隙应适当。一般火花塞电极间隙为0.7~0.9mm，某些火花塞电极间隙可达1.0mm以上。

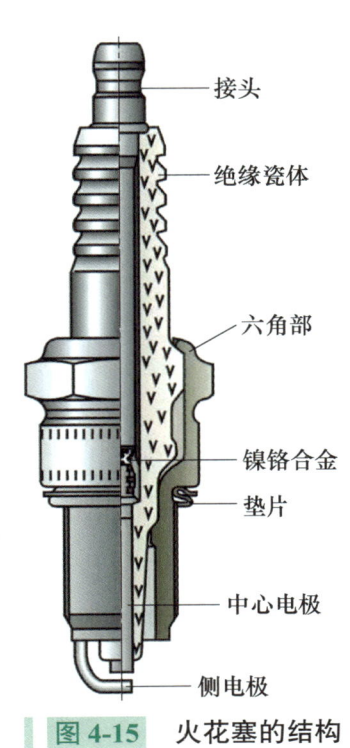

图4-15　火花塞的结构

2. 火花塞的种类

1）按照热值高低来分，火花塞分为冷型火花塞和热型火花塞。有些火花塞的绝缘体裙部短，受热面积小，传热距离短，散热容易，因此裙部温度低些，称为冷型火花塞，适用于高速、高压缩比的大功率发动机；有些绝缘体裙部长的火花塞，受热面积大，传热距离长，散热困难，裙部温度高，称为热型火花塞，适用于中低速、低压缩比的小功率发动机。

2）按照电极材料来分，火花塞分为镍合金火花塞、银合金火花塞和铂合金火花塞等。

3）按照形状来分，火花塞分为标准型火花塞、绝缘突出型火花塞、细电极型火花塞、锥座型火花塞、多极型火花塞和沿面跳火型火花塞，如图4-16所示。

① 标准型火花塞的绝缘体裙部略缩入壳体端面，侧电极在壳体端面以外，是使用最广泛的一种火花塞。

② 绝缘突出型火花塞的绝缘体裙部较长，突出于壳体端面以外。它具有吸热量大、抗污能力好等优点，且能直接受到进气的冷却而降低温度，因而不易引起炽热点火，所以热适应范围宽。

③ 细电极型火花塞的电极很细，其特点是火花强烈，点火能力好，在严寒季节也能保证发动机迅速可靠地起动，热范围较宽，能满足多种用途。

④ 锥座型火花塞的壳体和旋入螺纹制成锥形，因此不用垫圈即可保持良好密封，从而缩小了火花塞体积，对发动机的设计更为有利。

⑤ 多极型火花塞的侧电极一般为两个或两个以上，优点是点火可靠，间隙不需经常调整，所以在电极容易烧蚀和火花塞间隙不能经常调节的一些汽油机上经常被采用。

⑥ 沿面跳火型火花塞，即沿面间隙型，它是一种最冷型的火花塞，其中心电极与壳体端面之间的间隙是同心的。

  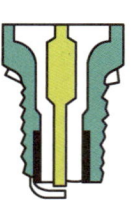 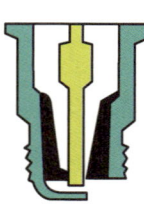 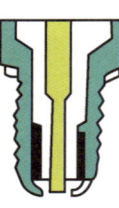 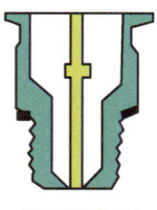

标准型　　绝缘突出型　　细电极型　　锥座型　　多极型　　沿面跳火型

图4-16　常用火花塞的结构类型

此外，为了抑制汽车点火系统对无线电的干扰，出现了电阻型火花塞和屏蔽型火花塞。电阻型火花塞是在火花塞内装有5~10kΩ的电阻，屏蔽型火花塞是利用金属壳体把整个火花塞屏蔽密封起来。屏蔽型火花塞不仅可以防止无线电干扰，还可以用于防水、防爆的场合。

3. 火花塞的检测

（1）火花塞的清洁　清洁火花塞主要包括清理螺纹积垢、清洗火花塞表面和清除火花塞积炭等。清除火花塞积炭的正规操作应在火花塞清洁试验器上进行。

（2）火花塞电极间隙的检查与调整　火花塞电极间隙的测量与调整如图4-17所示。

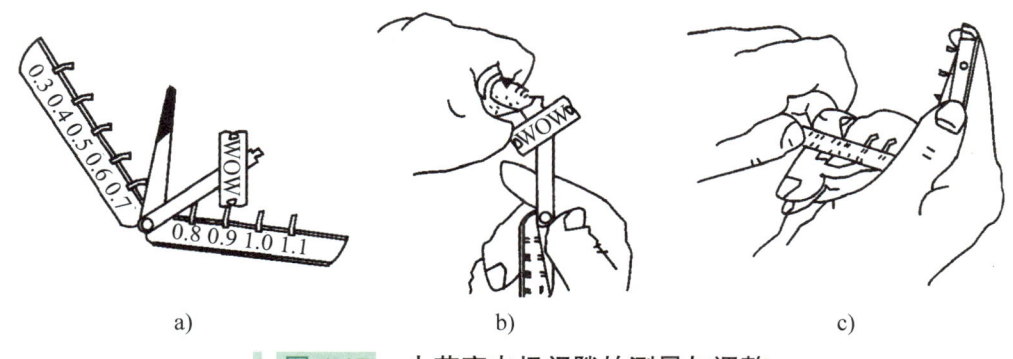

图 4-17　火花塞电极间隙的测量与调整
a）测量调整用工具　b）调整火花塞电极间隙　c）测量火花塞电极间隙

火花塞电极间隙应采用圆形量规测量，不宜使用塞尺测量，因为当侧电极上制有凹坑时，塞尺不能测量出真实间隙值。火花塞电极间隙不当时，应用特制的测量工具弯曲侧电极进行调整，火花塞电极间隙一般为0.7~0.9mm。

三、高压线

1. 高压线的作用和特点

汽车的高压线是通过点火线圈传输电能以供火花塞点火使用，从而让发动机做功的一种带有"绝缘"装置的"导线"，如图4-18所示。其结构并不复杂，在内部的金属导线外部通过生产工艺包上了一层高强度绝缘体，能在较高、较低温度下有良好的绝缘性和内部传输与导电功能。

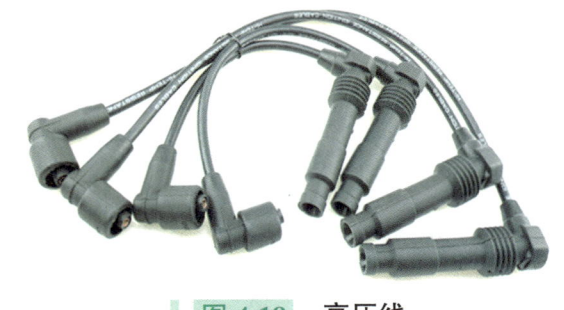

图 4-18　高压线

高压线内部传输的电流很小，对里面的金属导线要求不高，但其通过的电压较高，一般在上万伏左右，所以其对外部的绝缘体要求较高。如果绝缘材料老化、绝缘强度下降，会产生漏电的情况，从而可能损坏其他电气系统或高压系统。

2. 高压线的检测

（1）外观检查　高压线的常见损坏形式是漏电和断路。将高压线从发动机上拆下，观察其外表，如有破损、龟裂或内有击穿漏电的痕迹，应更换。

（2）高压线导通情况检测　使用数字式万用表检测高压线的电阻值，应为0.2~7.4kΩ，否则为高压线出现短路和断路。

（3）高压线绝缘情况检测　使用数字式万用表检测高压线绝缘情况，红表笔连接高压线一端，黑表笔连接外壳，电阻值应为∞，否则为高压线绝缘不良。

四、点火控制器

点火控制器（见图4-19）是发动机控制系统的执行器，其作用是根据微机发出的指令信号，通过内部大功率晶体管的导通与截止来控制点火线圈一次电路的通断，使点火线圈产生高压电。

点火控制器取代了传统点火系统中断电器的触点，将点火信号发生器输出的点火信号整形、放大，转变为点火控制信号，控制点火线圈中一次电流的通、断，以便在二次线圈绕组中产生高压电，供火花塞点火。点火控制器的基本电路包括整形电路、开关信号放大电路和功率输出电路等。

图 4-19　点火控制器

点火模块具有体积小、重量轻、点火强、反应灵敏等特点，可广泛用于对气体或液体所产生的火焰进行监测、熄火保护。各型发动机点火控制器的内部结构各不相同，有的发动机并不配置点火控制器，大功率晶体管直接设在ECU内部；有的点火控制器只有1只达林顿晶体管，仅起开关作用，其他电子控制元件则与ECU制成一体；有的点火控制器除了具有开关作用外，还具有恒流控制、闭合角控制、气缸判别和点火监视等功能。

五、点火信号发生器

在电子点火系统中，点火信号发生器取代了传统点火系统断电器中的凸轮，用来判定活塞在气缸中所处的位置，并将非电量的活塞位置信号转变成为脉冲电信号输送到点火控制器，从而保证火花塞在恰当的时刻点火。点火信号发生器实际就是一种感知发动机工作状况，发出点火信号的传感器。它通过一定的方式将汽车发动机曲轴转过的角度或活塞在气缸的位置转换成相应的电脉冲信号，最后送到ECU中，控制一次电路的通断，产生点火信号。点火信号发生器通常安装在分电器内部，常用的点火信号发生器有电磁感应式、霍尔式和光电式3种，如图4-20所示。

六、控制单元（ECU）

ECU是电控系统的控制核心，如图4-21所示。它根据传感器传来的数据进行分析，经过预先编制的程序计算和判断后，向点火控制器发出最佳点火提前角和点火线圈一次电路导通时间的控制信号。

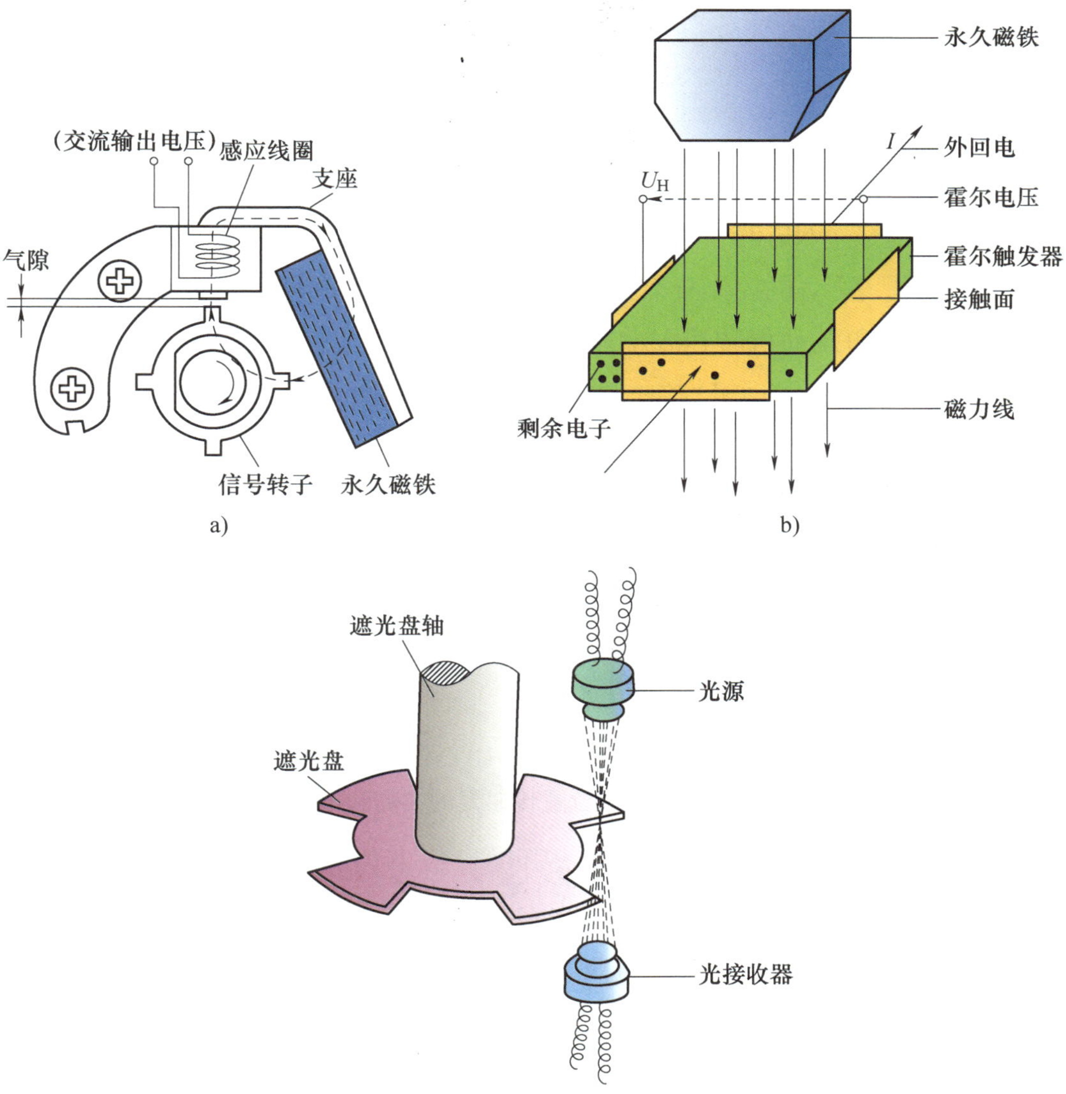

图 4-20 点火信号发生器

a）电磁感应式点火信号发生器　b）霍尔式点火信号发生器　c）光电式点火信号发生器

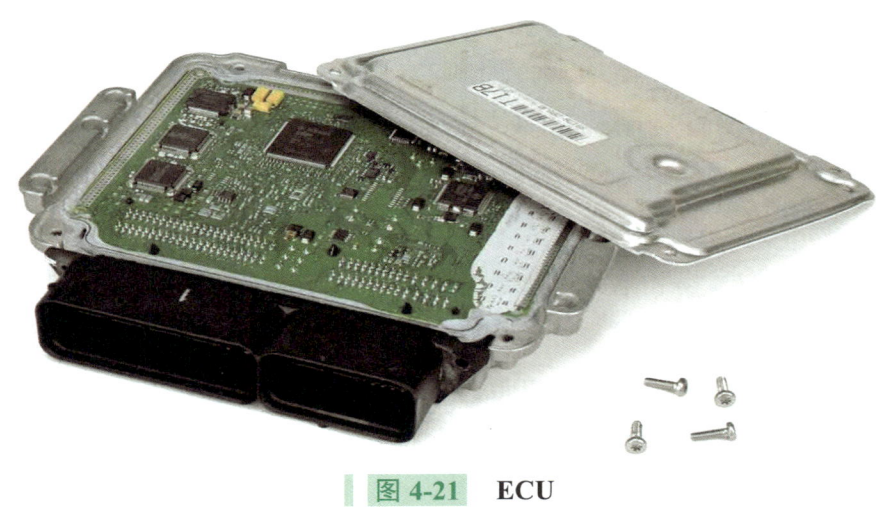

图 4-21　ECU

七、传感器

1. 曲轴位置传感器

（1）曲轴位置传感器的结构及作用　曲轴位置传感器及转速传感器（NE 信号）由一个信号板和耦合线圈组成。NE 信号板有 34 个齿并装在曲轴上。发动机每转 1 圈，NE 信号传感器产生 34 个信号，发动机控制模块（ECM）由 G2 信号检测出标准曲轴角度，由 NE 信号检测曲轴实际角度和发动机转速。曲轴位置传感器的作用是检测曲轴位置并发送信号给 ECM，ECM 以此信号计算发动机控制。曲轴位置传感器的实物和电路图如图 4-22 所示。

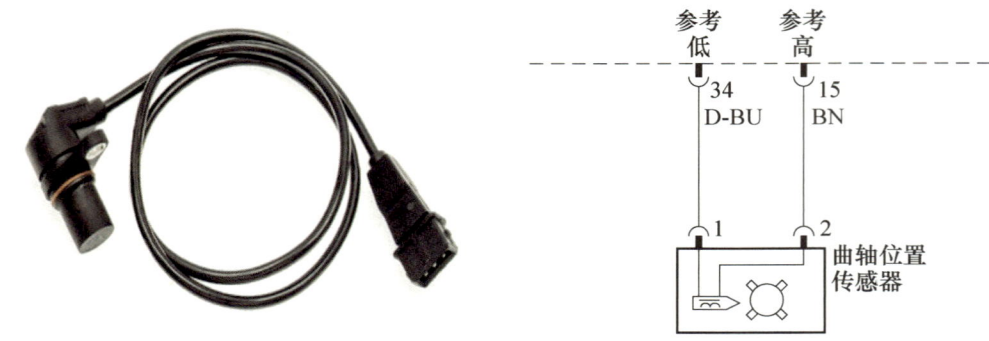

图 4-22　曲轴位置传感器的实物和电路图

（2）曲轴位置传感器的检测　断开点火开关，拔下传感器插头，用万用表测量传感器端子 1 和端子 2 之间的电阻值，应为 460~620Ω，端子 2 和端子 3 之间的电阻值应大于 1kΩ，端子 1 和端子 3 之间的电阻值应大于 1kΩ。如果测量值不在此范围内，应更换曲轴位置传感器。

2. 凸轮轴位置传感器

（1）凸轮轴位置传感器的结构及作用　凸轮轴位置传感器（G2 信号）由信号板和耦合线圈组成。G2 信号板在其圆周上有 1 个齿。信号板装在凸轮轴上。当凸轮轴旋转时，信号板上的凸部和耦合线圈的气隙发生变化，在磁场中引起磁场波动，并在耦合线圈中产生一个电动势。

凸轮轴位置传感器采用霍尔效应式传感器，安装在凸轮轴链轮后面。其作用是检测凸轮轴的旋转速度，发动机 ECM 利用凸轮轴位置传感器送来的信号识别 1 缸位置，从而确定喷油顺序。若在发动机运行中，ECM 检测到 CMP 信号错误或未收到 CMP 信号，ECM 利用最近 1 次的凸轮轴信号来控制喷油顺序。

凸轮轴位置传感器的实物和电路图如图 4-23 所示。

（2）凸轮轴位置传感器的检测　断开点火开关，拔下传感器插头，用欧姆表测量传感器端子 1 和端子 3 之间的电阻值，应为 3.40kΩ 左右，端子 1 和端子 2 之间的电阻应大于 1kΩ，端子 2 和端子 3 之间的电阻应大于 1kΩ。如果测量值不在此范围内，则更换凸轮轴位置传感器。

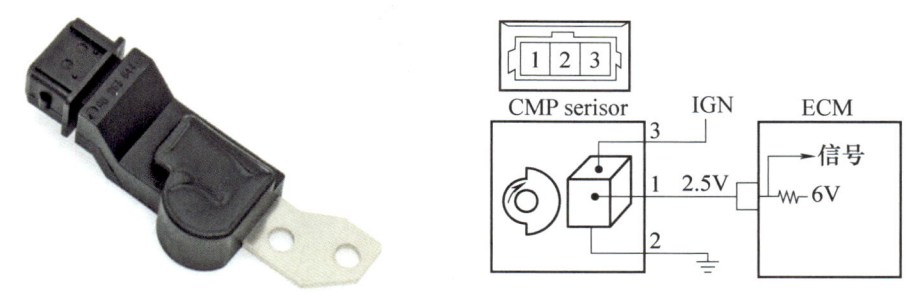

图 4-23　凸轮轴位置传感器的实物和电路图

3. 爆燃传感器

（1）爆燃传感器的作用　爆燃传感器安装在气缸体或气缸盖上。其功用是将爆燃时传到气缸体或气缸盖上的机械振动转换成电压信号输送给 ECU，ECU 根据此电压信号判断发动机是否发生爆燃及爆燃的强度。ECU 根据爆燃传感器的反馈信号来调整点火提前角，从而使点火提前角保持最佳位置，以避免发动机出现爆燃，改善发动机的工作性能，延长发动机的工作寿命。

爆燃传感器的实物和电路图如图 4-24 所示。

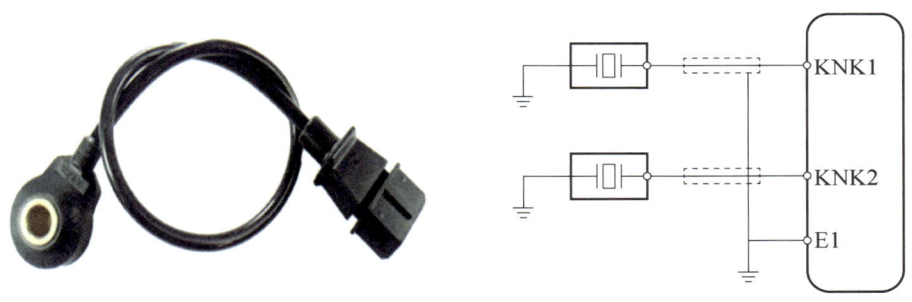

图 4-24　爆燃传感器的实物和电路图

（2）爆燃传感器的检测　将点火开关置于"OFF"位置，拔下爆燃传感器导线插头，用万用表欧姆档检测爆燃传感器的接线端子与外壳间的电阻，应为 ∞（不导通）；若为 0（导通），则须更换爆燃传感器。

对于磁致伸缩式爆燃传感器，还可应用万用表欧姆档检测线圈的电阻值，其电阻值应符合规定值（具体数据见具体车型维修手册），否则应更换爆燃传感器。

4. 冷却液温度传感器

（1）冷却液温度传感器的作用　冷却液温度传感器用于检测发动机冷却液的温度，ECU 将其信号作为燃油喷射和点火正时的修正依据。

冷却液温度传感器的实物和电路图如图 4-25 所示。

（2）冷却液温度传感器的检测　使用万用表对冷却液温度传感器进行检测，冷态下其正常电阻值应为 2~3kΩ，对冷却液温度传感器进行加热，然后测量其电阻值是否随温度的升高而下降（在外部温度为 30℃时，其电阻值约为 1.4~1.9kΩ）。

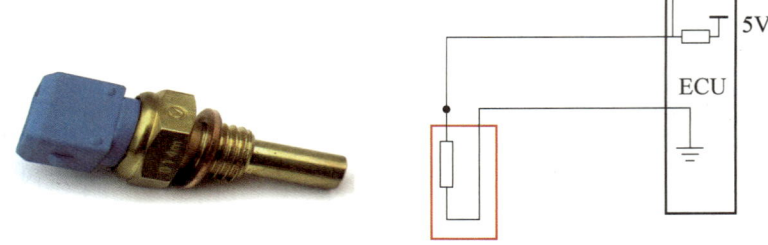

图 4-25　冷却液温度传感器的实物和电路图

活动设计

一、活动名称

汽车点火系统零部件检测。

二、活动条件

1）实训室工作台 5 个以上，各工作台配备零件盆和抹布等用品。
2）万用表 5 个、火花塞专用塞尺 5 把。
3）点火线圈 5 个、火花塞 5 个、高压线若干条、传感器若干。

三、活动组织

1）分小组，4~5 人组成 1 个小组。
2）选出小组长和评价员，记录评价组员的任务完成情况。
3）小组中进行分工互换，确保每个学生都动手实践。

四、安全及注意事项

1）注意人身安全，按规程操作，不要损坏物件及防止物件坠落伤人。
2）及时清理场地，做好现场 6S 管理。

五、活动实施

活动一　作业准备、识别车辆（台架）信息

1）作业准备（工具、器材、安全防护）。
2）查阅维修手册。

活动二　检测点火线圈

1）检查点火线圈外观（应无脏污、无破损、无裂纹、无老化烧焦痕迹）。
2）检测初、次级绕组导通情况，如图 4-26 和图 4-27 所示。

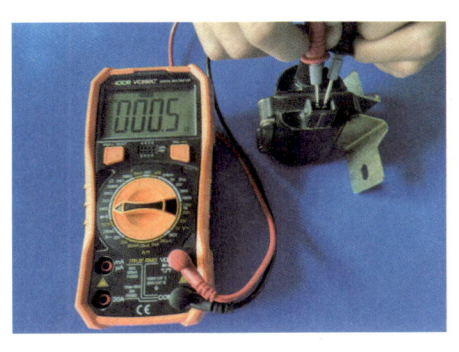

图 4-26 初级绕组导通情况的检测

图 4-27 次级绕组导通情况的检测

3）检测初、次级绕组绝缘情况，如图 4-28 和图 4-29 所示。

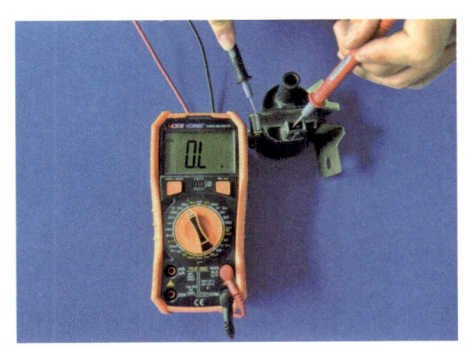

图 4-28 初级绕组绝缘情况的检测

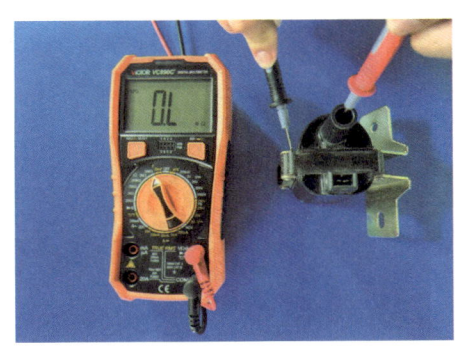

图 4-29 次级绕组绝缘情况的检测

活动三　检测火花塞

1）检查火花塞外观（应无破损、无裂纹、电极无烧损），如图 4-30 所示。

2）检测火花塞间隙，如图 4-31 所示。

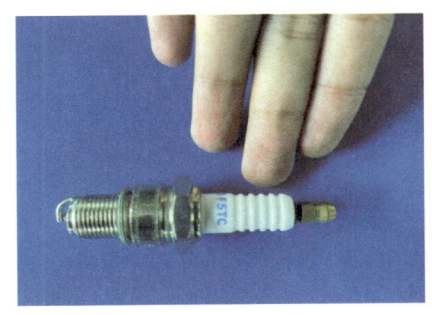

图 4-30 火花塞外观的检查

图 4-31 火花塞间隙的检测

活动四　检测高压线

1）检查导线外观（应无破损、无裂纹、无老化）。

2）检测导线的导通情况，如图 4-32 所示。

3）检测导线的绝缘情况，如图 4-33 所示。

活动五　识别及检测传感器

1）识别及检测曲轴位置传感器，如图 4-34 所示。

2）识别及检测凸轮轴位置传感器，如图 4-35 所示。

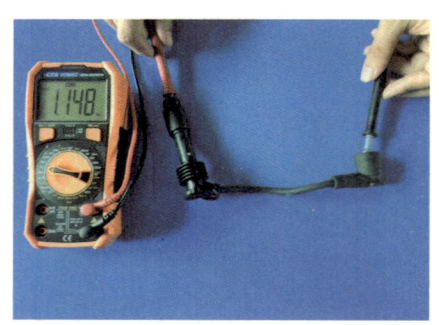

图 4-32　高压线导通情况的检测

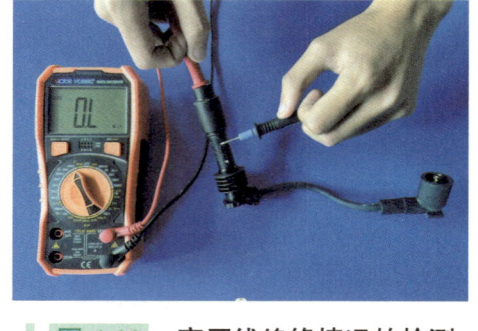

图 4-33　高压线绝缘情况的检测

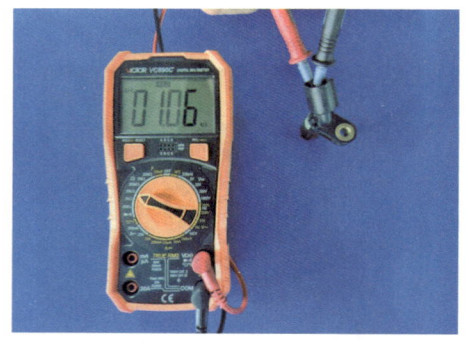

图 4-34　曲轴位置传感器的检测

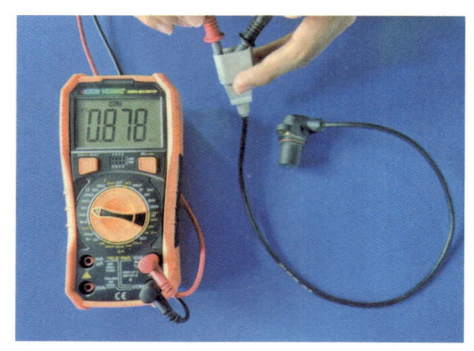

图 4-35　凸轮轴位置传感器的检测

3）识别及检测爆燃传感器，如图 4-36 所示。

4）识别及检测冷却液温度传感器，如图 4-37 所示。

图 4-36　爆燃传感器的检测

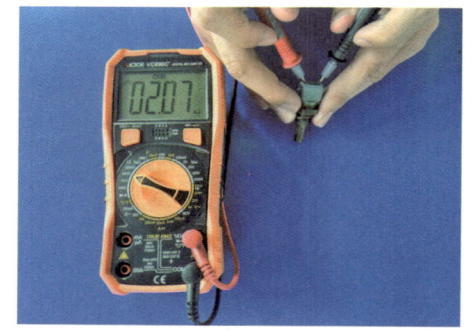

图 4-37　冷却液温度传感器的检测

工作任务三　汽车点火系统故障检修

职业能力

能分析点火系统常见故障原因并给出排除方法；会查阅维修手册；能通过分析点火系

统电路图，找到故障原因并确定故障范围；能选用合适的仪器、设备对点火系统进行检测与维修。

学习目标

1. 能分析点火系统常见故障原因并给出排除方法。
2. 会查阅维修手册。
3. 会分析点火系统电路图，并确定故障范围。
4. 能使用万用表、故障诊断仪和示波器等仪器、设备对点火系统进行检测与维修。
5. 培养团结协作、耐心细致、精益求精、勇于创新的工匠精神。

基础知识

一、点火系统检修常用工具

在点火系统日常维护和检修过程中，经常会使用的工具有万用表、试灯、正时枪、示波器、故障诊断仪、维修工具套装等，如图 4-38 所示。

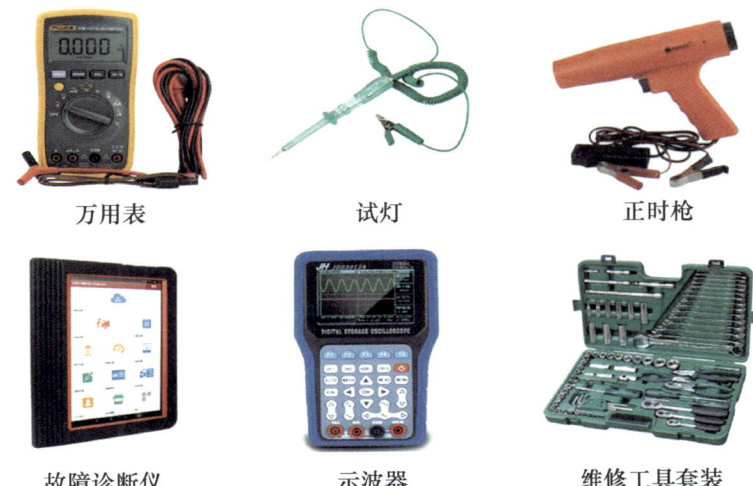

图 4-38　汽车点火系统常用的维修工具

二、点火系统的维护

1. 维护内容

点火系统维护的内容一般以清洁、检查和调整作业为主。点火系统的许多故障都与汽车的特殊使用环境有关，如路面的颠簸、泥水的侵蚀和锈蚀等，导致电路接触不良，从而影响点火系统性能。

（1）清洁　保持点火系统各部位清洁、干燥，可有效防止漏电故障。

（2）检查　检查各部件连接线束的情况，当发现有连接松动、外部有破损时，及时进行检验或更换。对于自身有搭铁回路的部件，应先检查其自身搭铁是否良好，这是故障的多发点，如果搭铁不良，就会造成点火系统工作时好时坏，甚至完全不工作。

（3）调整　发动机工作时，如果无力或出现明显的发动机敲缸声，极有可能是点火正时不准确，应及时调整。

2. 微机控制点火系统的维护注意事项

微机控制点火系统属于电子控制系统，因此，前述保护电子控制系统设备安全的一般注意事项同样适用于微机控制点火系统，另有强调事项如下：

汽车电气设备构造与维修

(1) 关于拆卸蓄电池连接线的注意事项　由于蓄电池可以吸收电感性负载通、断电瞬间产生的浪涌电压，有效保护电子元器件，因此，只有在切断点火开关的前提下，才可拆下蓄电池连接线。绝对不能在发动机运转或接通点火开关的情况下，拆下蓄电池连接线。此外，检修过程中拆开蓄电池负极电缆之前，一定要先读取存储器中的故障码。

(2) 关于带电作业的注意事项　在检修过程中，只要点火开关接通，就绝不可断开任何电控系统设备和连接线，或插、拔集成电路的芯片。

安全与责任

电的使用在生活中已经非常普遍，电一方面给人们带来了极大的方便，另一方面如果使用不当会有一定的危险性，严重情况下甚至会危及生命。人们要杜绝带电作业，防止发生因触电而危害生命健康安全的事故。做好安全生产，树立安全观念，改善维修工作条件，促进企业文明生产。

(3) 关于使用检测仪表的注意事项　应使用高阻抗仪表，绝对不允许用万用表或 R×100 以下的低电阻档测量小功率晶体管，以免过电流烧坏晶体管。

(4) 关于使用试灯的注意事项　不允许用试灯测试任何微处理器和传感器。

(5) 关于防止人体静电的注意事项　在检测微机或更换芯片时，操作人员要防止人体静电对零部件的损伤。可将金属带一头缠在手腕上，另一头搭铁（夹在汽车车身上）。

(6) 关于使用电弧焊的注意事项　在进行焊接或温度超过 80℃ 时，应先拆下对温度敏感的零部件（如 ECU 和继电器等）。

三、点火系统的故障诊断方法

1. 直观诊断法

微机控制点火系统一般工作可靠性高，除个别零部件损坏外，多数故障是因电路故障（如短路、断路、插接器接触不良等）造成的，而与微机控制系统本身无关。直接检查容易发现电路方面的故障，可收到事半功倍的效果。

直观诊断应首先针对故障现象相关部位、部件及其连接导线进行外观检查：看各个插接器是否插接到位或污损而引起接触不良，看导线是否有断开、磨损而引起导线间或对搭铁短路而烧坏，看各个传感器和执行器是否有零件松动、变形、磨损越位、丢失、卡死等机械故障。其次，检查点火器、点火线圈温度是否正常，发动机工作过程中是否有异响等。

2. 利用自诊断系统诊断法

(1) 按规定步骤读取故障码　当微机控制点火系统出现故障，仪表板上的发动机故障指示灯便会亮，以提醒驾驶人注意。不同车系读取故障码的方法不同。

（2）根据故障码确定故障的具体部位和原因并予以排除　根据故障码，从故障码表查出其故障的含义、类别和范围。再以此为依据进行具体、全面的检查，发现故障并排除。

检查范围除了点火系统的点火控制器、点火线圈、配电器、高压线、火花塞以外，还应包括与微机控制点火系统相关的各类传感器，如曲轴位置传感器、空气流量传感器、节气门位置传感器、冷却液温度传感器、爆燃传感器、氧传感器以及 ECU 等。

（3）进行路试检查，确定故障并彻底排除　当故障检测完成后，进行路试检查。路试中，当点火开关旋至接通位置而发动机不起动时，故障警告灯亮，而当发动机起动后警告灯应熄灭。否则，说明还存在故障。若出现原来的故障码，说明尚未修好；若出现新故障码，则说明产生了新故障，需要继续修理。

（4）清除故障码　当故障排除后，存储器中的故障码不会自行消除，当再次读取故障码时，这些故障码会和新的故障码一起显示出来。因此，故障排除后应及时清除故障码。

3. 仪器诊断法

仪器诊断法是指采用万用表、故障诊断仪、正时枪、点火分析仪、示波器、发动机综合分析仪等仪器、设备进行故障诊断。诊断内容包括对故障元器件性能参数的检测，对各个主要测试点信号或对整个点火系统进行检测，进行各种特性曲线分析以及波形曲线的定性定量分析等，从而对故障做出快速而准确的判断。

4. 高压跳火诊断法

高压跳火诊断法可以确定故障发生在高压电路部分还是发生在电子控制部分。高压跳火法的操作方法是：从分电器盖上拔下中央高压线，拆下火花塞，并使其端部距缸体 5~7mm，然后起动发动机，观察是否跳火。如果火花强烈，则可断定故障在高压电路部分；若无火花或火花很弱，则说明包括点火线圈、点火器在内的电子控制系统存在故障。

四、微机控制点火系统常见故障诊断

1. 电控点火系统不工作

故障现象：打开点火开关，发动机不能起动或起动困难。可以采用高压试火的办法来进行故障诊断。如果高压试火，火花正常，故障原因主要在电控燃油喷射系统；如果高压试火，无火花或火花弱，故障原因主要在电控点火系统。

故障原因：火花塞无火，主要原因有曲轴位置传感器、ECU、点火器等故障。火花塞火弱，发动机起动困难，怠速不稳，排气冒黑烟，加速性差，主要原因有低压电路电流小、高压电路电阻过大和漏电。

2. 点火时刻不准确

故障现象：主要有点火过早、点火过迟两种常见故障。

点火过早故障表现：怠速转速不稳，发动机比较容易熄火；加速时有严重的爆燃声。

点火过迟故障表现：消声器声音沉重，在汽车急加速回火、发动机冷却液温度较高、汽车在行驶的过程中比较缓慢无力。

故障原因：低压电路 IGT 信号不准确，高压电路分电器、高压线等连接问题，点火正时调整失准或点火提前角度装配失准。需要连接好点火测试仪，调整点火提前角到规定值。

3. 点火性能不稳定

故障现象：发动机低速时正常，高速时失速；低温时正常，高温时不正常；起动时正常，工作一段时间后不正常等。

故障原因：传感器松动、电路连接不良、点火器热稳定性能差等原因，使低压电路信号不稳定；高压电路电阻过大和漏电。

活动设计

一、活动名称

汽车点火系统故障检修。

二、活动条件

1）活动场地配备点火系统能够正常运行的整车或汽车点火系统实训台架 5 个工位以上。

2）各工位配备工作灯、清洁毛巾、万用表、故障诊断仪、示波器等。

3）各工位配备车轮挡块 4 个，翼子板布、三件套、地板垫各 1 套。

三、活动组织

1）分小组，4~5 人组成 1 个小组。

2）选出小组长和评价员，记录评价组员的任务完成情况。

3）小组中进行分工互换，确保每个学生都动手实践。

四、安全及注意事项

1）注意人身安全，按规程操作，车辆起动前要检查车轮挡块、档位（P 位）、驻车制动是否正确，翼子板布、三件套、地板垫是否安装到位。

2）注意设备安全，按规程操作，不要人为损坏工具设备。

3）及时清理场地，做好现场 6S 管理。

五、活动实施

活动一　作业准备、识别车辆（台架）信息

1）作业准备（工具、器材、安全防护）。

2）找到并记录车辆（台架）品牌型号、车架号信息。

活动二　检修工具的使用

1）故障诊断仪的使用，如图4-39所示。

2）用示波器检测波形，如图4-40所示。

图4-39　故障诊断仪的使用

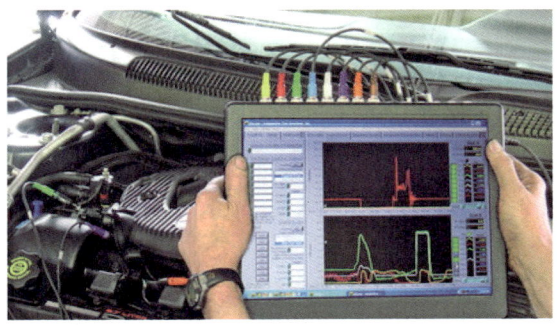

图4-40　用示波器检测波形

活动三　运用诊断方法确定故障范围

1）读取故障码，如图4-41所示。

2）进行高压跳火试验，如图4-42所示。

3）根据故障现状，分析原因。

图4-41　读取故障码

图4-42　高压跳火试验

活动四　检修点火系统故障

1）查阅维修手册。

2）分析点火电路。

3）电路检测、维修。

项目五

汽车照明与信号系统维护及检修

工作任务一　汽车照明系统故障检修

职业能力

能在车辆上找到各照明灯具的安装位置；能述说各照明灯具的作用、名称及类型；能熟练操作车内外灯光，分辨其颜色及位置，并判断该灯光是否正常；能对前照灯进行灯光调整；会查阅维修手册，分析各灯具的电路原理图，并能使用合适的工具对汽车照明系统进行检测与维修。

学习目标

1. 能正确述说汽车照明系统各灯具的名称、分类及作用。
2. 能熟练操作车内、外灯光，分辨其颜色及位置，判断该灯是否正常。
3. 会查阅维修手册。
4. 会分析照明电路图，并确定故障范围。
5. 会对前照灯的光束进行调整。
6. 能使用万用表等工具对照明电路故障进行检测与维修。

基础知识

一、汽车照明系统的组成、分类与功用

汽车照明系统主要由灯具、电源和电路（包括控制开关）三部分组成，它对于汽车和车辆驾驶人来说十分重要。它可以照亮道路，让夜间行车变得轻松，也可以在大雨或大雾等不良

的天气中使驾驶人有良好的视野；它也能让其他交通参与者发现汽车，避免发生事故，让行车变得更安全。汽车照明系统按照其安装的位置及功用分为外部照明系统与内部照明系统。

二、汽车外部照明系统

1. 前照灯

前照灯安装于汽车头部两侧，用于夜间行车道路的照明，有两灯制和四灯制之分。每辆汽车安装2只或4只前照灯，装于外侧的一对为近、远光双光束灯，装于内侧的一对为远光单光束灯。

前照灯灯光光色为白色，灯泡功率：远光灯为45~60W，近光灯为25~55W。要求前照灯应能保证提供车前100m以内路面明亮、均匀的照明，并且不应对迎面来车的驾驶人造成炫目。随着车速的不断提高，有些现代汽车上前照灯的照明距离可达到200~300m。

2. 雾灯

雾灯安装于汽车的前部和后部，用于在雨雾天气行车时照明道路和为迎面来车及后面来车提供信号。前雾灯安装在前照灯附近，一般比前照灯的位置稍低，因为雾天能见度低，驾驶人视线受到限制。前雾灯光色为黄色，这是因为黄色光光波较长，具有良好的透雾性能，灯泡功率一般为35W。后雾灯采用单只时，应安装在车辆纵向平面的左侧，与制动灯间的距离应大于100mm；后雾灯灯光光色为红色，以警示尾随车辆保持安全距离，灯泡功率一般为21W。

3. 倒车灯

倒车灯安装于汽车尾部，用于倒车时汽车后方道路照明和警告其他车辆和行人，表示该车正在倒车，兼有灯光信号装置的功能。倒车灯灯光光色为白色，功率一般为28W。

4. 牌照灯

牌照灯用于照亮汽车牌照，要求夜间在车后20m处能看清牌照号码。牌照灯安装在汽车尾部牌照的上方或左右两侧，灯光光色为白色，灯泡功率为8~10W。它没有单独的开关控制，受示廓灯或前照灯开关控制。按规定要求牌照灯必须与示廓灯共用一个开关控制。

三、汽车内部照明系统

汽车内部照明系统由顶灯、仪表灯、踏步灯、工作灯、行李舱灯和阅读灯组成，主要是为驾驶人和乘员提供方便。灯光光色为白色，灯泡功率为2~20W。

1. 顶灯

顶灯安装在驾驶室或车厢内顶部，为驾驶室或车厢内的照明灯具，其灯光颜色一般为白色。

2. 仪表灯

仪表灯安装于仪表盘内，它用来照明汽车仪表，其灯光颜色一般为白色。

3. 踏步灯

踏步灯一般安装在汽车上、下车台阶的左、右两侧，其作用是照亮车门的踏步处，方便乘员上下车，其灯光颜色一般为白色。

4. 工作灯

工作灯是车辆维修时可以移动使用的一种随车低压照明工具，其电源来自发电机或蓄电池。工作灯常常带有挂钩或夹钳，插头有点烟器式或两柱插头式两种。

5. 行李舱灯

行李舱灯为轿车行李舱内的灯具，灯光为白色。

6. 阅读灯

阅读灯装于前排乘员座椅前部或顶部，聚光时乘员看书不会使驾驶人炫目，照明范围较小，有的还有光轴方向调节机构。

四、前照灯

1. 前照灯的照明要求

1）前照灯应保证车前有明亮而均匀的照明，远光灯使驾驶人能看清车前 100m 远路面上的任何障碍物；近光灯使驾驶人能看清车前 40m 远路面上的任何障碍物并且不炫目。随着高速公路的建成，汽车行驶速度的提高，要求汽车前照灯的照明距离相应增加，现代有些汽车的前照灯照明距离已达到 200~300m。

2）具有防炫目装置，确保夜间两车迎面相遇时，不使对方驾驶人因炫目而造成事故。

2. 前照灯的结构

前照灯由光源（灯泡）、反射镜和配光镜三部分组成，如图 5-1 所示。

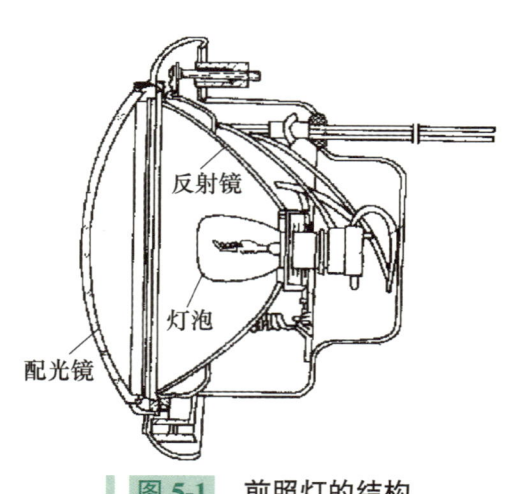

图 5-1　前照灯的结构

（1）灯泡　汽车前照灯灯泡的结构如图 5-2 所示。目前，汽车前照灯用灯泡的额定电压有 6V、12V 和 24V 3 种。灯泡的灯丝由功率大的远光灯丝和功率较小的近光灯丝组成，由钨丝制作成螺旋状，以缩小灯丝的尺寸，有利于光束的聚合。

1）普通白炽灯泡。它是充气灯泡，是把玻璃泡内的空气抽出后，再充满惰性混合气体。一般充入的惰性气体为 96% 的氩气和 4% 的氮气。充入灯泡的惰性气体可以在灯丝受热时膨胀，增大压力，减少钨的蒸发，提高灯丝的温度和发光效率，节省电能，延长灯泡的使用寿命。

2）卤钨灯泡。它在灯泡内充入的惰性气体中渗入某种卤族元素。卤族元素是指碘、溴、氯、氟等元素。现在卤钨灯泡使用的卤族元素一般为碘或溴，称为碘钨灯泡或溴钨灯泡。我国目前生产的是溴钨灯泡。

卤钨灯泡尺寸小，泡壳用耐高温、机械强度较高的石英玻璃制成，所以充入惰性气体的压力较大。因工作温度高，灯内的工作气压将比其他灯泡大得多，所以钨的蒸发受到更有力的抑制。

3）氙气前照灯。氙气前照灯利用配套电子镇流器，将汽车蓄电池12V电压瞬间提升到23kV

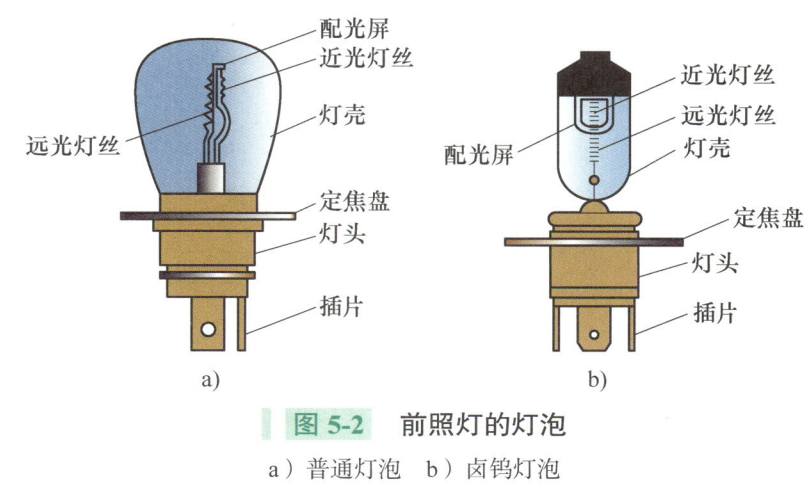

图 5-2 前照灯的灯泡

a）普通灯泡 b）卤钨灯泡

以上的触发电压，将氙气前照灯中的氙气电离形成电弧放电并使之稳定发光。氙气前照灯的色温在4000~6000K范围内，远远高于普通灯泡。它亮度高，原装车上一般为4300K。氙灯的光色有多种颜色可选，因其色温与卤素灯接近、穿透力强，可以提高夜间的行车安全性。

4）LED灯。LED是一种电子发光器件，利用固体半导体芯片作为发光材料，通过载流子发生复合引起光子发射而直接发光。LED灯就是以LED作为光源制造出的照明器具。

（2）反射镜 由于前照灯灯泡灯丝发出的光度有限，功率仅为45~60W。如果无反射镜，则只能照亮车前6m左右的路面。有了反射镜之后，前照灯照射距离可达到150m或更远。反射镜的作用就是将灯泡的光线聚合并导向前方，如图5-3所示。远光灯灯丝位于焦点F上，灯丝的绝大部分光线向后射在立体角范围内，经反射镜反射后平行于主光轴射向远方，使光度增强几百倍，甚至上千倍，从而将车前150m（甚至400m内）的路面照得足够清楚。近光灯灯丝位于焦点F上方。

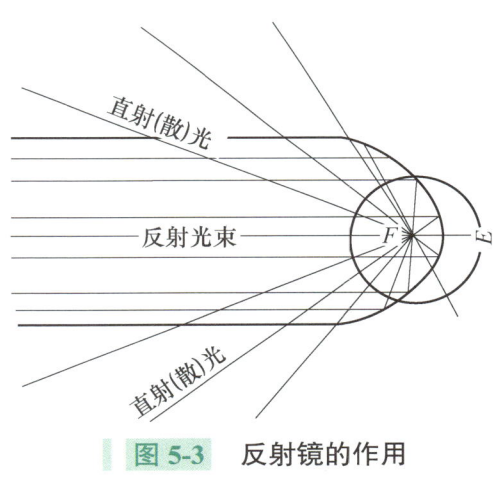

图 5-3 反射镜的作用

（3）配光镜 配光镜又称为散光玻璃，它是用透光玻璃压制而成的，是很多块特殊的棱镜和透镜的组合。其几何形状比较复杂，外形一般为圆形和矩形，如图5-4所示。配光镜的作用是将反射镜反射出的平行光束进行折射，使车前路面有良好而均匀的照明。

（4）前照灯的防炫目措施 炫目是指人眼睛被强光照射，由于视觉神经受刺激而失去对眼睛的控制，本能地闭上眼睛或看不清暗处物体的生理现象。夜间行车时，如果前照灯光线照射到对面汽车驾驶人的眼睛，就会造成驾驶人炫目而看不清前方道路的情况，这时极易引发交通事故。为防止炫目，确保夜间汽车行驶安全，汽车上采用远光灯和近光灯。在无迎面来车时，采用远光灯，使前照灯照射距离较远，以满足高速行驶的道路照明需要；在会车时，由驾驶人切换为近光灯，使前照灯光线水平向下照射，虽照射距离较近，但可避免光线直射对面驾驶人眼睛。汽车前照灯通常采用具有远光灯丝和近光灯丝的双丝灯泡。

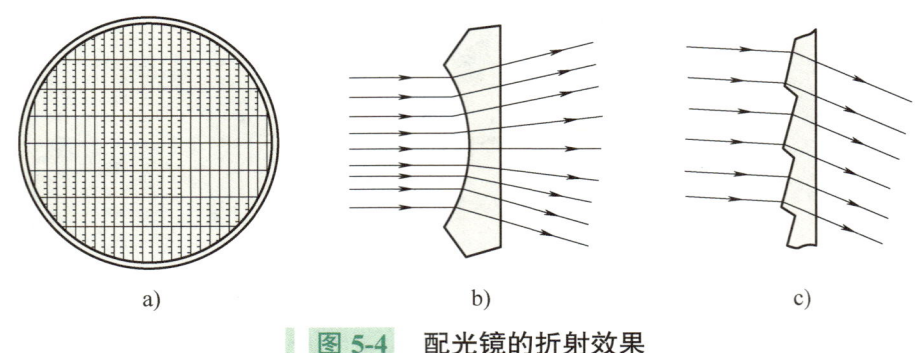

图 5-4 配光镜的折射效果

1）普通双丝灯泡中的远光灯丝位于反光镜旋转抛物面的焦点，并与光轴平行；近光灯丝位于焦点的上方。如图 5-5 所示，远光灯丝通电时，灯泡光线由反射镜反射后与光轴平行射向远方，可获得较远的照射距离和较小的散射光束；近光灯丝通电时，灯泡光线经反射镜反射的主光束倾向于路面，因而对迎面来车驾驶人的炫目作用减弱。

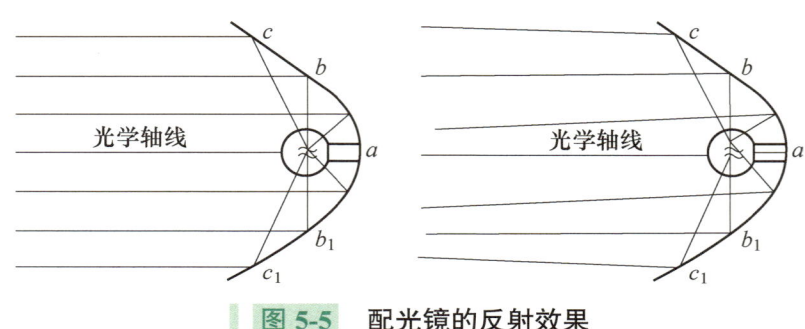

图 5-5 配光镜的反射效果

2）具有配光屏的普通双丝灯泡有一部分光线偏上照射，降低了防炫目的效果。将近光灯丝置于焦点前上方的位置，并在下方安装配光屏（见图 5-6），挡住近光灯丝射向反射镜下半部的光线，就可消除向上的反射光线，使防炫目效果更好。

3）非对称型配光的双丝灯泡为使近光灯既有良好的防炫目效果，又有较远的照明距离，将配光屏单边倾斜 15°，近光灯丝发出的光线经反射镜和配光镜后就得到了形似"L"的非对

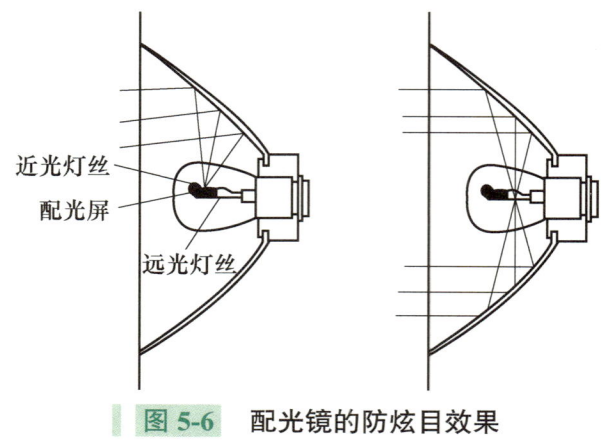

图 5-6 配光镜的防炫目效果

称近光光形（见图 5-7b）。这种配光符合联合国经济委员会制定的 ECE 标准，被称为 ECE 形配光，我国已采用这种配光形式。近年来，出现了一种被称为 Z 形配光的非对称型配光（见图 5-7c），它不仅可以避免迎面汽车驾驶人炫目，还可以防止车辆右边的行人和非机动车辆使用人员炫目。

安全与责任

保证车辆安全行驶，使每位驾驶人都能安全回家，车辆的灯光照明系统功不可没。在以后凡是涉及安全驾驶的维修项目，人们一定要慎之又慎，一定要抱着负责任的态度，精益求精，不要因为自己的疏忽大意而留下安全隐患！

3. 前照灯的类型

通常，按前照灯光学组件的结构不同，可将其分为半封闭式前照灯、封闭式前照灯和投射式前照灯3种。

（1）半封闭式前照灯　半封闭式前照灯的结构如图5-8所示。其配光镜靠卷曲反射镜边缘上的牙齿而紧固在反射镜上，两者之间垫有橡胶密封圈，灯泡只能从反射镜后端装入。由于这种灯具减少了对光学组件的影响因素，维修方便，因此得到广泛应用。

（2）封闭式前照灯　封闭式前照灯（又称为真空灯），其反射镜和配光镜用玻璃制成一体，形成灯泡，里面充以惰性气体。灯丝焊在反射镜底座上，反射镜的反射面经真空镀铝。其结构如图5-9所示。

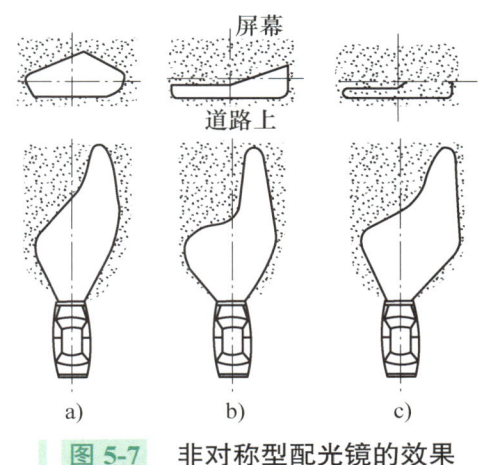

图 5-7　非对称型配光镜的效果

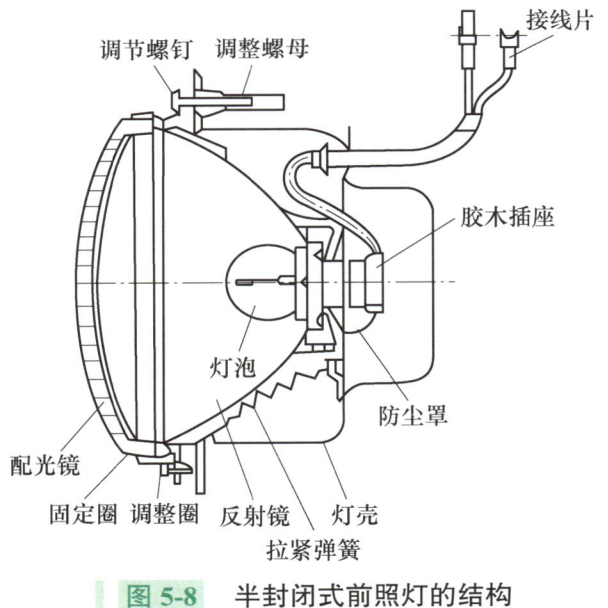

图 5-8　半封闭式前照灯的结构

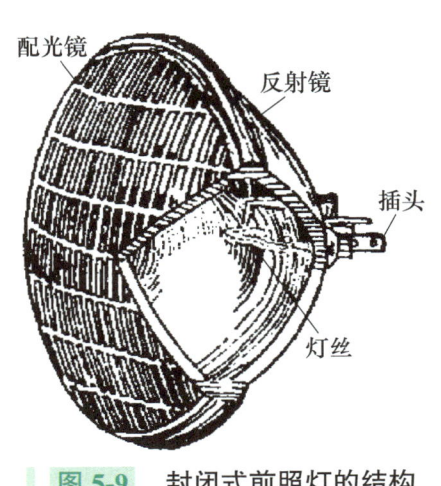

图 5-9　封闭式前照灯的结构

（3）投射式前照灯　投射式前照灯的光学系统主要由灯泡、反射镜、遮光板和凸形配光镜组成。它使用很厚的无刻纹的凸形配光镜，反射镜为椭圆形，所以其外径很小。投射式前照灯具有两个焦点，第 1 个焦点为灯泡，第 2 个焦点在灯光中形成。经过凸形配光镜聚集光线投向远方，结构如图 5-10 所示，其优点是焦点性能好。其光线投射途径如下：

1）灯泡射向上部的光线经过反射镜投向第 2 个焦点后，经过凸形配光镜聚焦投向远方。

2）同时，灯泡射向下部的光线经过遮光板反射，反射回反射镜再投向第 2 个焦点，经过凸形配光镜聚焦投向远方。

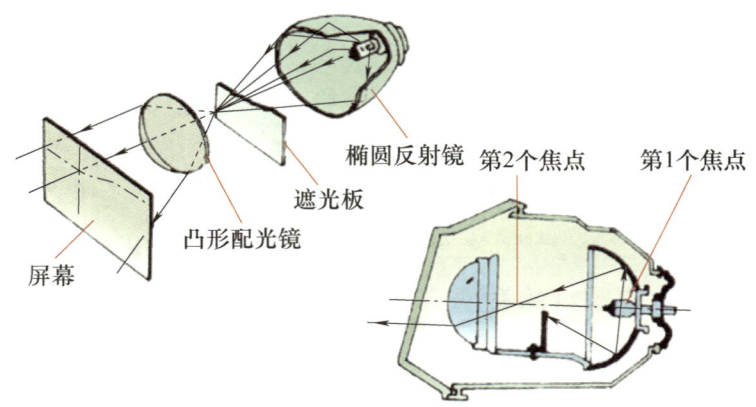

图 5-10 投射式前照灯的结构

4. 前照灯的灯光调整

（1）屏幕调整法　调整前，将汽车停在水平地面上，按规定充足轮胎气压，汽车上除一个驾驶人外，卸下其他所有负荷。在距离前照灯 S 处挂一块白幕布（或利用白色墙面）。在屏幕上画两条垂直线（各线应通过各前照灯亮斑的中心）和 1 条水平线，水平线的高度与前照灯离地面高度相等，如图 5-11 所示。再画 1 条比水平线低 D 的水平线，该水平线与两条前照灯的垂直中心线分别相交于 a、b 两点。

起动发动机，并使之以约 2000r/min 的转速运行（发电机正常发电即可），在蓄电池不放电的情况下，打开前照灯远光灯（部分车型用近光灯调整）。

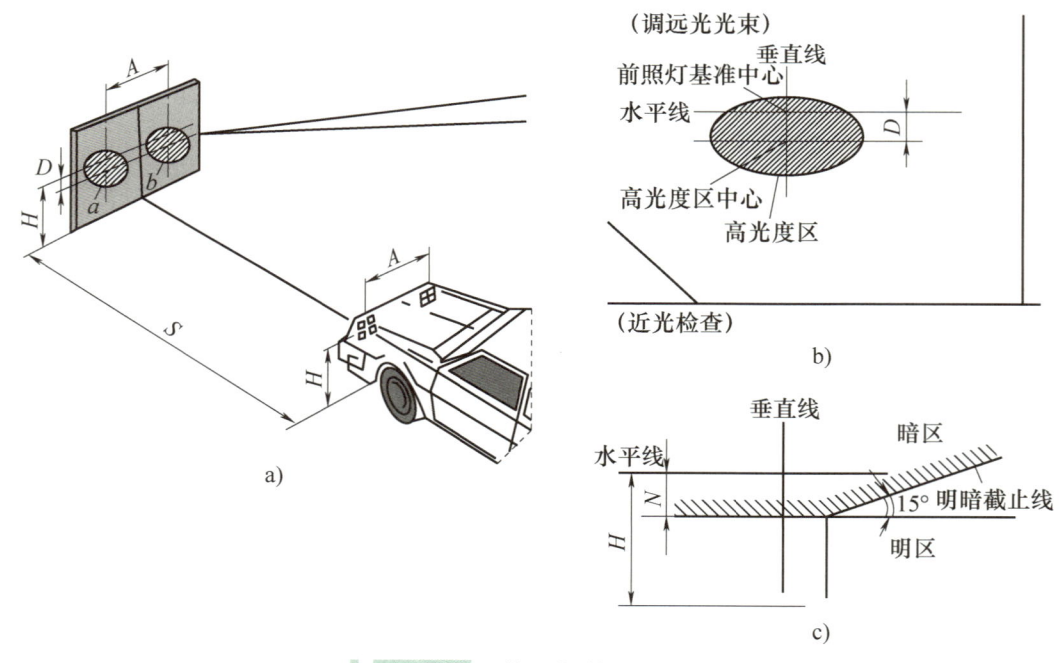

图 5-11 前照灯的灯光调整

调整时，应先将一只灯遮住，然后检查另一只前照灯的光束中心是否对准 a 点或者 b 点

（对应侧的光照中心）。如果不符合要求，则拆下前照灯罩圈，用螺钉旋具旋入或旋出侧面的调整螺钉，做水平方向的调整；用螺钉旋具旋入或旋出上面的调整螺钉，做高低方向上的调整，如图 5-12 所示。待 1 只前照灯调整好后，再按同样的方法调整另外 1 只前照灯，使其光束中心对准 b 点或 a 点。

当远光灯调好后，应打开近光灯，检查屏幕上是否有明显的明、暗截止线，其高度是否符合规定。一般规定是前照灯上边缘距地面不大于 1350mm 的汽车，在距灯 10m 远处屏幕上的明、暗截止线水平部分应比前照灯基准中心低 $H/3$ 左右，如图 5-11c 所示。

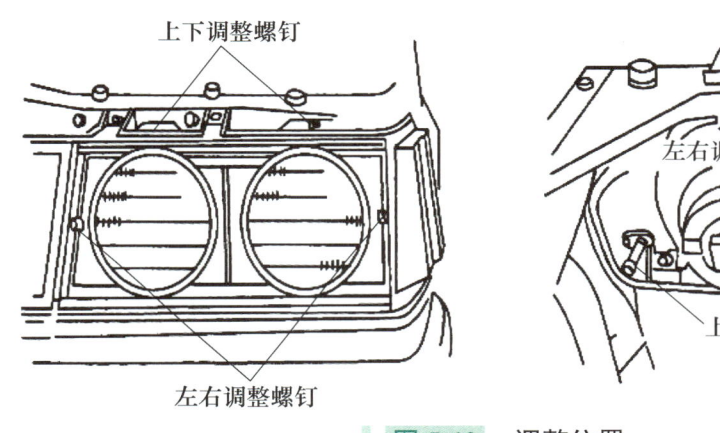

图 5-12 调整位置

（2）仪器调整法 采用灯光测试仪（见图 5-13）对灯光进行检测，根据仪器提示完成操作即可。

5. 前照灯电路

前照灯电路主要由灯光开关、变光开关、前照灯继电器及前照灯组成。

（1）灯光开关 灯光开关的形式有拉钮式、组合式和旋钮式等多种，目前汽车上使用较多的是组合开关，它将前照灯、变光、转向灯及尾灯等开关制成一体。

如图 5-14 所示，旋动开关端部，便可依次接通小灯（包括尾灯、牌照灯）和前照灯；将开关往前压，由近光变为远光；往后扳，由远光变为近光；向上或者向下扳动开关，可以切换左、右转向灯。

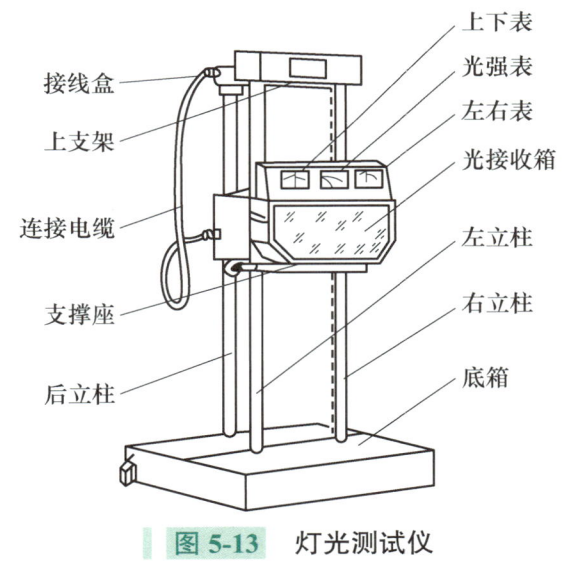

图 5-13 灯光测试仪

（2）变光开关 变光开关可以根据汽车行驶的需要切换远近光灯。变光开关有组合开关和脚踏开关两种，目前汽车上采用较多的是组合开关，该开关安装在转向盘下方，以便驾驶人操作。

（3）前照灯继电器 前照灯的工作电流较大，若直接用车灯开关控制前照灯，车灯开关容易损坏，因此在前照灯的电路中设有灯光继电器，如图 5-15 所示。灯光继电器的端子 86 与前照灯开关相连，端子 85 搭铁，端子 30 与电源相连，端子 87 与变光开关相连。当接通前照灯开关时，继电器线圈通电，电磁铁产生磁力，使衔铁带动动触点与静触点断开，利用触点的开、闭即可实现对灯光电路的控制。

电磁线圈的检测：将万用表拨至 200Ω 档，然后将两表笔分别与线圈接线端子（端子 85-86）接触，测量其电阻值。正常时，线圈电阻值为 75~80Ω；若测量电阻值为 ∞，说明线圈断路；若测量电阻值过小，说明线圈短路。

常开触点的检测：用两根跨接线连接 12V 蓄电池电压给线圈（端子 85-86）通电，将万用表拨至 200Ω 档，然后将两表笔分别与常开触点接线端子（端子 30-87）接触，测量其电阻值。正常时，万用表测量电阻值应小于 1Ω；若测量电阻值为 ∞，说明触点烧蚀断路。

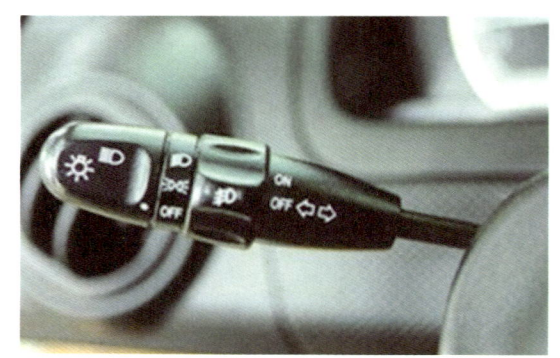

图 5-14　组合开关

图 5-15　灯光继电器

五、照明系统常见故障的诊断与排除

照明系统常见故障现象、原因及其排除方法见表 5-1。

表 5-1　照明系统常见故障现象、原因及其排除方法

故障现象	故障原因	排除方法
前照灯灯光暗淡	电压过低（蓄电池存电不足）	给蓄电池充电
	配光镜或反射镜上有积尘	拆开前照灯进行清洁
	插头松动或锈蚀，使电阻增大	紧固插头、清除锈蚀
接通前照灯时，左前照灯亮而右前照灯明显发暗	右前照灯搭铁不良	使搭铁良好
	右前照灯配光镜或反射镜上有积尘	拆开前照灯进行清洁
	右前照灯灯泡玻璃表面发黑	更换灯泡
	插头松动或锈蚀，使电阻增大	拧紧、清除锈蚀

（续）

故障现象	故障原因	排除方法
变光时有一侧前照灯不亮	灯丝烧断	更换灯泡
	接线板到灯泡导线断路	检查并接好
	灯泡与灯座接触不良	清除污垢，使接触良好
前照灯双侧不亮	熔丝烧断	更换熔丝
	开关触点接触不良	更换开关
	灯光继电器损坏	更换灯光继电器

活动设计

一、活动名称

汽车照明系统的检查。

二、活动条件

实训车辆 5 辆以上，配备汽车维修手册。

三、活动组织

1）分小组，6 个人组成 1 个小组。

2）选出小组长和评价员，记录评价组员的任务完成情况。

3）小组中进行分工互换，确保每个学生都动手实践。

四、安全及注意事项

1）上车操作前查阅维修手册，确保汽车状态完好，明确操作步骤。

2）起动汽车前，必须安装车轮挡块以及废气收集软管。

3）起动汽车后，注意不能挂到档位以及踩加速踏板。

4）及时清理场地，做好现场 6S 管理。

五、活动实施

活动一　作业准备、识别车辆（台架）信息

1）查阅维修手册。

2）确认汽车为冷车状态且车辆保持水平。

3）安装车轮挡块，铺设发动机舱和驾驶室护套，安装尾气收集管。

4）检查机油、冷却液、制动液、发动机传动带张紧力是否正常。

5）确认变速器档位位于 P 位（自动）或空档，拉起驻车制动器。

6）起动发动机。

活动二　灯光检查

1）检查前照灯，如图 5-16 和图 5-17 所示。

图 5-16　前照灯开关

图 5-17　前照灯灯光

2）检查前雾灯，如图 5-18 和图 5-19 所示。

图 5-18　雾灯开关

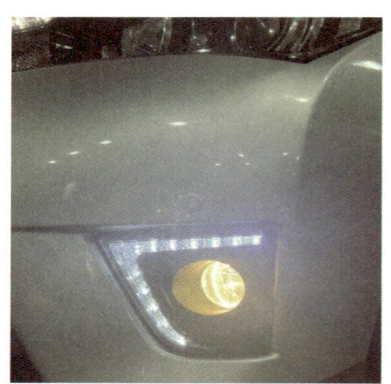
图 5-19　前雾灯灯光

3）检查牌照灯，如图 5-20 和图 5-21 所示。

图 5-20　牌照灯开关

图 5-21　牌照灯灯光

4）挂倒档，检查倒车灯，如图 5-22 和图 5-23 所示。

图 5-22　倒档操作手柄

图 5-23　倒车灯灯光

5）检查仪表灯，如图 5-24 和图 5-25 所示。

图 5-24　仪表灯开关

图 5-25　仪表灯灯光

6）检查车顶阅读灯，如图 5-26 和图 5-27 所示。

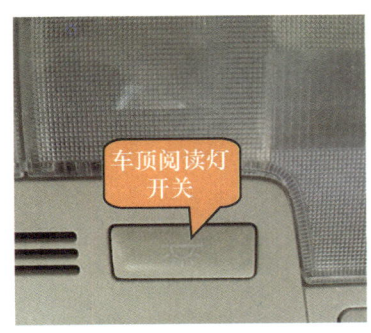

图 5-26　车顶阅读灯开关

图 5-27　车顶阅读灯灯光

7）检查行李舱灯。

8）检查踏步灯。

9）灯光复位。

活动三　结果记录

根据检查结果，记录数据。

活动四　6S 管理

1）清扫、整理工位。

2）清洁仪器、设备。

工作任务二　汽车信号系统故障检修

职业能力

能正确述说各汽车信号灯具的名称、分类及作用；能熟练操作车辆的灯光信号及声音信号开关，对车辆各信号进行检查判断；会查阅维修手册相关电路图，根据故障现象对信号电路进行分析；能根据维修手册的要求正确更换灯泡等零部件；能独立使用万用表等工具对信号电路故障进行检修。

学习目标

1. 能正确述说汽车信号系统各灯具的名称、分类及作用。
2. 能熟练操作车辆的灯光信号及声音信号开关，对车辆各信号进行检查和判断。
3. 会查阅维修手册。
4. 会分析信号电路图，并确定故障范围。
5. 能使用万用表等工具对信号故障进行检测与维修。

基础知识

一、汽车信号系统的概述

为保证汽车在各种条件下安全行车，提高汽车的行驶速度，在汽车上装有各种信号、仪表设备和报警装置，其数量的多少和配置形式因车型而异。其中，灯光信号装置有转向信号灯、报警信号灯、倒车信号灯、制动信号灯等。音响信号装置有喇叭和消防车、警车、救护车上的音响报警装置。信号设备主要通过声、光信号向环境发出有关车辆运行状况或状态的信息，保证行车安全。

二、汽车信号系统的组成与作用

1. 转向信号灯与危险信号警告灯

转向信号灯与危险信号警告灯用于汽车转向时向车辆和行人发出明暗交替的闪光信号。它安装在汽车前、后、左、右4个角，受转向灯开关操纵，灯光为黄色，功率一般不小于20W。

危险信号警告灯与转向信号灯共用灯泡,当接通危险警告灯开关时,左、右、前、后转向灯同时闪烁,表示车辆遇到紧急情况,请求其他车辆避让。

2. 转向指示灯

转向指示灯安装在驾驶室仪表板上,一般为左、右各用1只,有的汽车只有1只。其灯光为红色、绿色或蓝色,功率一般为1~2W。

3. 小灯(示廓灯)

示廓灯用于汽车夜间行驶或停车时,标示车辆的存在和轮廓;会车和在有路灯的道路上夜间行驶时临时作为照明灯使用。示廓灯安装在汽车前、后两侧,一般有独立式、一灯两用式和组合式。前示廓灯的灯光为白色或琥珀色,后灯为红色,功率一般为10W左右。大型汽车上还有示高灯。

4. 尾灯(后灯)

尾灯用于汽车在夜间行驶时,向车后发出灯光信号,使尾随的车辆和行人注意安全。其灯光为红色,功率一般为8~10W。

5. 制动灯

制动灯用于向后方车辆和行人发出较醒目的红色信号,表示汽车减速或制动。其功率在20W以上,灯光为红色。

6. 电喇叭

喇叭是汽车的音响信号装置。在汽车的行驶过程中,驾驶人根据需要和规定发出必需的音响信号,警告行人和引起其他车辆注意,保证交通安全,同时还用于催行与传递信号。

7. 倒车灯

倒车灯安装在汽车尾部,警示车后的行人和车辆,表示该车正在倒车。其灯光为白色,功率在20W以上。

三、灯光信号系统

1. 转向信号灯与危险警告灯装置

在汽车起步、转弯、变更车道或路边停车时,需要打开转向信号灯,以表示汽车的趋向,提醒周围车辆和行人注意。转向信号灯系统由闪光继电器(简称为闪光器)、转向开关、转向灯和转向指示灯等组成。当接通危险报警信号开关时,所有转向信号灯同时闪烁,表示车辆遇紧急情况,请求其他车辆避让。根据GB 7258—2017《机动车运行安全技术条件》规定,危险警告灯操纵装置不得受点火开关控制。

闪光器的作用是在汽车转向时,使转向灯(危险警告灯)、转向指示灯发出明暗交替的闪烁信号。按结构和原理分,闪光器可以分为翼片式、电容式、电子式和集成电路式等。

(1)翼片式闪光器 翼片式闪光器的结构如图5-28所示。注意:电热式闪光器的闪光频率随转向灯的功率大小而变化。

（2）电容式闪光器　电容式闪光器的组成如图5-29所示。

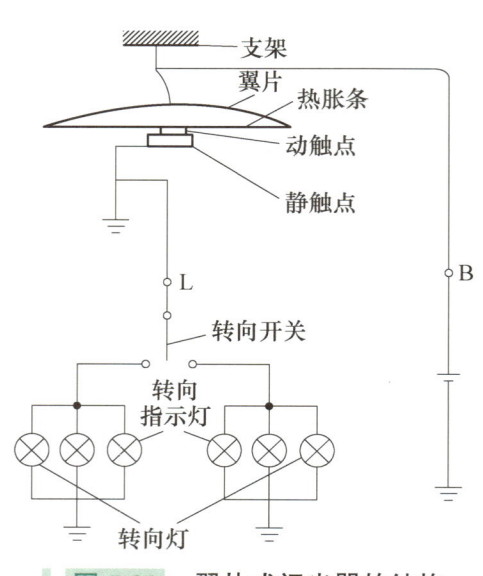

图 5-28　翼片式闪光器的结构

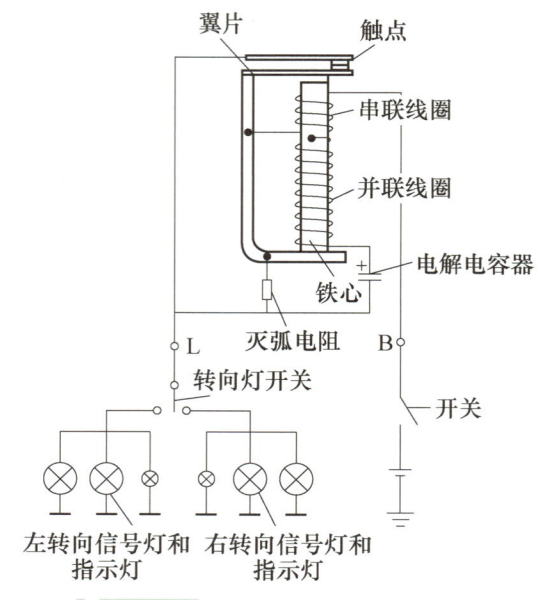

图 5-29　电容式闪光器的组成

当转向开关闭合后，串联线圈和并联线圈通电产生的电磁吸力使触点迅速断开，转向灯不亮；触点断开后，电容充电，转向灯不亮；随着充电过程的进行，充电电流逐渐减小，电磁吸力减小，触点闭合。触点闭合后，转向灯亮。灭弧电阻的作用是保护触点。使用时应注意：必须按规定的灯泡功率选用灯泡；接线必须正确，B接蓄电池，L接转向灯开关。

（3）电子闪光器　电子闪光器工作可靠，使用寿命长，目前被广泛使用。电子闪光器分为有触点和无触点、集成电路和晶体管等多种形式，如图5-30所示。

（4）集成电路闪光器　当转向灯开关闭合时，电路工作，转向信号灯和转向指示灯会以一定频率闪烁，如果某只转向信号灯损坏，则转向指示灯的闪光频率会加快，以示报警。

图 5-30　电子闪光器

2. 制动信号装置

汽车制动灯按位置分为3种：汽车尾部的制动灯、汽车仪表盘上的制动灯（即制动指示灯）和高位制动灯。

制动信号灯一般不受点火开关的控制，直接由电源、熔丝到制动开关。其工作原理图如图5-31所示，制动开关一般有机械式、气压式和液压式。

弹簧式制动灯开关是一种较为常用

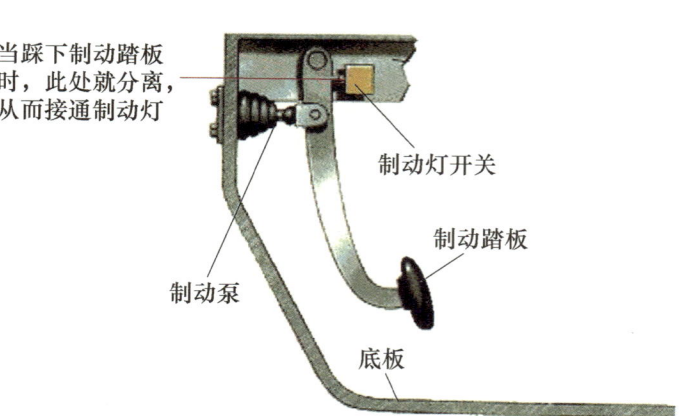

图 5-31　制动信号灯的工作原理图

的制动灯开关，安装在制动踏板的后面，如图5-32所示。当踩下制动踏板时，开关闭合，制动灯亮。

图5-33所示为气压式制动灯开关，用于采用气压制动系统的汽车上，通常被安装在制动系统的气压管路上。制动时，制动压缩空气推动橡胶膜片向上弯曲，使触点闭合，接通制动灯电路。

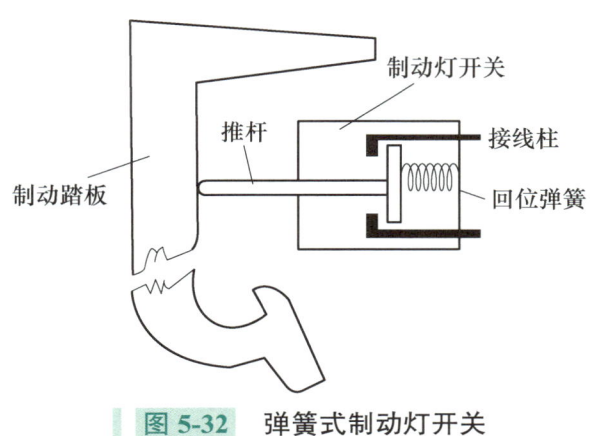

图5-32 弹簧式制动灯开关

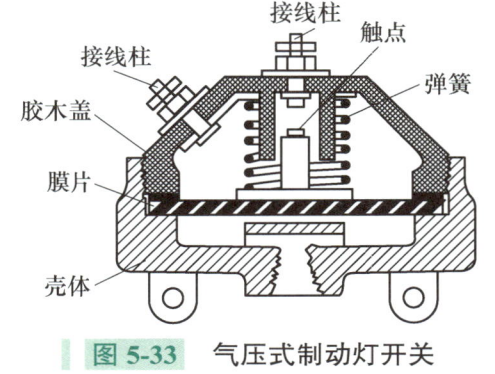

图5-33 气压式制动灯开关

图5-34所示为液压式制动灯开关，用于采用液压制动系统的汽车上，安装在液压制动主缸的前端或制动管路中。当踩下制动踏板时，由于制动系统的压力增大，膜片向上弯曲，接触桥同时接通两个接线柱，使制动灯通电发亮。松开制动踏板时，制动系统压力降低，接触桥在回位弹簧的作用下复位，制动灯电路被切断。

3. 倒车信号装置

倒车灯安装在汽车的尾部，用于在倒车时照亮车后的路面，并起到警示车后的车辆和行人的作用。倒车灯开关安装在变速器上，当未挂入倒档时，开关处于断开状态，当挂倒档时，开关闭合，将倒车灯信号电路接通，使倒车灯亮。

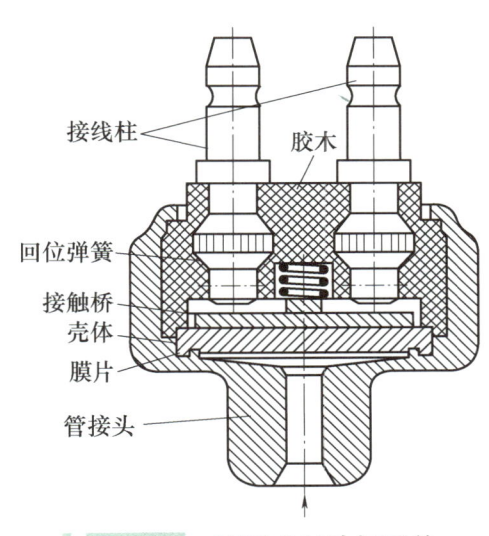

图5-34 液压式制动灯开关

四、喇叭信号系统

1. 喇叭的类型

汽车上采用的喇叭有电喇叭和气喇叭，电喇叭的形式有筒形、螺旋形（蜗牛形）和盆形，如图5-35所示。

图5-35 电喇叭

2. 电喇叭的结构和工作原理

电喇叭的结构如图5-36所示。按下按钮，电路接通，铁心产生吸力，吸下衔铁，电路被切断;吸力消失,衔铁回位,电路重新被接通。重复上述过程,衔铁不断上下移动带动膜片振动,通过共鸣器产生共鸣,由扬声器发出声音。

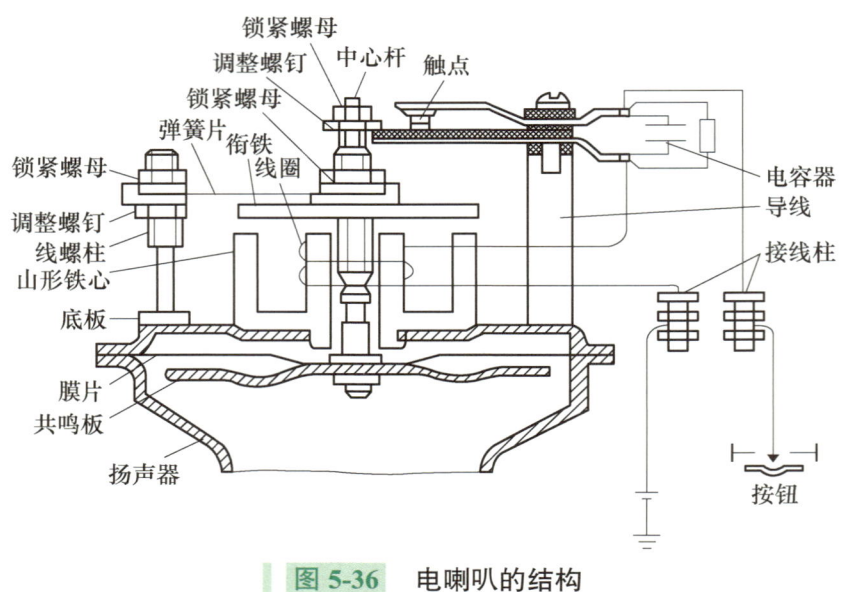

图 5-36 电喇叭的结构

3. 电喇叭的调整

电喇叭的调整有两处,第一处是改变铁心间隙,第二处是改变触点压力。电喇叭的调整包括音量调整和音调调整两部分。

1)音调的高低取决于膜片振动的频率,改变铁心间隙可以改变膜片的振动频率,从而改变音调(有的电喇叭在制造时已经调好,工作中不用调整);松开锁紧螺母,旋转铁心(间隙减小时音调提高,间隙增大时音调降低),调至合适音调时,旋紧螺母即可。

2)音量的大小与通过线圈的电流大小有关,通过的工作电流大,电喇叭发出的音量就大。线圈通过的电流大小,可以通过改变电喇叭触点的接触压力来调整(压力增大,通过线圈的电流增大,电喇叭的音量增大,反之音量减小)。盆形电喇叭音量的调整可通过调整螺钉来调整触点压力,进而实现对音量的调整。

目前还出现了一种电子喇叭,性能较好。

五、汽车信号系统常见故障诊断与排除

1. 转向信号灯与危险警告灯常见故障现象、原因及其排除方法

转向信号灯与危险警告灯常见故障现象、原因及其排除方法见表 5-2。

表 5-2 转向信号灯与危险警告灯常见故障现象、原因及其排除方法

故障现象	故障原因	排除方法
转向灯不闪光	电源-闪光器-转向开关的电源电路中断路	重新接好电路
	闪光器损坏	更换闪光器
	转向开关损坏	更换转向开关

(续)

故障现象	故障原因	排除方法
左转向时闪光正常而右转向时闪光变快	右转向灯功率变小	更换符合规格的灯泡
	右转向灯中有一只灯泡损坏或电路中有接触不良	更换符合规格的灯泡或使电路恢复正常
右转向时转向灯闪烁正常,左转向时前面两个示廓灯均发光微弱	左示廓灯搭铁不良(双灯丝灯牌)	使搭铁良好
接通转向开关,闪光继电器立即烧坏	转向开关至某一转向灯之间电路中有短路	找出短路故障点并恢复电路
闪烁次数少	使用了比规定功率大的灯泡	更换符合规格的灯泡
	电源电压过低	给蓄电池充电
	闪光器不良	更换闪光器
闪烁次数多	使用了比规定功率小的灯泡	更换符合规格的灯泡
	信号灯灯丝断	更换符合规格的灯泡
	闪光器不良	更换闪光器
左、右转向信号灯闪烁次数不一样或其中一个灯不工作	指示灯或信号灯损坏,其中一个灯使用了非标准功率的灯泡	更换符合规格的灯泡
	灯搭铁不良	接搭铁线
	转向信号灯开关和转向信号灯之间有断线、接触不良	修复断线、接触不良处

2. 电喇叭常见故障现象、原因及其排除方法

电喇叭常见故障现象、原因及其排除方法见表5-3。

表5-3 电喇叭常见故障现象、原因及其排除方法

故障现象	故障原因	排除方法
按下喇叭按钮,喇叭不响	喇叭电路断路	找出断路处,接好电路
	过载或者电路短路,熔丝烧断	找出短路处,排除故障并更换熔丝
	喇叭线圈烧坏	更换喇叭
	喇叭触点烧蚀或不闭合	打磨触点,重新调整
	喇叭导线端头与转向机间的接线管脱开	插紧
	在转向机轴管内的导线被扭断	更换导线
	喇叭线圈按钮上的焊头脱落或接触不良	重新焊好
	喇叭继电器有故障	更换喇叭继电器
	按钮接触不良或搭铁不良	更换按钮
喇叭声音沙哑	蓄电池电压不足	充电
	喇叭触点烧蚀或接触不良	清洁、打磨触点
	膜片破裂	更换膜片
	回位弹簧钢片折断	更换回位弹簧钢片
	衔铁和铁心之间的间隙不均,因歪斜发生碰撞	调整间隙
	喇叭固定螺钉松动	紧固螺钉
	喇叭筒破裂	更换喇叭筒

(续)

故障现象	故障原因	排除方法
电喇叭常响	按钮卡死	拔下喇叭熔丝，检查按钮故障点并排除
	继电器触点烧结	拔下喇叭熔丝，更换继电器
	继电器按钮线搭铁	拔下喇叭熔丝，恢复电路

活动设计

一、活动名称

汽车信号系统的检查。

二、活动条件

实训车辆5辆以上，配备汽车维修手册。

三、活动组织

1）分小组，6个人组成1个小组。

2）选出小组长和评价员，记录评价组员的任务完成情况。

3）小组中进行分工互换，确保每个学生都动手实践。

四、安全及注意事项

1）上车操作前，查阅维修手册，确保汽车状态完好，明确操作步骤。

2）起动汽车前，必须安装车轮挡块以及废气收集软管。

3）起动汽车后，不能挂到档位以及踩加速踏板。

五、活动实施

活动一　作业准备、识别车辆（台架）信息

1）查阅维修手册。

2）确认汽车为冷车状态且保持水平。

3）安装车轮挡块，铺设发动机舱和驾驶室护套，安装尾气收集管。

4）检查确认机油、冷却液、制动液、发动机传动带张紧力是否正常。

5）确认变速杆位于P位（自动）或空档，拉紧驻车制动器手柄。

6）起动发动机。

活动二　灯光信号检查

1）检查前示廓灯及指示灯，如图 5-37 和图 5-38 所示。

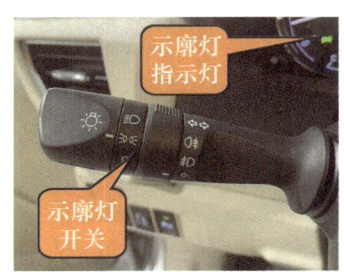
图 5-37　前示廓灯开关

图 5-38　左、右前示廓灯

2）检查前照灯闪光（超车信号）及指示灯，如图 5-39 和图 5-40 所示。

图 5-39　前照灯闪光开关

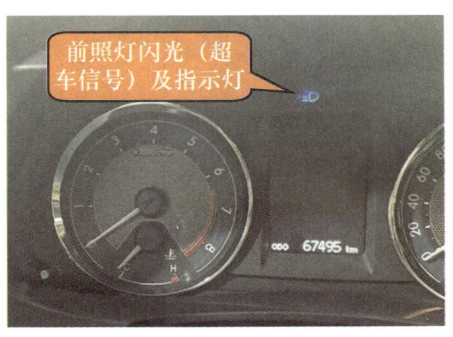
图 5-40　前照灯闪光及指示灯

3）检查电喇叭。

4）检查前转向灯及指示灯、自动复位功能，如图 5-41 和图 5-42 所示。

图 5-41　转向灯灯光

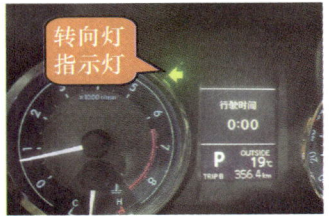
图 5-42　转向灯指示灯

5）检查危险警告灯及指示灯，如图 5-43 和图 5-44 所示。

图 5-43　危险警告灯开关

图 5-44　危险警告灯灯光

6）检查尾灯，如图5-45和图5-46所示。

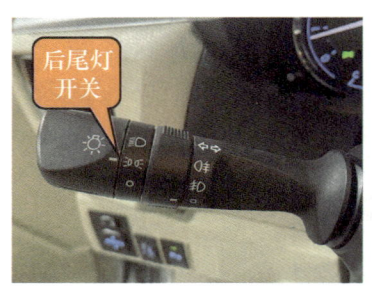

图5-45　尾灯开关

图5-46　尾灯

7）检查制动灯，如图5-47和图5-48所示。

图5-47　制动踏板

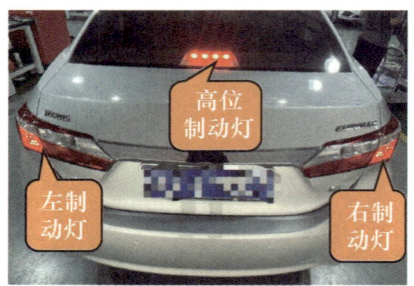

图5-48　左、右、高位制动灯

8）检查倒车灯，如图5-49和图5-50所示。

图5-49　倒档

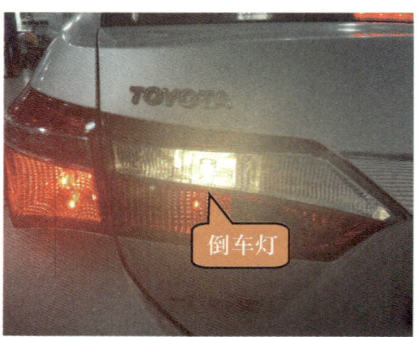

图5-50　倒车灯灯光

9）检查后危险警告灯及指示灯，如图5-51和图5-52所示。

图5-51　危险警告灯开关

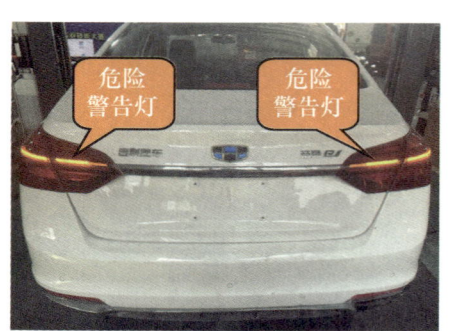

图5-52　危险警告灯灯光

10）灯光复位。

活动三　结果记录

根据检查结果，记录数据。

活动四　6S 管理

1）清扫、整理工位。

2）清洁仪器、设备。

项目六

汽车仪表与报警系统维护及检修

工作任务一　汽车仪表系统故障检修

职业能力

能够正确识别各仪表的图形符号；能在汽车上找到各仪表的安装位置，并能指出其工作特点；能对仪表的各种故障现象进行分析，通过查阅维修手册选用合适的维修工具对仪表系统进行检测与维修。

学习目标

1. 能够正确识别各组合仪表的图形符号。
2. 能述说汽车仪表系统各仪表的作用、结构及工作原理。
3. 能做好安全防护，熟练起动车辆，观察各仪表的工作状况，对各仪表进行检查判断。
4. 会查阅维修手册。
5. 会分析各仪表电路图，并确定故障范围。
6. 能使用万用表等工具对仪表故障进行检测与维修。

基础知识

一、汽车仪表系统认识

汽车仪表的作用是让驾驶人通过各个仪表显示的数值随时了解汽车各个系统的工作状况，确保汽车行驶的可靠性和安全性；同时，为维修人员发现和排除故障提供必要的信息。

汽车仪表系统一般由冷却液温度表、燃油表、发动机转速表和车速里程表等组成。

传统的汽车仪表多为机电式模拟仪表；只能给驾驶人提供汽车运行中必要而又少量的数据信息，已远远不能满足现代汽车的要求。随着电子技术的发展，多功能、高精度、高灵敏度、读数直观的电子数字显示及图像显示的仪表不断应用在汽车上。现代汽车仪表正向综合信息系统的方向发展，其功能不局限于现在的车速、里程、发动机转速、油量、冷却液温度、转向灯指示等，还增添了一些新功能。例如，带 ECU 的智能化汽车仪表，能指示安全系统运行状态，如轮胎气压、制动装置和安全气囊等。此外，车速表、发动机转速表、里程表和油量表将被集网络诊断和数字显示功能于一体的触摸式液晶显示仪取代，其具有车载动态信息系统的故障自诊断、道路自主导航、电子地图、车辆定位动态显示等功能。

科技与创新

随着显示和智能控制技术的不断进步，汽车仪表由原来的机械式仪表逐步向液晶屏显示等智能化设备发展，使汽车呈现出来的科幻感十足，汽车的智能化程度更高，汽车的操控也越来越简单可靠，这就是汽车创新发展所带来的无穷魅力！

二、汽车仪表的结构及工作原理

1. 电流表

电流表的作用是指示蓄电池充、放电时的电流值，并监测充电系统的工作情况，驾驶人通过电流表电流值的大小能及时了解充电系统的工作状态，确保车辆行驶的可靠性。常用的电流表有电磁式和动磁式两种。

（1）电磁式电流表

1）结构。电磁式电流表的结构与工作原理图如图 6-1 所示。黄铜条板固定在绝缘底板上，两端与接线柱相接，条形永久磁铁两端分别与黄铜条板固定连接，转轴安装在永久磁铁后侧，带指针的软钢转子安装在转轴上随转轴偏转，以此来指示出电流数值。

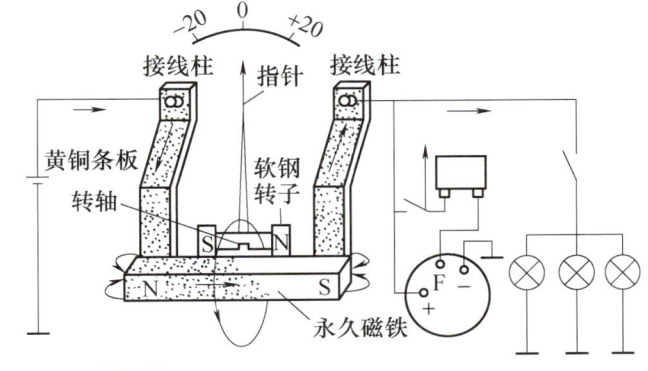

图 6-1　电磁式电流表的结构与工作原理图

2）工作原理。蓄电池放电时，黄铜条板通电产生的磁场与永久磁铁形成往左偏转一定角度的合成磁场，软钢转子受力随之偏转相同角度，指针指示值为"-"。放电电流越大，合成磁场越强，偏转角度越大，指针指示值越大。

发电机向蓄电池充电时，电流方向相反，黄铜片和永久磁铁的合成磁场方向相反，软钢转子向右偏转，指示值为"+"。电流越大，磁场越强，指示值越大。

当电流表中无电流通过时，软钢转子被永久磁铁磁化，由于磁场方向相反，相互吸引，使指针停在中间"0"的位置。

（2）动磁式电流表

1）结构。动磁式电流表的结构如图 6-2 所示。绝缘底板上固定着黄铜导电片，其两端与接线柱相连，中间夹有磁轭，装有指针和永久磁铁转子的针轴固定在黄铜条板上。

2）工作原理。当电路不通电时，永久磁铁转子与磁轭相互作用，使指针保持在中间"0"的位置。

当蓄电池放电时，导电板通电产生磁场，永磁转子受力带动指针向"−"值偏转。放电电流越大，指针偏转角度越大，指示放电电流的数值越大。

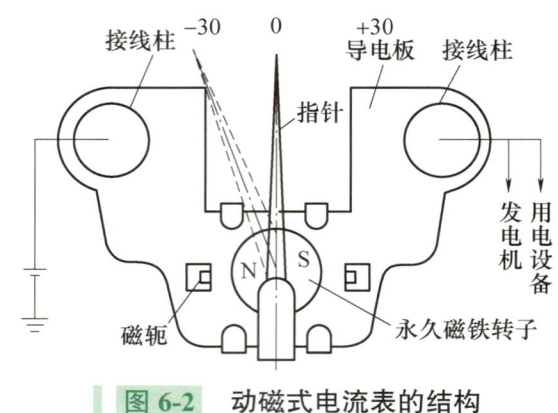

图 6-2　动磁式电流表的结构

当发电机向蓄电池充电时，充电电流方向相反，永磁转子受力向"+"值偏转，电流越大，偏转角度越大，指示电流值越大。

2. 燃油表

燃油表用来指示燃油箱中的存油量，其与装在燃油箱内的燃油传感器配套工作。燃油表一般分为电磁式和电热式两种。

（1）电磁式燃油表

1）结构。如图 6-3 所示，电磁式燃油表装置由装在燃油箱内的浮子传感器和装在仪表板上的燃油指示表两部分组成。浮子传感器由电阻、滑片和浮子组成。燃油指示表由两个绕在铁心上的线圈、转子、指针和分流电阻等组成。

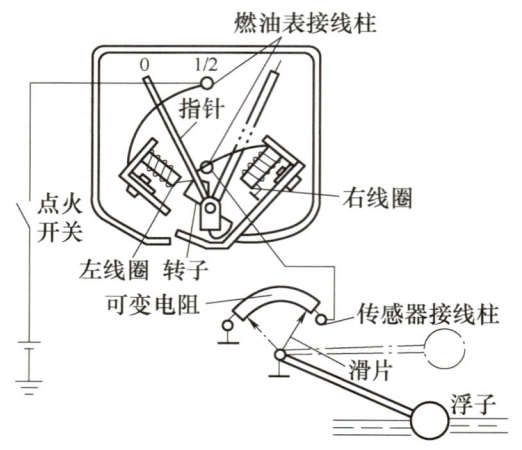

图 6-3　电磁式燃油表的工作电路图

2）工作原理。当燃油箱无油时，浮子下沉，滑动电阻上的滑片移至最右端，右线圈短路，此时电流回路为蓄电池正极→点火开关→上接线柱→左线圈→下接线柱→浮子滑片→搭铁→蓄电池负极。左线圈产生的磁场使转子带动指针左偏，使指针在"0"位置。

当油量增加时，浮子上升，电阻滑片左移，电阻增大，此时电流回路为蓄电池正极→点火开关→上接线柱→左线圈→下接线柱→滑动电阻和右线圈→搭铁→蓄电池负极。此时左线圈中的电流减小，磁场减弱，右线圈中的电流增大，合成磁场使转子带动指针右偏，指示出燃油箱中的燃油量。

当燃油箱中装满燃油时，浮子带着滑片移到电阻的最左端，电阻全部接入电路中。此时左线圈中电流更小，磁场更弱，而右线圈中电流增大，磁场加强，转子便带着指针向右移，使指针指示燃油表最大值位置。

（2）电热式燃油表

1）结构。如图6-4所示，电热式燃油表由安装在燃油箱内的可变电阻式浮子传感器和安装在仪表上的燃油表组成。为了稳定电源电压，在电路中还串接了一个电热式仪表稳压器。

2）工作原理。当燃油箱中无油时，浮子下沉，滑动电阻滑片移动到最右端，传感器接入电路的电阻值最大，流过加热线圈的电流最小，双金属片变形量最小，指针向左偏转，指向仪表"0"的位置。

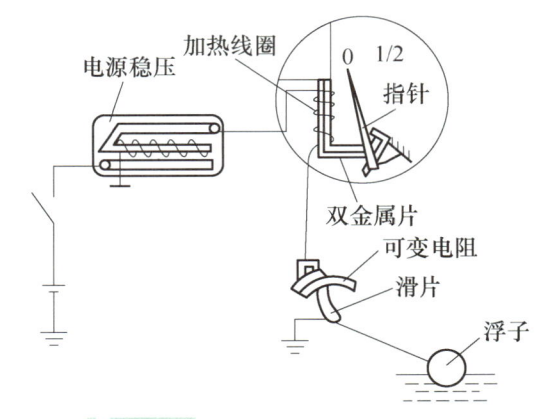

图6-4 电热式燃油表的结构

当燃油量增多时，浮子上升，滑动电阻滑片左移，传感器阻值减小，流过加热线圈中的电流变大，双金属片变形量变大，拉动指针向右偏转，指向燃油量较大的位置。

当燃油箱中装满燃油时，电阻滑片移动到最左端，传感器接入电路中的电阻为零，流过线圈的电流最大，双金属片变形量最大，拉动指针向右偏转到最大角度，指向燃油表最大值。

3. 冷却液温度表

冷却液温度表用来显示发动机冷却液的工作温度，由装在气缸水套中的热敏电阻传感器和装在仪表板上的冷却液温度显示表两部分组成。常用的冷却液温度表有电热式和电磁式两种，其中，电热式冷却液温度表与电热式机油压力表结构、工作原理相似。

（1）电热式冷却液温度表

1）结构。其结构如图6-5所示。电热式冷却液温度表与负温度系数热敏电阻式冷却液温度传感器配套工作。热敏电阻式冷却液温度传感器主要由热敏电阻、弹簧、壳体和接线柱等组成。传感器下端固定有热敏电阻，热敏电阻一端通过弹簧与导电柱、接线柱相通，另一端与壳体接触，通过壳体搭铁。

2）工作原理。当点火开关接通时，电流回路为蓄电池正极→点火开关→稳压器→接线柱→双金属片线圈→接线柱→接线柱→导电柱→弹簧→热敏电阻→搭铁→蓄电池负极。当发动机冷却液温度上升时，负温度系数热敏电阻的电阻值减小，流过冷却液温度表的电流增大，冷却液温度表加热线圈温度上升，双金属片受热弯曲变形量增大，指针向右偏转，指示高温区。当发动机冷却液温度下降时，负温度系数热敏电阻的电阻值增大，流过冷却液温度表的电流较小，冷却液温度表加热线圈温度下降，双金属片受热弯曲变形量较小，指针向左偏转指示低温区。

由于电源电压变化会影响配热敏电阻传感器的电热式冷却液温度表的指示误差，因此其电路一般会加装仪表稳压器。

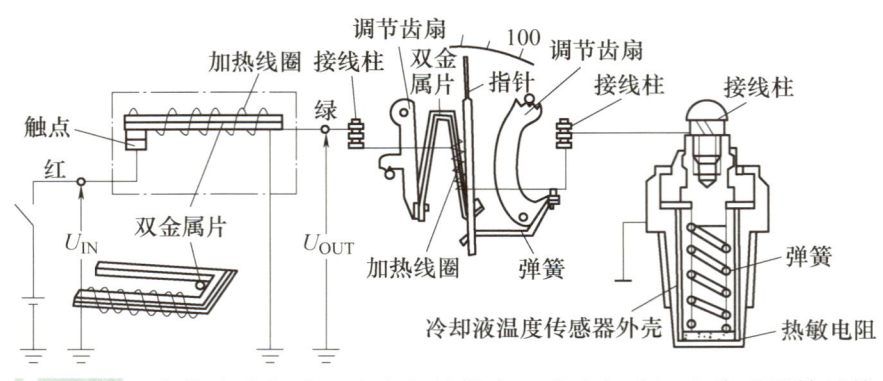

图 6-5 电热式冷却液温度表与热敏电阻式冷却液温度传感器的结构

（2）电磁式冷却液温度表

1) 结构。电磁式冷却液温度表的结构如图6-6所示。冷却液温度表内有两个互成一定角度的铁心，铁心上分别绕有磁化线圈L_1、L_2。其中，L_1与冷却液温度传感器并联，L_2与其串联。两个铁心的下端对着带磁铁的偏转衔铁。

2) 工作原理。双线圈式冷却液温度表采用负温度系数热敏电阻式冷却液温度传感器。当冷却液温度高时，由于

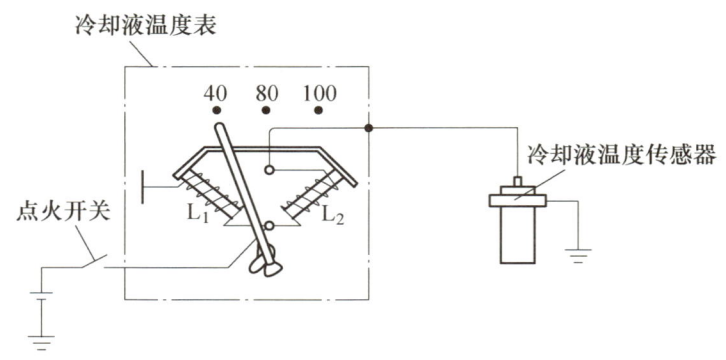

图 6-6 电磁式冷却液温度表的结构

热敏电阻传感器的阻值小，流经L_2的电流大，磁场强。吸引衔铁向高温方向偏转，指针指向高温区。当冷却液温度低时，由于热敏电阻传感器的阻值大，因此L_2中的电流小，而L_1中的电流大，磁场强，吸引衔铁向低温方向偏转，指针指向低温区。

4. 机油压力表

机油压力表的作用是指示机油压力的大小，通常与安装在发动机主油道的油压传感器配合工作。常用的机油压力表有电热式和电磁式两种。

（1）电热式机油压力表

1) 结构。电热式机油压力表又称为双金属片式机油压力表，是目前应用最广泛的一种机油压力表。机油压力表及机油压力传感器的结构如图6-7所示。

机油压力表内装有双金属片，其上绕有电热线圈，电热线圈的两端分别与压力表和传感器的接线柱连接。双金属片的一端与指针连接，另一端与调节齿扇连接。

传感器内膜片抵住弹簧片，弹簧片通过触点与双金属片触点接触，双金属片线圈通过接触片与传感器接线柱连接，校正电阻与线圈构成并联回路。

2) 工作原理。当机油压力表接入电路中工作时，电流走向为蓄电池正极→点火开关→接线柱→双金属片线圈→接线柱→接触片→两路，一路流向双金属片线圈经弹簧片后搭铁；另外一路经过校正电阻→双金属片→弹簧片最终搭铁。

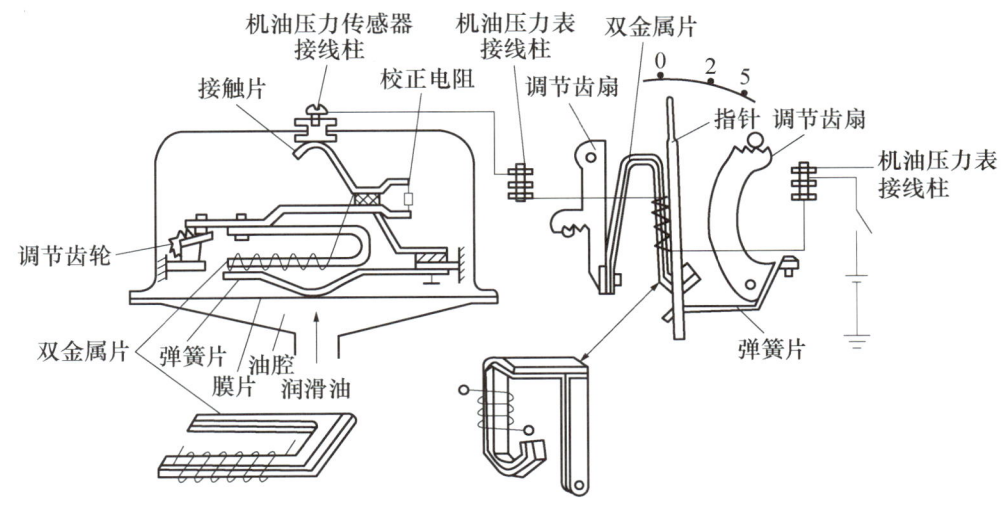

图 6-7 机油压力表及机油压力传感器的结构

发动机运转时，机油压力增大，膜片向上拱曲，传感器内触点的压力增大，此时，双金属片的变形量要足够大，即线圈通电时间要足够长，才能使双金属片与弹簧片的触点分开。触点分开后，线圈回路断开，短时间内双金属片冷却，触点重新闭合。

因此，当油压升高时，传感器内触点断开时间短、闭合时间长，电流平均值增大，机油压力表内双金属片变形相应增大，从而指示较高的油压。反之，当油压降低时，传感器内触点断开时间长、闭合时间短，电路中电流的平均值减小，机油压力表内双金属片变形减小，指针指示较低油压。

（2）电磁式机油压力表

1）结构。电磁式机油压力表与可变电阻式机油压力传感器的结构如图6-8所示。

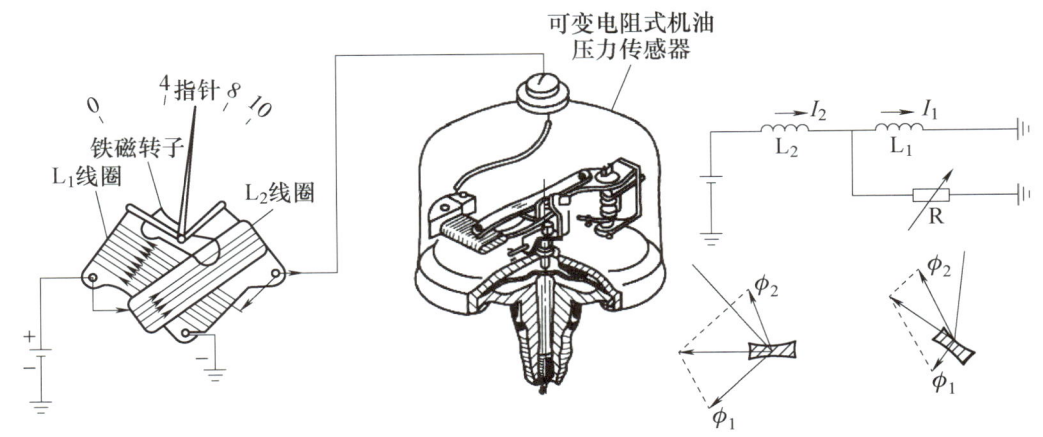

图 6-8 电磁式机油压力表与可变电阻式机油压力传感器的结构

2）工作原理。当油压较低时，传感器的电阻值增大，左线圈 L_1 中的电流增大，右线圈 L_2 中的电流减小，左边磁场增强，转子带动指针向左偏转，指针指向低油压值；当油压升高时，传感器的电阻值减小，线圈 L_1 中的电流减小，线圈 L_2 中的电流增大，转子带动指针向右偏转，指针指向高油压值。

5. 发动机转速表

发动机转速表用来指示发动机的转速，一般有机械式和电子式两种，其中，电子转速表应用最为广泛。汽油发动机电子式转速表都是用点火系统的一次电路为触发信号。图 6-9 所示为桑塔纳轿车电子式转速表电路原理图，转速信号来自于点火系统的一次电路。

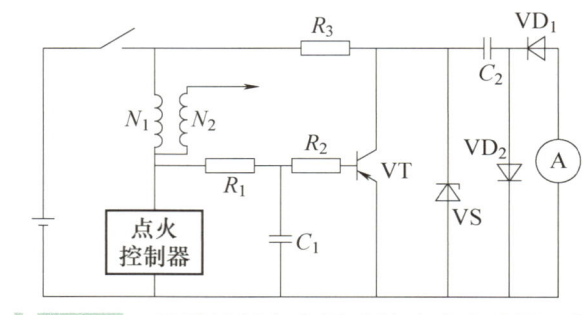

图 6-9　桑塔纳轿车电子式转速表电路原理图

当发动机工作时，点火控制器控制点火线圈一次电路的导通与截止，其导通与截止的次数与发动机转速成正比。

当点火控制器控制一次电路接通时，晶体管 VT 无偏压而处于截止状态，电容器 C_2 被充电。此时电路走向为蓄电池正极→电阻 R_3→电容器 C_2→二极管 VD_2→搭铁→蓄电池负极。

当点火线圈一次电路不接通时，晶体管 VT 的基极电位接近电源正极而导通，此时电容器 C_2 上充满的电荷→晶体管 VT→转速表 A→二极管 VD_1→电容器 C_2 构成放电回路，从而驱动转速表测量机构。

点火线圈一次电路不断地接通和断开，使电容器 C_2 不断地进行充、放电过程，其放电电流的平均值与发动机转速成正比，通过转速表便可指示出发动机的转速。

通过转速表，驾驶人可以根据转速选择合适的换档时刻，防止发动机超速运转而损坏。

6. 车速里程表

车速里程表用来显示汽车行驶速度和累计行驶里程，分为磁感应式和电子式两种。车速里程表一般由车速表和里程表两部分组成。

（1）磁感应式车速里程表

1）结构。磁感应式车速里程表也称为永磁式车速里程表，其结构如图 6-10 所示。车速表由永久磁铁、带轴及指针的铝碗、罩壳、刻度盘组成。里程表由 3 对蜗轮蜗杆、中间齿轮、里程计数器等组成。表的主动轴由变速器输出轴通过齿轮啮合及软轴驱动。

2）工作原理。汽车行驶时，主动轴带动 U 形永久磁铁旋转，铝碗被磁化并与 U 形磁铁相互作用产生力矩，克服盘形弹簧的弹力偏转，从而带动指针在刻度盘上指示相应的车速值。

车速越快，永久磁铁旋转越快，感应罩上的涡流转矩越大，感应罩带着指针偏转的角度越大，指示的

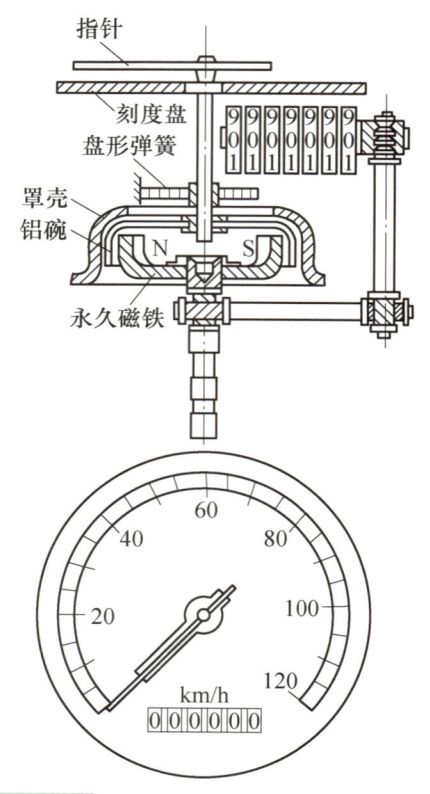

图 6-10　磁感应式车速里程表的结构

车速值也越大；反之，车速越慢，则指示的车速值越小。当汽车静止时，在盘形弹簧的作用下，指针复位至刻度盘零位。

汽车行驶时，主动轴带动 3 对有固定传动比的蜗杆转动。蜗杆从右往左逐级带动十进制的计数轮转动，右边计数轮每转动 1 圈，左边计数轮数字就会增加 1，以此来获得累计里程数。

（2）电子式车速里程表　电子式车速里程表由车速传感器、电子电路、步进电动机、车速表和里程表等组成。

里程表由一个步进电动机及 6 位数字的十进位齿轮计数器组成。汽车运行时，车速传感器输出的脉冲信号经信号处理电路分频和功率放大，转变为一定频率的脉冲信号，作用于步进电动机的电磁线圈。步进电动机将这个脉冲信号转变为角位移信号，使电动机轴转动，驱动里程表十进制计数器的 6 个计数轮依次转动，记录汽车行驶的总里程和单程行驶里程。

车速表实际上是一个电磁式电流表。当汽车以不同速度行驶时，车速表从电子电路中获取经过整形、处理、功率放大的脉冲电流信号，使车速表的指针偏转，从而指示相应的车速。

车速传感器由变速器驱动，能够产生正比于汽车行驶速度的电信号。车速传感器由 1 个舌簧开关和 1 个含有 4 对磁极的转子组成，如图 6-11 所示。转子每转 1 周，舌簧开关中的触点开闭 8 次，产生 8 个脉冲信号。该脉冲信号频率与车速成正比。

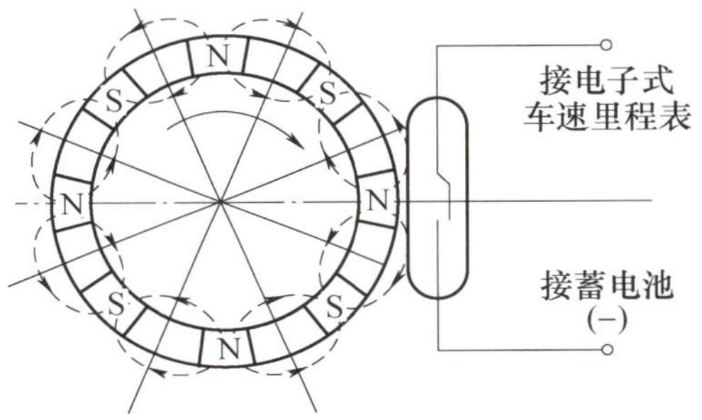

图 6-11　奥迪 100 型轿车车速传感器原理图

电子电路的作用是将车速传感器送来的具有一定频率的电信号，经整形、触发、输出一个与车速成正比的电流信号。该电子电路主要包括稳压电路、恒流电源驱动电路、64 分频电路和功率放大电路，如图 6-12 所示。

7. 仪表稳压器

为了提高仪表的显示精度，避免电源电压变化时带来的不良影响，现代汽车在仪表电路中都安装仪表稳压器，常用的有电热式和电子式两类。

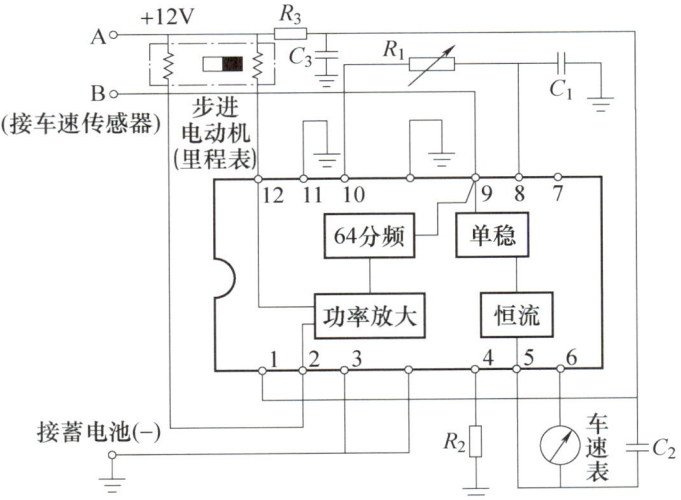

图 6-12　奥迪 100 型轿车电子式车速里程表电路图

（1）电热式仪表稳压器　如图 6-13 所示，稳压器由双金属片、常闭触点、电热丝、座板和外壳等组成。双金属片上的线圈一端搭铁，另一端焊在双金属片上。双金属片的一端是活动触点，另一端用铆钉固定在调节片上，调节片的一端用铆钉固定并与电源接线相连。调节螺钉可调节两触点之间的压力。

如图 6-14 所示，当电源电压偏高时，电热丝中的电流增大，双金属片加热快，触点很快断开，断开的触点需要较长时间冷却才能闭合，这样触点闭合时间短、断开时间长。反之，当电压较低时，触点闭合时间长、断开时间短。因此，电源输出平均电压能够稳定在某一数值。

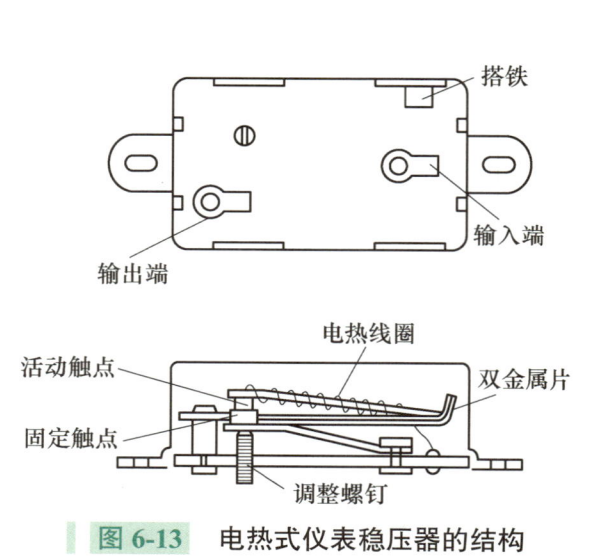

图 6-13　电热式仪表稳压器的结构

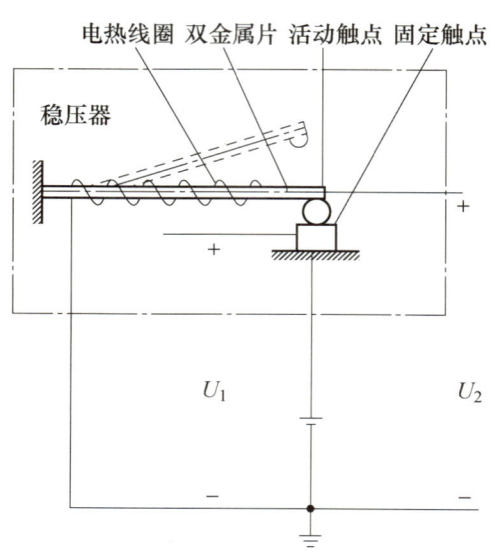

图 6-14　仪表稳压器的工作原理图

（2）电子式仪表稳压器　电子式仪表稳压器采用汽车专用的三端集成稳压块，具有结构简单、成本低、稳压效果好、使用寿命长等优点，所以被广泛应用。

三、仪表维护使用注意事项

1）拆装组合仪表时，应先拆下蓄电池负极电缆线，以免造成电路短路。

2）拆装组合仪表时，应注意仪表板后面的线束插接器及车速里程表软轴接头，一般都带有锁止机构，切忌强拆。

3）拆装仪表及传感器时，注意动作要轻，不要敲打。

4）安装仪表稳压器时，两接线柱的接线不得接错。

5）凡使用仪表稳压器的燃油表及冷却液温度表，不得直接与电源相接，防止烧坏仪表。

6）单独更换表芯或仪表传感器时，注意仪表与传感器必须配套使用。

7）电热式机油压力传感器安装时有方向要求。

8）仪表与传感器的接线必须可靠。

9）电磁式仪表的接线柱有极性之分，不得接错。

四、仪表系统常见故障检修

1. 燃油表常见故障分析

电磁式燃油表常见故障现象及原因见表6-1。

表 6-1　电磁式燃油表常见故障现象及原因

故障现象	故障原因
燃油表不动或者微动	1）左线圈引线脱落 2）左线圈烧断 3）接错电源 4）指针和转子卡住 5）指针和表面卡住
指针停在中间	1）跨接电阻接触不良或断线 2）传感器氧化锈蚀
指针只在"0"处进行微动	1）右线圈引线脱落 2）右线圈烧断 3）传感器浮筒漏油
指针总在满刻度处	1）燃油表到传感器连接不良 2）传感器电阻断线 3）活动触点接触不良
指针跳动	1）传感器搭铁不良 2）铜片触点烧坏 3）触点压得不紧 4）指针和表面有摩擦

2. 冷却液温度表常见故障分析

电热式冷却液温度表常见故障现象及原因见表6-2。

表 6-2　电热式冷却液温度表常见故障现象及原因

故障现象	故障原因
指针不动（电源正常）	1）稳压器不正常 2）稳压器发热线圈断线或引线脱落 3）双金属片发热线圈引线脱落 4）热敏电阻失效
指针指示值不准	1）稳压器工作不正常 2）仪表发热线圈短路 3）热敏电阻老化

📷 活动设计

一、活动名称

认识汽车仪表系统。

二、活动条件

1）实训室工作台 5 个以上，各工作台配备零件盆、毛巾等用品。
2）实训车辆（台架）5 辆。
3）万用表 5 个、汽修常用拆装工具 5 套。

三、活动组织

1）分小组，4~5 人组成 1 个小组。
2）选出小组长和评价员，记录评价组员的任务完成情况。
3）小组中进行分工互换，确保每个学生都动手实践。

四、安全及注意事项

1）注意人身安全，按规程操作，车辆起动前要检查车轮挡块、档位（P 位）、驻车制动是否正确，翼子板布、三件套、地板垫是否安装到位。
2）及时清理场地，做好现场 6S 管理。

五、活动实施

活动一　作业准备、识别车辆（台架）信息

1）作业准备（工具、器材、安全防护）。
2）铺车内四件套。
3）安装车轮挡块。

活动二　指出各仪表的安装位置及特点

观察速度表、里程表、转速表、燃油表、冷却液温度表的位置，如图 6-15 所示。

活动三　判断仪表工作状况

1）挂空档或驻车档，拉紧驻车制动器手柄。
2）着车，踩加速踏板。
3）观察转速表的工作情况，如图 6-16 所示。
4）观察车速表的工作情况，如图 6-17 所示。
5）观察冷却液温度表的工作情况，如图 6-18 所示。
6）观察燃油表的工作情况，如图 6-19 所示。

图 6-15　各仪表的安装位置

图 6-16　观察转速表的工作情况

图 6-17　观察车速表的工作情况

图 6-18　观察冷却液温度表的工作情况

图 6-19　观察燃油表的工作情况

活动四　6S 管理

1）清扫、整理工作台。

2）清洁仪器、设备。

工作任务二　汽车报警系统故障检修

职业能力

能够正确识别常见警告灯的图形符号，并能指出其工作特点；能在汽车上找到各报警装置的安装位置；能对报警装置的各种故障现象进行分析，通过查阅维修手册选用合适的维修工具对报警系统进行检测与维修。

学习目标

1. 能够正确识别常见警告灯的图形符号。

2. 能述说汽车常见报警装置的作用、结构及工作原理。

3. 能做好安全防护，熟练起动车辆，观察各报警装置的工作状况，对各报警装置进行检查和判断。

4. 会查阅维修手册。

5. 会分析各报警信号电路图，并确定故障范围。

6. 能使用万用表等工具对报警电路故障进行检测与维修。

基础知识

一、汽车报警系统认识

为了保证行车安全，提高汽车行驶的可靠性，汽车上安装了许多的报警装置，来指示汽车发动机、变速器及制动系统等工作状态，让驾驶人随时监测汽车各系统的工作状态，同时为维修人员发现和排除故障提供必要的信息。常见的报警装置有冷却液温度警告灯、燃油不足警告灯、ABS警告灯、驻车制动器指示灯、车门未关警告灯、发动机故障警告灯、充电指示灯、安全带未佩戴警告灯、机油压力警告灯等。

警告灯由报警开关控制，功率一般为1~4W，安装在汽车仪表板上，灯泡前或者二极管旁边设置有标准图形符号的滤光片。当汽车上某个系统出现故障时，报警开关自动接通，警告灯通电亮起，仪表上就会显示特定图形符号的指示灯，以此提醒驾驶人的注意，保证行车安全。

常见警告灯图形符号及含义见表6-3。

表6-3 常见警告灯图形符号及含义

图形符号	名称	含义
	远光指示灯	该指示灯用来显示车辆远光灯的状态。当打开远光灯时，该指示灯会亮；关闭远光灯，该灯熄灭
	转向指示灯	该指示灯用来显示车辆转向灯所在的位置。当打开转向灯时，该指示灯会亮相应方向的转向指示灯；转向灯熄灭后，该指示灯自动熄灭
	示廓指示灯	当示廓灯打开时，该指示灯随即亮起。当示廓灯关闭或者关闭示廓灯打开前照灯时，该指示灯自动熄灭
	安全带未佩戴警告灯	安全带没扣上或者没扣紧时，该警告灯亮。当安全带扣好后，该灯熄灭
	车门未关警告灯	任意车门未关闭或未关严时，该灯亮起并指示出未关闭的车门。当所有车门关严时，该灯熄灭
	燃油量不足警告灯	车辆自检时，先短暂亮后熄灭。车辆起动后若该灯亮起，表明车辆油量不足
	充电警告灯	车辆自检时，该灯亮。发动机起动后，发电机向蓄电池充电时，该灯熄灭。如果发动机起动后该灯依旧亮，则说明充电系统有故障
	发动机故障警告灯	车辆自检时，该灯先短暂亮后熄灭。该灯亮或闪烁，表明发动机系统出现故障
	ABS警告灯	车辆自检时，该灯先短暂亮后熄灭。该灯亮或者闪烁，表明ABS异常

（续）

图形符号	名称	含义
	机油压力警告灯	用于指示机油压力的情况，机油压力正常时，该灯熄灭；异常时，该灯亮
	冷却液温度警告灯	车辆自检时，该灯先短暂亮后熄灭。冷却液温度异常时，该灯亮或者闪烁
	TCS警告灯	用于指示TCS（牵引力控制系统）的工作状态。常态下为熄灭状态。车辆自检时，会先亮数秒后熄灭。当驾驶人按下TCS锁止开关时，该灯亮。行车中若TCS异常，该灯亮或闪烁
	气囊警告灯	车辆自检时，该灯先短暂亮后熄灭。该灯常亮，则表明安全气囊系统异常
	制动盘警告灯	车辆自检时，该灯先短暂亮后熄灭。该灯亮或者闪烁，表明制动盘磨损严重或者故障
EPC	EPC警告灯	EPC系统即电子动力控制系统，常见于大众车系。车辆自检时，该灯先短暂亮后熄灭。若该灯常亮，表明EPC系统异常
VSC	VSC警告灯	VSC系统即车身稳定控制系统，常见于丰田和大众车系。车辆自检时，该灯先短暂亮后熄灭。该灯亮，表明VSC系统异常
O/D OFF	O/D指示灯	用来指示O/D档（即超速档）的工作状态。车辆自检时，该灯先短暂亮后熄灭。按下超速档锁止开关，该灯亮。若行车中该灯亮，则电控自动变速器电子控制系统异常
	洗涤液不足警告灯	常态下该灯熄灭，当刮水器洗涤液不足时，该灯亮
	胎压警告灯	常态下该灯熄灭，该指示灯亮，表明汽车轮胎胎压不足
	专项助力系统警告灯	常态下该灯熄灭，该指示灯亮，表明转向助力系统异常
	驻车制动指示灯	该指示灯用来显示车辆驻车制动的状态。当驻车制动器手柄被拉起后，该指示灯自动亮。驻车制动器手柄被放下时，该指示灯自动熄灭

二、报警装置的结构及工作原理

1. 燃油量不足警告灯

燃油量不足警告灯的结构如图6-20所示，其由装在燃油箱内的负温度系数热敏传感器和装在仪表上的警告灯组成。

当燃油箱内燃油量多时，负温度系数的热敏电阻元件浸没在燃油中，散热快，温度较低，电阻值较大。因此，电路中几乎没有电流，警告灯不亮。

当燃油减少到规定值以下时，热敏电阻元件露出液面，散热较慢，温度升高，电阻值减小，电路中电流增大，则警告灯亮。

2. 冷却液温度警告灯

冷却液温度警告灯的结构如图 6-21 所示。它由双金属片式温度传感器和仪表板上的警告灯两部分组成。当冷却液温度正常时，双金属片变形小，触点断开，警告灯不亮。当冷却液温度升高到 105℃ 以上时，双金属片由于温度升高而弯曲变形较大，使触点闭合，警告灯电路接通，警告灯亮。

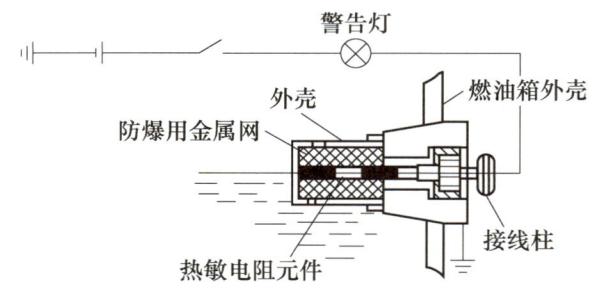

图 6-20　燃油量不足警告灯的结构　　图 6-21　冷却液温度警告灯的结构

3. 机油压力警告灯

机油压力警告灯一般有弹簧管式机油压力警告灯和膜片式机油压力警告灯。弹簧管式机油压力警告灯较为常用，其主要由安装在发动机主油道的弹簧管式传感器和安装在仪表板上的警告灯两部分组成。其控制电路图如图 6-22 所示。

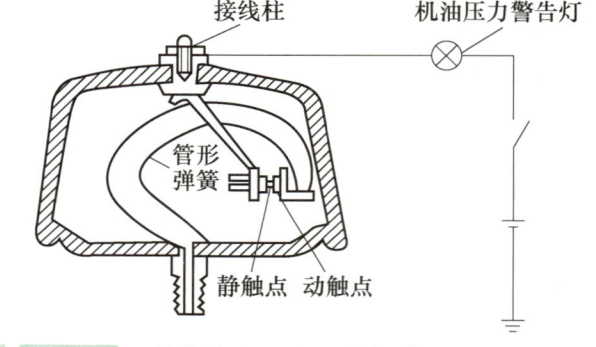

图 6-22　弹簧管式机油压力报警开关控制电路图

当机油压力低于规定值时，管形弹簧变形量小，并且向静触点端弯曲，两触点闭合，电路导通，警告灯亮。当机油压力恢复到正常值时，管形弹簧变形量变大，向远离静触点端延伸，两触点断开，电路断路，警告灯熄灭。

4. 制动液不足警告灯

制动液不足警告灯的控制电路图如图 6-23 所示，其一般由安装在制动液储液罐里面的浮子式传感器和警告灯组成。

当浮子随液面下降到规定值以下时，永久磁铁随浮子下沉到靠近舌簧开关的位置，舌簧开关被吸合，电路接通，警告灯亮。

制动液充足时，浮子随着液面上升到标准值以上，此时永久磁铁随浮子上升，远离舌簧开关，由于吸力不足，舌簧开关在自身弹力的作用下，使电路断开，警告灯熄灭。

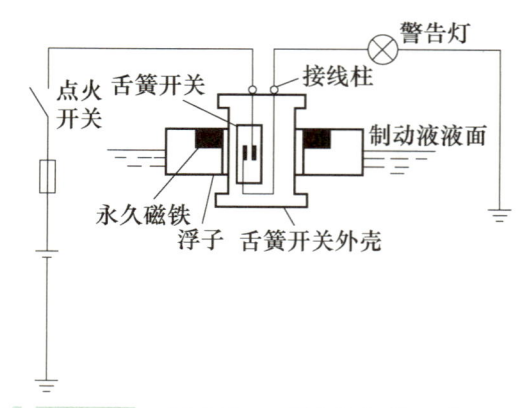

图 6-23　制动液不足警告灯控制电路图

5. 制动器摩擦片使用极限警告灯

图 6-24 所示为制动器摩擦片使用极限警告灯控制电路图。制动器摩擦片报警装置由安装在摩擦片中的磨损检测传感器和安装在仪表板上的警告灯组成。磨损检测传感器实际上是一个 U 形金属丝,其顶端处在摩擦片的磨损极限位置。当摩擦片磨损到极限位置时,U 形金属丝被磨断,电路断开,此时输出电压为高电平,电子控制器接收到异常信号后,接通报警电路,警告灯亮。

6. 制动灯电路断路警告灯

图 6-25 所示为制动灯电路故障警告灯控制电路图。警告灯一般和舌簧开关串联,左、右制动灯电路中接有两个线圈。在行车过程中,踩下制动器踏板,制动开关闭合,此时电流流向为蓄电池正极→熔断器→制动开关→左、右线圈→左、右制动灯→搭铁。当某一侧制动信号灯电路出现故障时,只有 1 个控制器线圈中有电流通过,通电的线圈产生电磁吸力使舌簧开关闭合,警告灯亮。

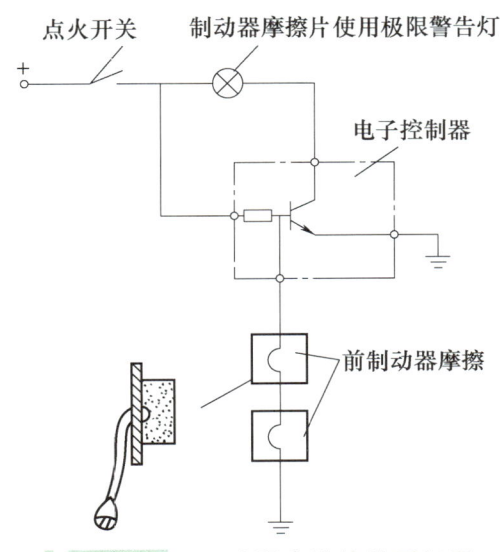

图 6-24 制动器摩擦片使用极限警告灯控制电路图

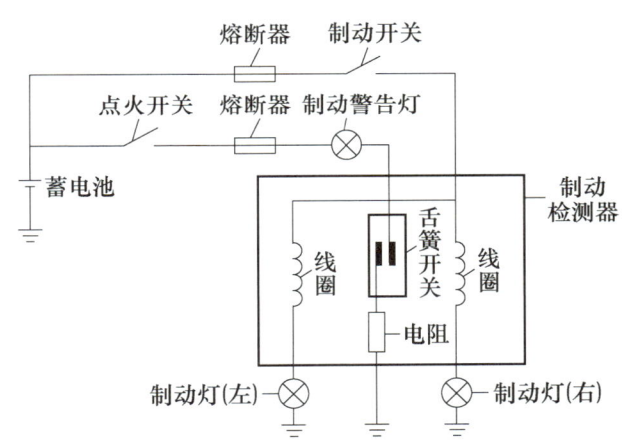

图 6-25 制动灯电路故障警告灯控制电路图

三、汽车警告灯常见故障检修

汽车警告灯常见故障现象、原因及其检修方法见表 6-4。

表 6-4 汽车警告灯常见故障现象、原因及其检修方法

故障现象	故障原因	检修方法
冷却液警告灯常亮	1)储液罐中冷却液液面过低 2)冷却液液位开关故障 3)冷却液温度警告开关故障 4)警告灯电路有搭铁处	1)用专用工具检查冷却液温度是否正常,目视检查储液罐液面是否合适 2)若上述检查都正常,拔下储液罐液位开关插头。如果警告灯熄灭,说明液位开关有故障 3)如果警告灯仍然亮,接好液位开关插头,拔下冷却液温度警告开关插头。如果警告灯熄灭,说明冷却液警告开关有故障;如果警告灯仍然亮,说明电路有搭铁处

(续)

故障现象	故障原因	检修方法
制动警告灯常亮	1）制动液液面过低 2）制动液液位开关有故障 3）驻车制动开关有故障 4）警告灯电路有故障	1）检查制动液液面是否过低 2）如果液面正常，拔下制动液液位开关插头。如果警告灯熄灭，说明制动液液位开关有故障 3）如果警告灯仍然亮，拔下驻车制动开关插头。如果警告灯熄灭，说明驻车制动开关有故障；如果警告灯仍然亮，说明电路有搭铁处

活动设计

一、活动名称

认识汽车报警系统。

二、活动条件

1）实训室工作台 5 个以上，各工作台配备零件盆、毛巾等用品。

2）实训车辆（台架）5 辆。

三、活动组织

1）分小组，4~5 人组成 1 个小组。

2）选出小组长和评价员，记录评价组员的任务完成情况。

3）小组中进行分工互换，确保每个学生都动手实践。

四、安全及注意事项

1）注意人身安全，按规程操作，车辆起动前要检查车轮挡块、档位（P 位）、驻车制动是否正确，翼子板布、三件套、地板垫是否安装到位。

2）检修过程中，要小心操作，不要损坏警告灯元器件，或因操作失误导致警告灯电路出现搭铁故障。

3）使用专用工具进行检修时，切勿让工具或零件掉落，以免砸到脚造成安全事故。

4）及时清理场地，做好现场 6S 管理。

五、活动实施

活动一　作业准备

1）作业准备（工具、器材、安全防护）。

2）铺车内四件套。

3）安装车轮挡块。

活动二　说出警告灯的位置及含义

说出机油压力警告灯、充电指示灯、驻车制动警告灯、安全带未佩戴警告灯、车门未关警告灯、安全气囊报警指示灯、防盗器启动报警指示灯位置及含义，如图6-26所示。

活动三　判断警告灯的工作状况

1）挂驻车档，拉紧驻车制动器手柄。

2）起动车辆观察。

3）观察机油警告灯的工作情况，如图6-27所示。

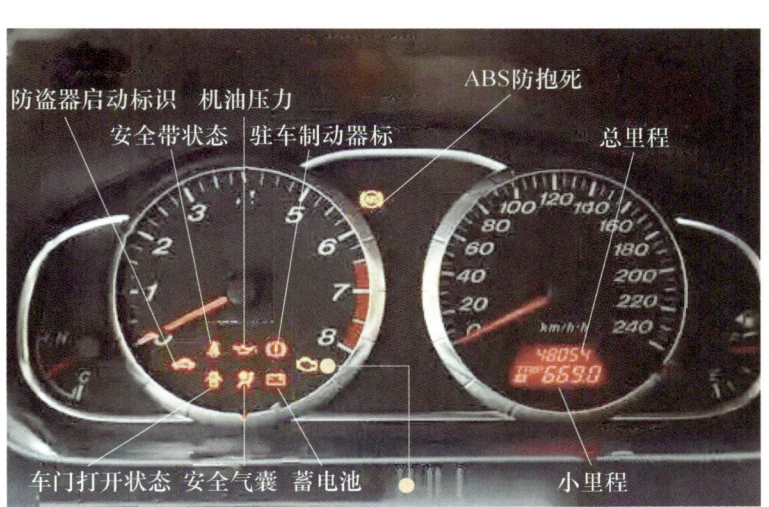

图6-26　各警告灯的位置

4）观察充电指示灯的工作情况，如图6-28所示。

图6-27　机油警告灯的工作情况

图6-28　充电指示灯的工作情况

5）观察安全带未佩戴警告灯的工作情况，如图6-29所示。

6）观察车门未关警告灯的工作情况，如图6-30所示。

图6-29　安全带未佩戴警告灯工作情况

图6-30　车门未关警告灯工作情况

活动四　6S管理

1）清扫、整理工作台。

2）清洁仪器、设备。

项目七

汽车辅助电器维护及检修

工作任务一　汽车风窗刮水器系统故障检修

职业能力

能正确述说刮水器系统的组成、作用及工作原理；能熟练操作刮水器系统的控制开关，对电动刮水器、风窗洗涤器进行性能检查和判断；能使用万用表等合适工具对刮水器系统电路故障进行检测与维修。

学习目标

1. 能正确述说刮水器系统的组成及作用。
2. 能分析电动刮水器、风窗洗涤器、除霜装置的工作原理。
3. 能熟练操作刮水器系统的开关，对电动刮水器、风窗洗涤器进行检查和判断。
4. 会查阅维修手册。
5. 会分析刮水器系统电路图，并确定故障范围。
6. 能使用万用表等工具对刮水器故障进行检测与维修。

基础知识

一、刮水器系统的功用

刮水器系统是汽车的主要安全装置之一，它能够在雪天或雨天时将车窗上的雨滴和雪花清除，将汽车在泥泞的道路上行驶时飞溅到前风窗玻璃上的泥水刮净，保证驾驶人的视线，以确保车辆行驶的安全。

二、刮水器系统的组成

刮水器系统主要由刮水装置、洗涤装置和防冰霜装置组成。

1. 刮水装置

刮水装置的主要零件是电动刮水器，电动刮水器的作用是刮除风窗玻璃上的雨水、雪或灰尘，确保驾驶人有良好的视线。电动刮水器的组成如图 7-1 所示。

目前，汽车上广泛采用电动刮水器，普遍具有高速、低速和间歇 3 个工作档位，而且除了变速之外，还有自动回位的功能。电动刮水器主要由直流电动机、蜗轮箱、曲柄、连杆、摆杆、摆臂和刮水片等组成。一般电动机和蜗杆箱结合成一体，组成刮水器电动机总成，刮水片采用橡胶条式。

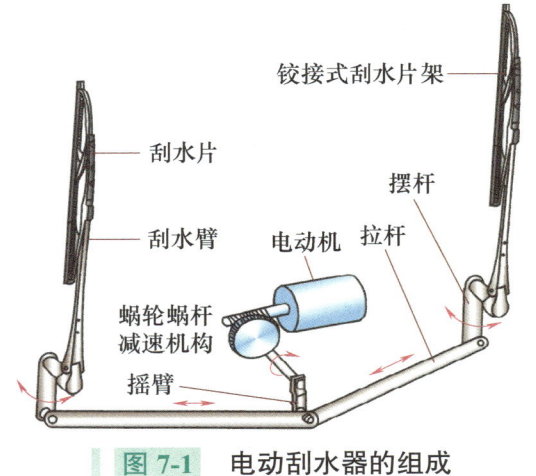

图 7-1　电动刮水器的组成

（1）刮水电动机的结构　一般刮水电动机有绕线式和永磁式两种。绕线式刮水电动机的磁极绕有励磁线圈，通电流时产生磁场；永磁式刮水电动机的磁极用永久磁铁制成。

永磁式刮水电动机的结构如图 7-2 所示，其主要由永久磁铁、电枢、电刷、蜗杆、塑料蜗轮、回位装置（包括导电铜环、触点臂与触点）等组成。通电时电枢转动，经蜗轮和输出齿轮及输出轴后，把动力传给输出臂。

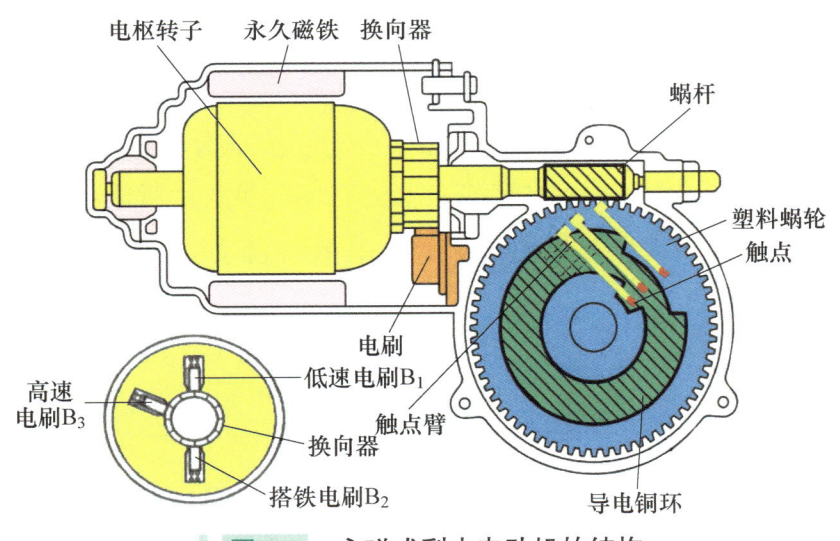

图 7-2　永磁式刮水电动机的结构

（2）刮水电动机的变速原理　绕线式刮水电动机的变速原理是通过改变磁场强度来实现变速。改变磁场强度可以通过改变励磁电路中电流的大小来实现。实际使用的绕线式刮水器的开关控制励磁电路中电阻的大小来改变其转速。

永磁式刮水电动机的变速原理是利用3个电刷来改变正、负电刷之间串联线圈的个数实现变速，如图7-3所示。其工作原理是刮水电动机工作时，在电枢内同时产生反电动势，其方向与电枢电流的方向相反。如要使电枢旋转，外加电压必须克服反电势的作用。当电动机转速升高时，反电动势升高，只有当外加电压等于反电动势时，电枢的转速才能稳定。

三刷永磁式刮水电动机工作时，电枢绕组产生的反电动势的方向如图7-3中箭头所示。当将刮水器开关K拨向L（低速）时，如图7-3a所示，电源电压U加在电刷B_1和B_3之间。在电刷B_1和B_3之间的两条并联支路中，每条支路中各有4个串联绕组，反电动势的大小与支路中反电动势的大小相等。由于外加电压需要平衡4个绕组产生的反电动势，所以电动机转速较低。

当将刮水器开关K拨向H（高速）时，如图7-3b所示，电源电压U加在电刷B_2和B_3之间。绕组1、2、3、4、8同在一条支路中，其中，绕组8与绕组1、2、3、4的反电动势方向相反，相互抵消后，使每条支路变为3个绕组。由于电动机内部的磁场方向和电枢的旋转方向没有变化，所以各绕组内反电动势的方向与低速时相同。但是，外加电压只需要平衡3个绕组产生的反电动势，因此电动机的转速升高。

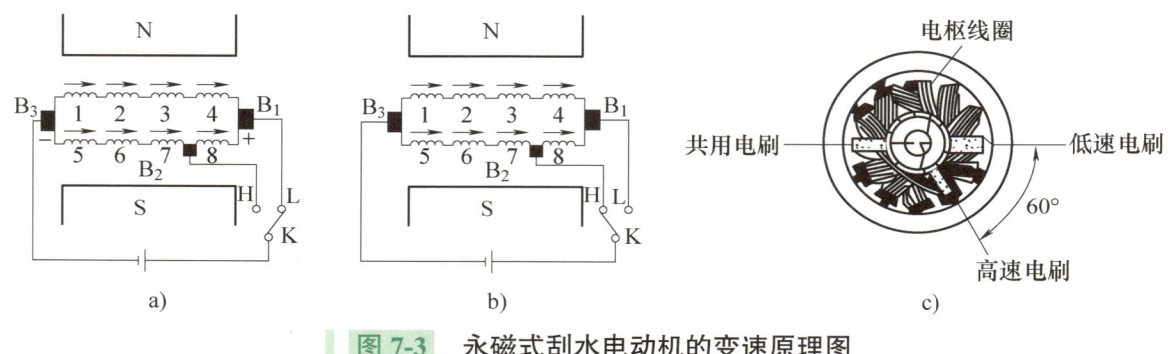

图 7-3 永磁式刮水电动机的变速原理图

（3）刮水电动机的自动复位原理　刮水器的自动复位是指在任何时刻切断刮水电动机电路时，刮水片都能自动停止在风窗玻璃的下部而不影响驾驶人的视线。

图7-4所示为铜环式刮水器自动复位装置，其具有自动复位的功能，下面分析其工作过程。

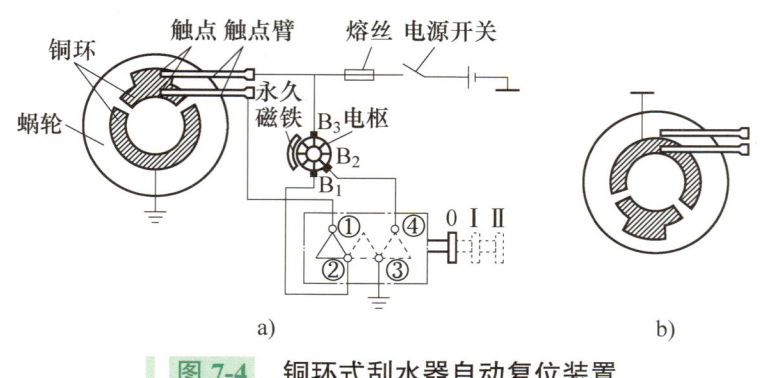

图 7-4 铜环式刮水器自动复位装置

刮水器的开关有3个档位，它可以控制刮水器的速度和自动复位。0档为复位档，Ⅰ档为低速档，Ⅱ档为高速档。在减速蜗轮（由塑料或尼龙材料制成）上嵌有铜环。此铜环分为两部分，其中，铜环与电动机外壳相连（为搭铁）。触点臂用磷铜片或其他弹性材料制成，其一端分别铆有触点。由于触点臂具有一定的弹性，因此在蜗轮转动时，触点与蜗轮的端面和铜集电环保持接触。

当接通电源开关，并把刮水器开关拉出到"Ⅰ"档（低速）位置时，电流从蓄电池正极→电源开关→熔丝→电刷 B_3→电枢绕组→电刷 B_1→刮水器开关接线柱②→接触片→刮水器开关接线柱③→搭铁→蓄电池负极，构成回路，电动机以低速运转。

把刮水器开关拉出到"Ⅱ"档（高速）位置时，电流从蓄电池正极→电源开关→熔丝→电刷 B_3→电枢绕组→电刷 B_2→刮水器开关接线柱④→接触片→刮水器开关接线柱③→搭铁→蓄电池负极，构成回路，电动机以高速运转。

当把刮水器开关退回到0档时，如果刮水片没有停止到规定的位置，由于触点与铜环相接触，如图 7-4b 所示，则电流继续流入电枢，其电路：蓄电池正极→电源开关→熔丝→电刷 B_3→电枢绕组→电刷 B_1→接线柱②→接触片→接线柱①→触点臂→铜环→搭铁→蓄电池的负极。由此可以看出，电动机仍以低速运转直至蜗轮旋转到图 7-4a 所示的特定位置，电路中断。由于电枢的运动惯性，电动机不能立即停止转动，此时电动机以发电机方式运行。因此，电枢绕组通过触点臂与铜环接通而短路，电枢绕组将产生强大的制动力矩，电动机迅速停止运转，使刮水片复位到风窗玻璃的下部。

图 7-5 所示为一种凸轮式刮水器自动复位装置，其复位主要是由与蜗轮联动的凸轮驱动复位开关动作来实现的。

（4）刮水器间歇控制 现代汽车刮水器上都加装了电子间歇控制装置，使刮水器能按照一定的周期停止和刮水，这样在小雨或雾天中行驶时，不至于使玻璃上形成发黏的表面，使驾驶人获得较好的视野。

汽车刮水器的间歇控制电路有多种形式，按照间歇时间的不同，可分为可调节型和不可调节型。

不可调节型间歇控制电路：刮水器的间歇控制一般利用自动复位装置和电子振荡电路或集成电路来实现。

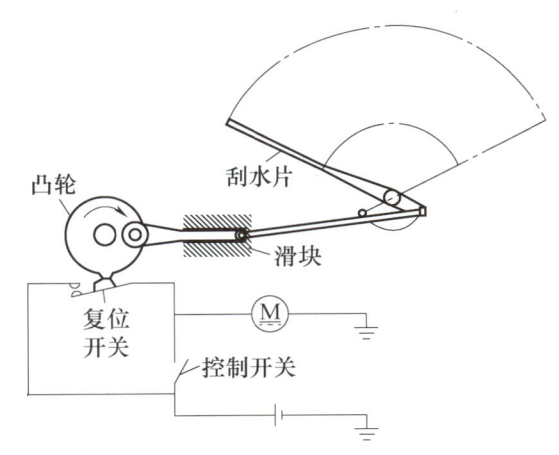

图 7-5 凸轮式刮水器自动复位装置

图 7-6 所示为同步间歇刮水器内部控制电路。当刮水器开关置于间歇档位置（开关处于"0"位，且间歇开关闭合）时，电源通过自动复位开关向电容器 C 充电，其电路：蓄电池正极→电源开关→熔丝→自动复位开关常闭触点（上）→电阻 R_1→电容器 C→搭铁→蓄电池负极。随着充电时间的延长，电容器两端的电压逐渐升高。当电容器 C 两端的电压升高到一定值时，晶体管 VT_1 和 VT_2 先后相继由截止转为导通，从而接通继电器磁化线圈的电路，

其电路：蓄电池正极→电源开关→熔丝→电阻 R_5→晶体管 VT_2（E→C）→继电器磁化线圈→间歇刮水器开关→搭铁→蓄电池负极。在电磁吸力的作用下，继电器常闭触点打开，常开触点闭合，从而接通了刮水电动机的电路，其电路：蓄电池正极→电源开关→熔丝→B_3→B_1→刮水继电器常开触点→搭铁→蓄电池负极。此时，电动机低速旋转。

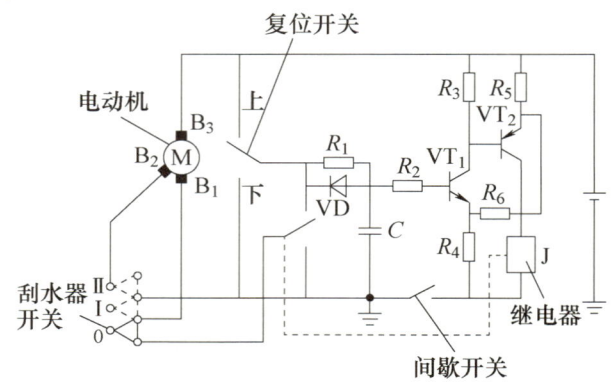
图7-6 同步间歇刮水器内部控制电路

当复位装置将自动复位开关的常开触点（下）接通时，电容器 C 通过二极管 VD，自动复位装置常开触点迅速放电，此时刮水电动机的通电回路不变，电动机继续转动。随着放电时间的延长，晶体管 VT_1 基极的电位逐渐降低。当晶体管 VT_1 基极的电位降低到一定值时，VT_1 和 VT_2 由导通转为截止，从而切断继电器磁化线圈的电路，继电器复位，常开触点打开，常闭触点闭合。此时，由于自动复位开关的常开触点处于闭合状态，电动机将继续转动，其电路：蓄电池正极→电源开关→熔断丝→B_3→B_1→继电器常闭触点→复位开关的常开触点→搭铁→蓄电池负极。只有当刮水片回到原位（不影响驾驶人视线位置），自动复位开关的常开触点打开、常闭触点闭合时，电动机才能停止转动。继而电源将再次向电容器 C 充电，重复以上过程。如此反复，实现刮水片的间歇动作，其间歇时间的长短取决于电阻 R_1、电容器 C 电路充电时间常数的大小。

2. 洗涤装置

洗涤装置如图7-7所示，其主要由储液罐、洗涤泵、软管、喷嘴等组成。洗涤泵一般由永磁直流电动机和离心叶片泵组装成为一体，喷射压力可达70~88kPa。

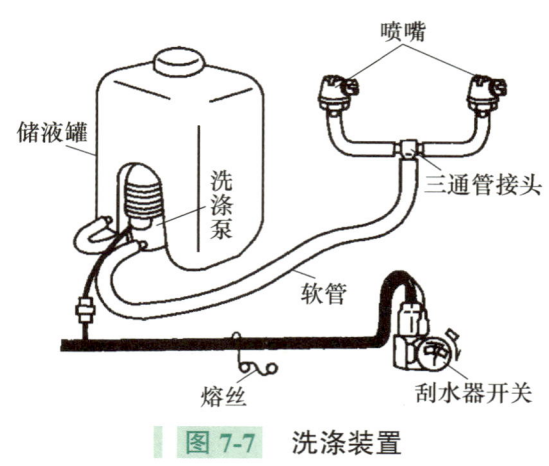
图7-7 洗涤装置

洗涤泵一般直接安装在储液罐上，但也有安装在管路内的，在离心泵的进口处设置有滤清器。洗涤泵喷嘴安装在风窗玻璃的下面，其喷嘴方向可以根据使用情况调整，喷水直径一般为0.8~1.0mm，能够使洗涤液喷射在风窗玻璃的适当位置。洗涤泵的连续工作时间不应超过1min。对于刮水和洗涤分别控制的汽车，应先开启洗涤泵，再接通刮水器。喷水停止后，刮水器应继续刮动3~5次，以便达到良好的清洁效果。

3. 防冰霜装置

在气温较低的环境中，风窗玻璃内侧易结冰霜，通常是采用加热的方法将其除去。前风窗玻璃一般采用暖风加热，而后风窗玻璃通常采用电热线加热的方法除霜，其中，电热线由镀在后风窗玻璃的内表面多条金属导电膜制成，如图7-8所示。有些车辆以相同的电路加热外后视镜。

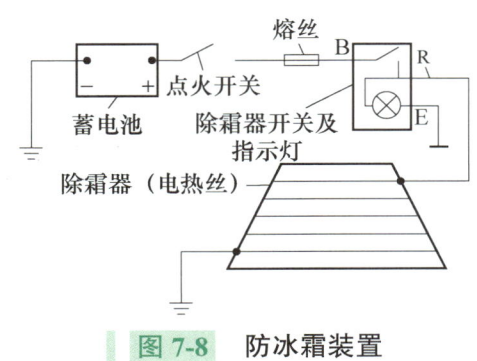

图7-8 防冰霜装置

活动设计

一、活动名称

汽车刮水器系统电路检修。

二、活动条件

1) 活动场地配备刮水器系统能正常工作的车辆5辆以上。
2) 各工位配备工作灯、清洁毛巾、万用表、试灯、维修手册。
3) 各工位配备车轮挡块4个，翼子板布、三件套、地板垫各1套。

三、活动组织

1) 分小组，4~5人组成1个小组。
2) 选出小组长和评价员，记录评价组员的任务完成情况。
3) 小组中进行分工互换，确保每个学生都动手实践。

四、安全及注意事项

1) 注意人身安全，按规程操作，车辆起动前要检查车轮挡块、档位（P位）、驻车制动是否正确，翼子板布、三件套、地板垫是否安装到位。
2) 注意设备安全，按规程操作，不要人为损坏工具设备。
3) 及时清理场地，做好现场6S管理。

五、活动实施

活动一 作业准备、识别车辆（台架）信息

1) 作业准备（工具、器材、安全防护、三件套）。
2) 找到并记录车辆（台架）品牌型号、车架号信息。

活动二 打开点火开关，操控刮水器开关

1) 检查喷洗器工作是否正常，如图7-9和图7-10所示。
2) 检查刮水器低速档位工作是否正常，如图7-10和图7-11所示。
3) 检查刮水器高速档位工作是否正常，如图7-10和图7-11所示。
4) 检查刮水器间歇档位工作是否正常，如图7-10和图7-11所示。

图7-9 喷洗器操作开关

图 7-10　检查喷洗器工作情况

图 7-11　刮水器档位开关

5）检查刮水器自动复位档位工作是否正常。

活动三　根据刮水器电路图写出各档位电流走向

1）写出喷洗器工作时电流走向。

2）写出刮水器低速档位时电流走向。

3）写出刮水器高速档位时电流走向。

4）写出刮水器间歇档位时电流走向。

5）写出自动复位档位时电流走向。

活动四　指出刮水器电路中各部件的安装位置

1）指出刮水器电动机的安装位置，如图 7-12 所示。

2）指出刮水器开关的安装位置，如图 7-13 所示。

3）指出刮水器熔丝的安装位置。

图 7-12　刮水器电动机的安装位置

图 7-13　刮水器开关的安装位置

活动五　使用万用表等工具对刮水器电路各部件和电路进行检测

1）检测蓄电池电压，如图 7-14 所示。

2）检测刮水器熔丝电压，如图 7-15 所示。

图 7-14　检测蓄电池电压

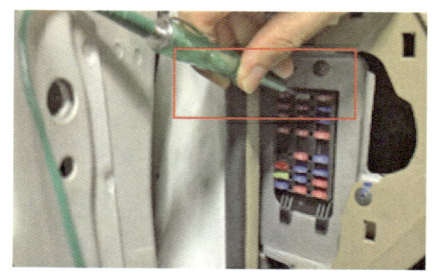

图 7-15　检测刮水器熔丝电压

3）检测刮水器开关。

4）检测刮水器电动机。

活动六　找出故障点，给出维修建议

1）写出故障原因。

2）写出维修建议。

工作任务二　汽车电动车窗故障检修

职业能力

能正确述说汽车电动车窗的组成、作用及工作原理；能熟练操作电动车窗各控制开关，对电动车窗进行检查和判断；能独立使用万用表等合适工具对电动车窗电路故障进行检测与维修。

学习目标

1. 能正确述说电动车窗的组成及作用。
2. 能分析电动车窗的工作原理。
3. 能熟练操作电动车窗的控制开关，对电动车窗进行性能检查和判断。
4. 会查阅维修手册。
5. 会分析电动车窗电路图，并确定故障范围。
6. 能使用万用表等工具对电动车窗故障进行检测与维修。

基础知识

一、电动车窗的作用与分类

电动车窗是指以电为动力使汽车门窗玻璃自动升降的车窗。驾驶人或乘员操纵车窗升降开关，就可以使汽车门窗玻璃自动上升或者下降。

1. 电动车窗的作用

驾驶人和乘员只需操纵车窗升降开关，就可以使汽车门窗玻璃自动上升或者下降。它可方便驾驶人和乘员的操作，减轻驾驶人和乘员的劳动强度，使驾驶人更加集中精力驾车，提高汽车行驶的安全性。

2. 电动车窗的类型

电动车窗按功能不同可分为普通电动车窗和带防夹功能的电动车窗。带防夹功能的电动车窗在普通电动车窗的基础上增加了防夹功能，以避免车窗玻璃在上升过程中夹伤乘员。

二、电动车窗的功能

电动车窗一般具有以下功能，但是根据车辆配置的不同，不同汽车的电动车窗功能也会有一定的差别。

1. 手动升/降

当电动车窗开关按向手动位置（如一半位置）时，按着车窗开关，车窗玻璃会升/降；松开车窗开关，玻璃会自动停止。

2. 自动升/降

当电动车窗开关按向自动位置（极限位置）时，车窗玻璃即会自动升/降到极限位置，中途玻璃不会自动停止，除非出现卡滞或人为操作开关。

3. 车窗锁止

当操作"车窗锁止"功能后，除驾驶人车窗外，所有车窗玻璃升降功能失效（驾驶人操作除外）。

4. 电动车窗的智能功能

（1）防夹保护功能　当车窗玻璃上升遇到障碍时，能自动检测出由障碍所引起的阻力，并自动停止车窗的关闭，并将车窗玻璃向下移动50mm，避免伤害人体的可能。

（2）延时操作升/降　有的汽车上装有延时开关，在点火开关断开约10min内（不同汽车时间不同），在车门打开以前，仍有电流供给，使驾驶人和乘员有时间关闭车窗及操纵其他辅助设备。

> 提示：对于丰田系列车，如果驾驶人车门不打开，在点火开关开到"ON"或"ACC"位置拔出后大约45s的时间内，仍能操作车窗玻璃升/降。

（3）门锁联动关闭　如果驾驶人自车内走出而忘记把车窗关闭，不需进入车内关窗，可以在车外通过中央门锁系统将车窗自动地关闭。

三、电动车窗的组成

电动车窗主要由车窗玻璃、车窗玻璃升降器、电动机和控制开关等组成。

1. 电动车窗控制开关（见图7-16）

电动车窗控制开关的作用是控制电动机中电流的方向，主要有总开关和分开关两套，总开关装在仪表板或驾驶人侧的车门上，驾驶人可以控制

图7-16　电动车窗控制开关

每个车窗玻璃的升降,在总开关上装有车窗锁止开关,其作用主要是防止儿童意外打开或关闭乘员车窗。分开关分别安装在每个车窗上,这样乘员可以对各个车窗进行升降控制。

2. 玻璃升降器

玻璃升降器主要有交臂式玻璃升降器、绳轮式玻璃升降器、软轴式玻璃升降器3种类型。其中,绳轮式和交臂式玻璃升降器使用较为广泛。

(1) 绳轮式玻璃升降器　电动机的输出部分是一个塑料绳轮,绳轮上绕有钢丝绳,钢丝绳上装有滑块。电动机驱动绳轮,带动钢丝绳卷绕,钢丝绳上的滑块带动车窗玻璃,使之沿导轨上下运动,如图7-17所示。

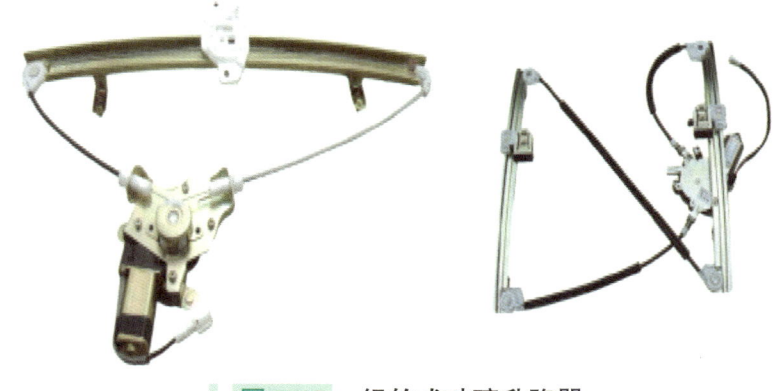

图 7-17　绳轮式玻璃升降器

(2) 交臂式玻璃升降器　电动机的输出部分是一个小齿轮,经啮合的扇形齿轮片,通过交臂式升降机构带动车窗玻璃沿导轨进行上下运动,如图7-18所示。

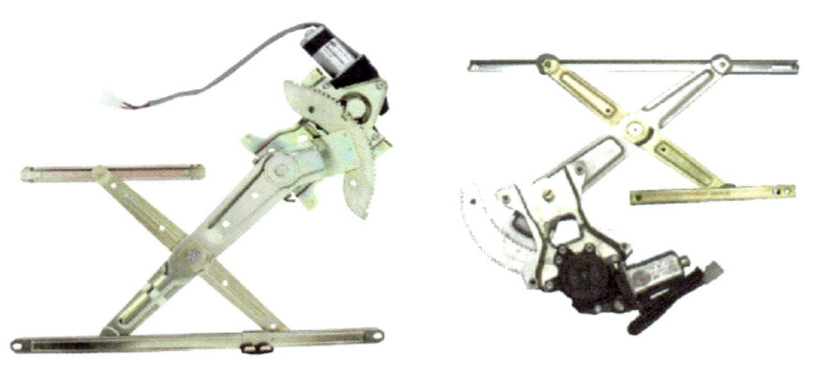

图 7-18　交臂式玻璃升降器

(3) 软轴式玻璃升降器　电动机的输出部分是一个小齿轮,通过与软轴上的齿(近似于齿条)相啮合,驱动软轴卷绕,带动车窗玻璃沿导轨进行上下运动,如图7-19所示。

3. 车窗电动机

电动机是用来为车窗的升降提供动力的装置。车窗玻璃升降均采用双向转动的电动机,以实现门窗的升或降。电动车窗用电动机的类型按结构不同分为永磁式和双绕组式两种。为了防止电动机过载,在电路或电动机内装有热敏断路

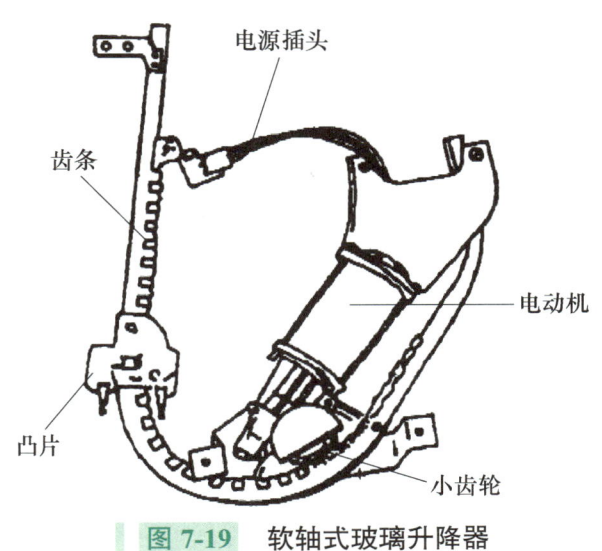

图 7-19　软轴式玻璃升降器

器，用来控制电流。当车窗玻璃上升到极限位置或由于结冰而使车窗玻璃不能自由移动时，即使操纵控制开关，热敏断路器也会自动断路，避免电动机通电时间过长而烧坏。

（1）双绕组串励式直流电动机　当电动车窗装用双绕组串励式直流电动机时，均采用电动机直接搭铁控制电路方式，即电动机的一端直接搭铁（即内搭铁）。电动机有两组磁场绕组，通过接通不同的磁场绕组，使电动机的转向不同，达到车窗玻璃上升或下降的目的。

双绕组串励式直流电动机有两个绕向相反的磁场绕组，一个称为"上升"绕组，另一个称为"下降"绕组，在给不同绕组通电时，会产生方向相反的磁场，电动机的旋转方向也就不同，从而实现车窗玻璃上升或下降。

（2）永磁式直流电动机　现代汽车电动玻璃升降器广泛采用永磁式直流电动机。电动机的减速装置由蜗轮蜗杆组成，电动机轴端设有蜗轮蜗杆机构作为一级减速，由蜗轮轴上的小齿轮驱动升降器的扇形齿板进行二级减速，进一步带动升降臂。为了防止负载过大或控制开关失灵而烧毁电动机，电动机内部设置有热敏断路器。

电动车窗采用永磁式直流电动机时，均采用电动机不直接搭铁（即外搭铁）的控制电路方式，即电动机的搭铁受开关控制。通过改变电动机的电流方向来改变电动机的旋转方向，从而实现车窗玻璃上升或下降。

四、电动车窗的防夹功能

防夹玻璃升降器从防夹功能上分主要有接触式防夹玻璃升降器和非接触式防夹玻璃升降器两类。

1. 接触式防夹玻璃升降器

接触式防夹就是当电动车窗机构感触到有异物在车窗玻璃上方时，会自动停止车窗玻璃的上升动作。防夹电动车窗关闭的过程中，驱动机构中有ECU及霍尔传感器（脉冲发生器）时刻检测电动机的转速，当霍尔传感器检测到转速有变化时，就会向ECU传送信息，ECU向继电器发出指令，使电动机停转或反转（下降），车窗玻璃就停止上升或下降。

当然，这种车窗玻璃移动过程中的阻力与车窗玻璃到达终端的阻力是不一样的，后者阻力较前者阻力大得多，因此控制方式也不一样。当车窗玻璃到达关闭的终端时，该阻力变大，电动机过载电流也变大，过载保护装置会自动切断电流。有的汽车设有玻璃升降终点的限位开关，当玻璃到达终端时压住限位开关，电流被切断，电动机就停止运转了。

2. 非接触式防夹玻璃升降器

非接触式防夹玻璃升降器是一套光学控制系统。它检测有无异物在电动车窗玻璃移动范围内，从而控制车窗玻璃移动，无须异物直接接触车窗玻璃。这个光学控制系统的主要元件是光学传感器，它由红外线发射器和接收器组成，安装在车窗的内饰件上，能连续精确地扫描指定的区域。这个区域一般指车窗玻璃向上移动时，距离车窗开口框上边缘4~200mm范围。一旦检测到有异物，传感器会把信息反馈至ECU，ECU发出指令使电动机停止运转。

一般普通轿车的防夹电动车窗只有接触式防夹功能，具有一定档次的轿车才有非接触式防夹功能。如果有接触式防夹和非接触式防夹两重监测，汽车防夹电动车窗就十分安全了。

活动设计

一、活动名称

电动车窗的故障检修。

二、活动条件

1）活动场地配备电动车窗能正常运行的整车或汽车车窗实训台架 5 个工位以上。

2）各工位配备工作灯、清洁毛巾、万用表、试灯。

3）各工位配备车轮挡块 4 个，翼子板布、三件套、地板垫各 1 套。

三、活动组织

1）分小组，4~5 人组成 1 个小组。

2）选出小组长和评价员，记录评价组员的任务完成情况。

3）小组中进行分工互换，确保每个学生都动手实践。

四、安全及注意事项

1）注意人身安全，按规程操作，车辆起动前要检查车轮挡块、档位（P 位）、驻车制动是否正确，翼子板布、三件套、地板垫是否安装到位。

2）注意设备安全，按规程操作，不要人为损坏工具设备。

3）及时清理场地，做好现场 6S 管理。

五、活动实施

活动一　作业准备、识别车辆（台架）信息

1）作业准备（工具、器材、安全防护）。

2）找到并记录车辆（台架）品牌型号、车架号信息。

活动二　打开点火开关，操控电动车窗主开关和分开关

1）检查主开关能否正常操纵车窗玻璃自动上升、下降和锁止，如图 7-20 所示。

2）检查前排乘员侧右前分开关能否正常操纵车窗玻璃自动上升、下降和锁止，如图 7-21 所示。

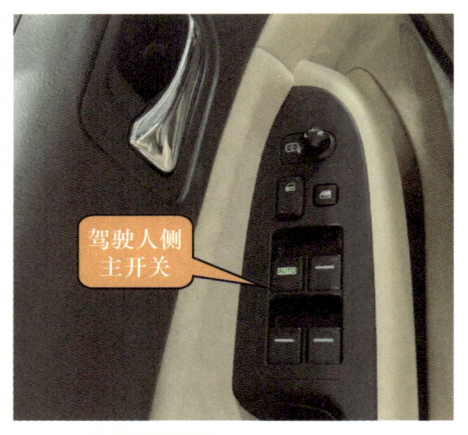

图 7-20　检查主开关

图 7-21　右前排乘员侧分开关

3）检查左后分开关能否正常操纵车窗玻璃自动上升、下降和锁止，如图 7-22 所示。

4）检查右后分开关能否正常操纵车窗玻璃自动上升、下降和锁止，如图 7-23 所示。

图 7-22　检查左后分开关

图 7-23　检查右后分开关

活动三　根据电动车窗电路图写出各档位电流走向

1）写出主开关自动上升、下降和锁止工作时电流走向。

2）写出右前分开关自动上升、下降和锁止工作时电流走向。

3）写出左后分开关自动上升、下降和锁止工作时电流走向。

4）写出右后分开关自动上升、下降和锁止工作时电流走向。

活动四　指出刮水器电路中各部件的安装位置

1）指出主开关、分开关安装位置，如图 7-20～图 7-23 所示。

2）指出电动车窗熔丝安装位置，如图 7-24 所示。

3）指出电动车窗继电器安装位置，如图 7-24 所示。

4）指出电动车窗升降电动机安装位置。

活动五　使用万用表等工具对刮水器电路各部件和电路进行检测

1）检测蓄电池电压，如图 7-25 所示。

2）检测电动车窗熔丝，如图7-26所示。

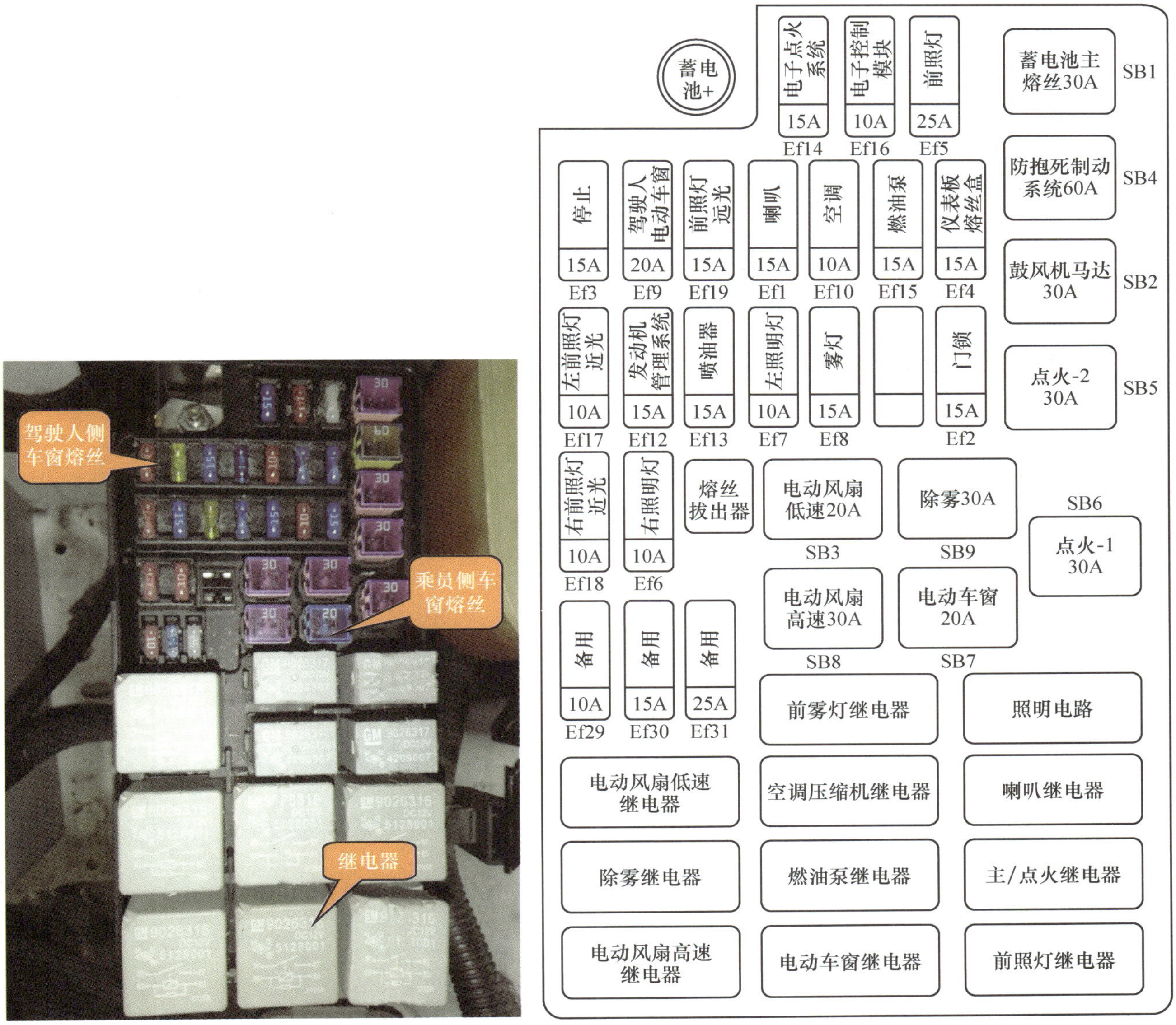

图7-24 熔丝、继电器安装位置及位置示意图

图7-25 蓄电池电压的检测

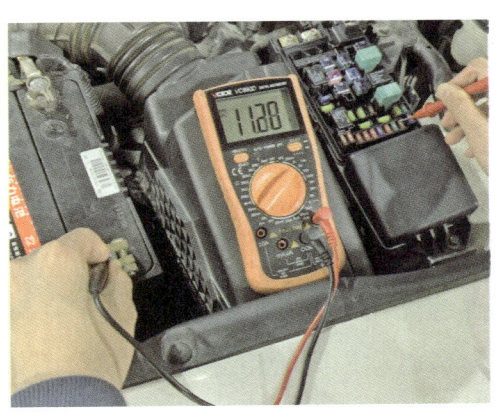

图7-26 电动车窗熔丝的检测

3）检测电动车窗继电器，如图 7-27 所示。

4）检测电动车窗升降电动机，如图 7-28 所示。

图 7-27　电动车窗继电器的检测

图 7-28　电动车窗升降电动机的检测

活动六　找出故障点，给出维修建议

1）写出故障原因。

2）写出维修建议。

工作任务三　汽车电动后视镜故障检修

职业能力

能在车辆上找到电动后视镜各部件的安装位置，并能指出电动后视镜各部件的名称、作用及特点；能操纵汽车电动后视镜的各控制开关，并对电动后视镜性能进行检查；能使用万用表等工具对电动后视镜故障进行检测与维修。

学习目标

1. 能述说电动后视镜的组成及作用。
2. 能分析电动后视镜的工作原理。
3. 能熟练操作电动后视镜的控制开关，对电动后视镜进行检查和判断。
4. 会分析电动后视镜电路图，并确定故障范围。
5. 培养执着专注、精益求精、一丝不苟、追求卓越的工匠精神。

基础知识

一、汽车电动后视镜的概述

1. 电动后视镜的作用

汽车后视镜的作用是为了观察汽车后方、侧面、下方的路况，不仅扩大了驾驶人的视野范围，减少了盲区，倒车时驾驶人还可以轻松看到后轮的位置，便于驾驶人变道、停车、转向等，有效避免了交通事故的发生。现代汽车大都采用电动后视镜，可通过开关进行调整，操作起来十分方便。

2. 电动后视镜的类型

（1）按照安装位置不同分类

1）内后视镜：一般安装在驾驶室的前上方，用于观察车内或透过后车窗观察车后方。

2）外后视镜：分左右，一般安装在车门或者前立柱附近，用于观察道路两侧。

（2）按照镜面形状不同分类

1）平面镜：不失真，但后视范围小。

2）球面镜：后视范围大，但物体映像缩小失真。

3）双曲率镜：基本不存在失真和盲区问题，但成本高。

（3）按功能分类

1）普通型：反射膜为铝或银，无防眩功能。

2）防炫目型：分为棱形镜、平面镜和液晶镜。

（4）按操纵方式分类

1）手动式：通过杠杆传递力，由软轴驱动。

2）电动式：由电动机驱动。

3. 电动后视镜的组成

汽车的电动后视镜一般由镜片、驱动电动机、控制电路及操纵开关等部分组成，如图7-29所示。在每个后视镜镜片的背后都有两个可逆电动机，可操纵其上下、左右运动。通常，垂直方向的倾斜运动由一个永磁电动机控制，水平方向的倾斜运动由另一个永磁电动机控制。为了使汽车能够获得最大的驻车间隙，通过尽可能狭小的路段，有的电动后视镜还带有伸缩功能，由伸缩开关控制伸缩电动机工作，使两个后视镜整体回转伸出或缩回。

二、电动后视镜的基本工作原理

在左、右两个后视镜的背后各装有两套永磁电动机驱动系统，其中，一套电动机控制后视镜的上下运动；另一套电动机控制后视镜的左右运动。后视镜的运动方向受开关控制，开关位于不同的位置，流经电动机的电流方向不同，电动机的转动方向就不同。

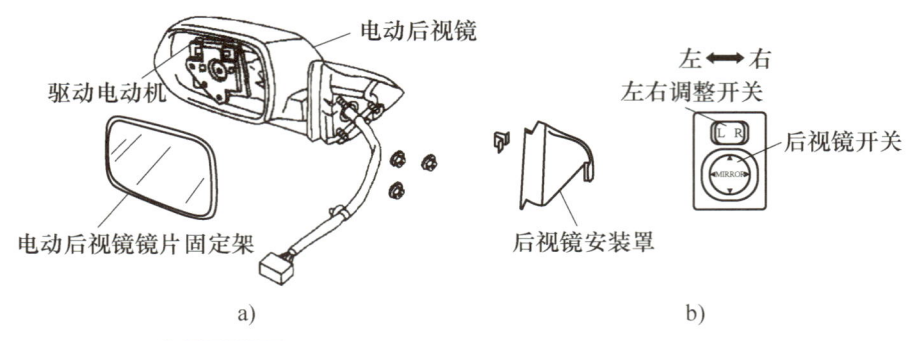

图 7-29 电动后视镜的结构与控制开关示意图
a）电动后视镜的结构 b）电动后视镜控制开关示意图

图 7-30 所示为电动后视镜控制系统的基本工作原理。当控制开关向下扳时，触头 B 与触头 D、C 及 E 分别相通，电流经电源→触头 E→触头 C→电动机→触头 B→触头 D→搭铁，电动机即转动使后视镜进行垂直方向运动；当开关向上扳时，触头 B 与 E，C 与 D 分别接触，电流经电源→触头 E→触头 B→电动机→触头 C→触头 D→搭铁，由于流过电动机的电流发生改变，因此电动机反方向转动，后视镜进行水平方向运动。

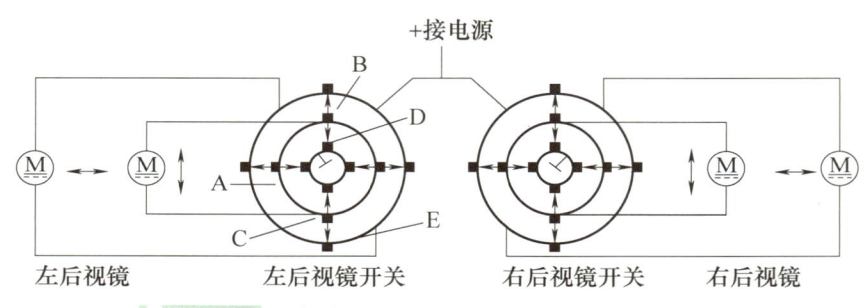

图 7-30 电动后视镜控制系统的基本工作原理

三、电动后视镜的故障检修

电动后视镜常见的故障有电动后视镜都不工作、电动后视镜部分功能不正常。

1. 电动后视镜都不工作

（1）故障原因　故障一般是由熔丝熔断、电源电路或搭铁线断路引起的，也可能是控制开关的故障。

（2）维修思路

1）检查熔丝是否正常。

2）检查控制开关线头有无脱落、松动，电源电路或搭铁电路是否正常。

3）检查控制开关各接点通断情况。

2. 电动后视镜部分功能不正常

（1）故障原因　故障是由电路断路引起的，也可能是控制开关或电动机有故障。

（2）维修思路

1）检查电路的连接情况。

2）检查开关。

3）检查电动机。

活动设计

一、活动名称

汽车电动后视镜故障检修。

二、活动条件

1）活动场地配备电动后视镜能够正常运行的整车或实训台架 5 个工位以上。

2）各工位配备工作灯、万用表、试灯和一般检测工具等。

3）各工位配备车轮挡块 4 个，翼子板布、三件套、地板垫各 1 套。

三、活动组织

1）分小组，4~5 人组成 1 个小组。

2）选出小组长和评价员，记录评价组员的任务完成情况。

3）小组中进行分工互换，确保每个学生都动手实践。

四、安全及注意事项

1）注意人身安全，按规程操作，车辆起动前要检查车轮挡块、档位（P 位）、驻车制动是否正确，翼子板布、三件套、地板垫是否安装到位。

2）注意设备安全，按规程操作，不要人为损坏工具设备。

3）及时清理场地，做好现场 6S 管理。

五、活动实施

活动一 作业准备、识别车辆（台架）信息

1）作业准备（工具、器材、安全防护）。

2）找到并记录车辆（台架）品牌型号、车架号信息。

活动二 正确使用电动后视镜

1）打开点火开关至相应的档位。

2）找到电动后视镜调节开关，如图 7-31 所示。

3）检查开关各档位工作是否正常，如图7-31所示。

4）对有故障的档位进行记录。

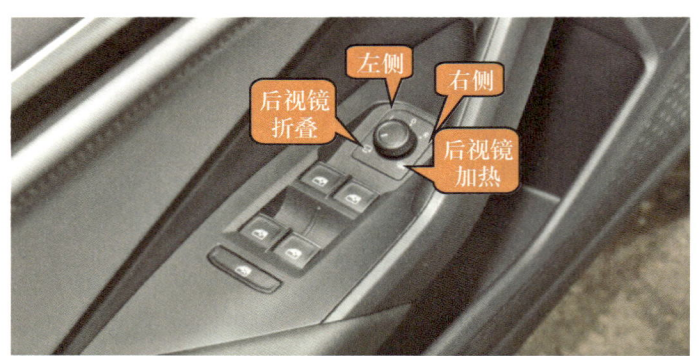

图7-31　电动后视镜调节开关

活动三　查阅维修手册，识读电路图

1）正确使用维修手册并翻到对应的页码。

2）根据电路图说出电流的走向。

3）指出对应的元件位置及名称，如图7-32~图7-34所示。

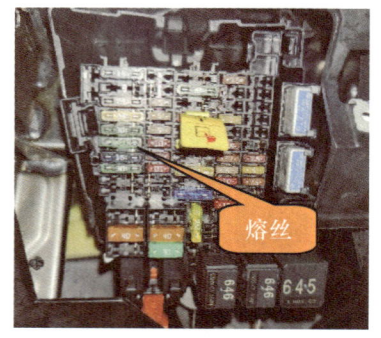  

图7-32　熔丝　　　　　图7-33　后视镜调节开关　　　　图7-34　后视镜电动机总成

活动四　故障排除

1）写出产生故障的原因。

2）述说故障排除的思路。

3）对相应的元件进行检测，如图7-35和图7-36所示。

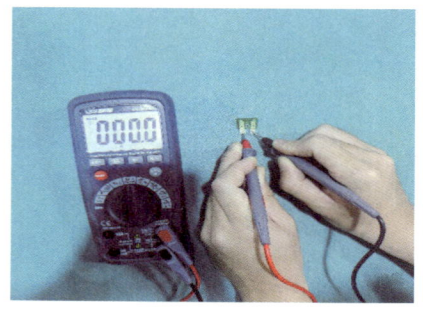 

图7-35　熔丝的检测　　　　　图7-36　电动机电阻的检测

4）对故障的元件进行更换。

5）检查故障排除情况。

活动五　完善任务书

1）完善参数。

2）整理数据。

工作任务四　汽车中控门锁故障检修

职业能力

能正确述说汽车中控门锁的组成、作用及工作原理；能熟练操作汽车中控门锁控制开关，对汽车中控门锁进行检查和判断；能使用万用表等工具对汽车中控门锁电路故障进行检测与维修。

学习目标

1. 能述说中控门锁的组成及作用。
2. 能分析中控门锁的工作原理。
3. 能熟练操作中控门锁的控制开关，对中控门锁进行检查和判断。
4. 会查阅维修手册。
5. 会分析中控门锁电路图，并确定故障范围。
6. 能使用万用表等工具对中控门锁故障进行检测与维修。

基础知识

一、中控门锁系统的功能

汽车装备中控门锁系统后可实现下列功能：

1. 中央控制功能

将驾驶人侧车门锁扣按下时，其他几个车门及行李舱门都能自动锁定；如用钥匙可同时锁好其他车门和行李舱门；将驾驶人侧车门锁扣拉起时，其他几个车门及行李舱门都能同时打开；用钥匙开门，也可同时打开所有车门。

2. 单独控制功能

为了方便，除驾驶室中央控制功能外，在其他车门需打开时，可分别拉开各自的锁扣。

3. 驾驶人侧车门防误锁功能

当驾驶人侧的内部锁止开关在锁止位置时，关上车门后，该车门不能锁止，以防止钥匙忘在车内而车门被锁止。有些车型为了防止钥匙锁在车内，设置了钥匙开锁报警开关。

4. 后车门儿童安全锁止功能

为了防止车内儿童擅自打开车门，只有当中控门锁系统在"开锁"状态时，儿童安全锁闩才能退出。有的车锁是当儿童安全锁闩拨到锁止位置时，在车内用内锁扣不能开门，而在车外用外锁扣可以开门。

5. 防盗功能

配合汽车防盗系统，实现防盗。

二、中控门锁系统的分类

中控门锁系统种类很多，按发展过程一般可分为普通中央控制电动门锁系统、电子式电动门锁系统、车速感应式电动门锁系统和遥控电动门锁系统。

按控制方式不同，可将其分为不带防盗系统的中控门锁系统和与防盗系统成一体的电控中控门锁系统。

按结构的不同，可将其分为双向空气压力泵式中控门锁系统和直流电动机式中控门锁系统。

三、中控门锁系统的结构和工作原理

中控门锁控制系统主要由控制部分和执行机构组成。其中，控制部分主要包括门锁控制器和门锁开关。

1. 门锁控制器

为门锁执行机构提供锁/开脉冲电流的控制装置称为门锁控制器，常用形式有以下3种：

（1）晶体管式门锁控制器 晶体管式门锁控制电路如图7-37所示。

晶体管式门锁控制器内部有两个继电器，一个控制锁门，另一个控制开门。继电器由晶体管开关控制，它利用电容器的充、放电过程控制一定的脉冲电流持续时间，使执行机构完成锁门和开门动作。

（2）电容式门锁控制器 电容式门锁控制电路如图7-38所示。

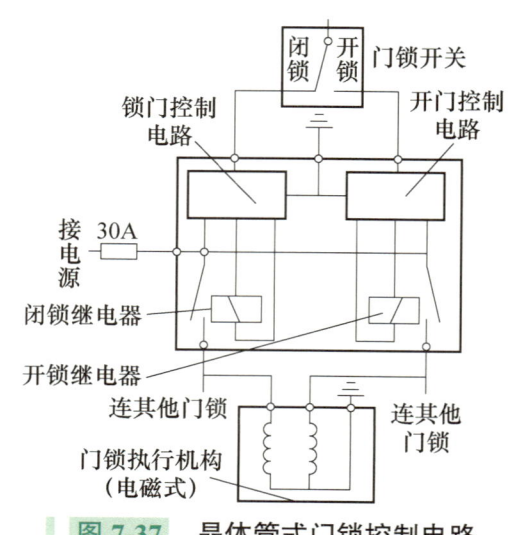

图 7-37　晶体管式门锁控制电路

电容式门锁控制器利用电容的充放电特性，使开锁或闭锁继电器线圈产生电磁力，接通执行机构电磁线圈，完成开锁或闭锁动作。平时电容器充足电，工作时把它接入控制电路使电路放电，使两电路中之一通电而短时吸合。电容器完全放电后，通过继电器的电容中断而使其触点断开，门锁系统不再工作。

（3）车速感应式门锁控制器　在中控门锁系统中加装 1 个车速 10km/h 感应开关，当汽车行驶速度达 10km/h 以上时，若车门未闭锁，不需要驾驶人操纵，门锁控制器将自动关闭。如果个别车门要自行开门或锁门，可分别操作。

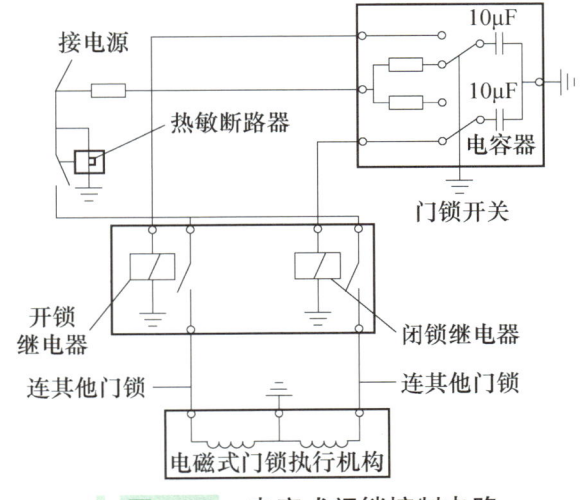

图 7-38　电容式门锁控制电路

2. 门锁开关

门锁控制器的工作状况是由门锁开关控制的。门锁开关主要包括以下种类：

（1）中央门锁控制开关　中央门锁控制开关安装在左前门和右前门的内侧扶手上，如图 7-39 所示，在车内用来控制全车车门的开启与锁止。

（2）钥匙控制开关　钥匙控制开关安装在左前门和右前门的外侧锁上，如图 7-40 所示。当从车外面用车门钥匙开车门或锁车门时，钥匙控制开关便发出开门或锁门的信号给门锁控制 ECU，实现车门打开或锁止。车门钥匙的功能是实现在车门外面锁车或打开车门锁，同时，车门钥匙也是点火开关、燃油箱、行李舱等全车设置锁的地方共用的钥匙。

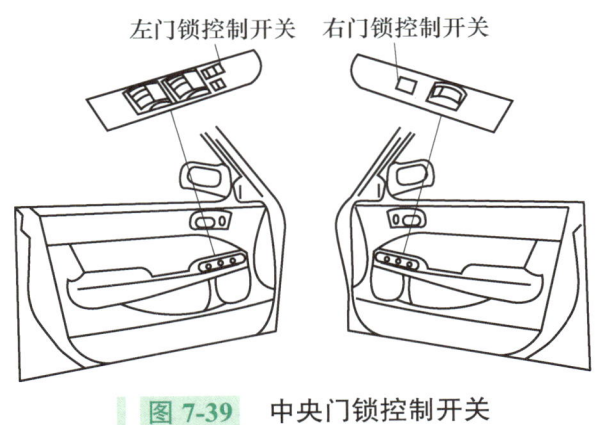

图 7-39　中央门锁控制开关

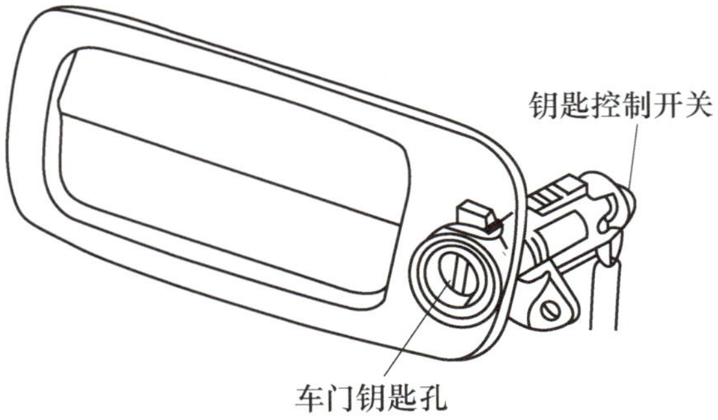

图 7-40　钥匙控制开关

（3）行李舱门开启器开关

1）行李舱门开启器安装在行李舱门上，其结构如图 7-41 所示，主要由扼铁、插棒式铁心、电磁线圈和支架组成。轴连接行李舱门锁，当电磁线圈通电时，插棒式铁心将轴拉入并打开行李舱门。电路断路器用以防止电磁线圈因电流过大而过热。

2）行李舱门开启器开关位于仪表板下面，拉动此开关便能打开行李舱门，如图 7-42 所示。不同车型汽车的行李舱门开启器开关有所不同。行李舱门开启器开关操作时，先用钥匙顺时针旋转打开行李舱门开启器主开关，然后使用行李舱门开启器开关打开行李舱。

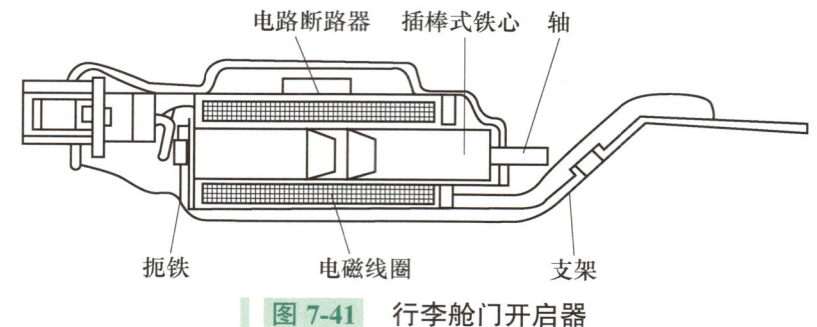

图 7-41 行李舱门开启器

（4）门控开关 门控开关用来检测车门的开闭情况。车门打开时，门控开关接通；车门关闭时，门控开关断开。

大多数汽车的中控门锁系统在驾驶室车门上装有门锁总开关。驾驶人操纵此开关，其他几个车门锁扣将同时扣下或同时打开。另外，除驾驶人侧车门，其他车门上单独设置门锁开关，独立地控制一个车门，便于单独操作。有些汽车的中控门锁系统由门锁杆兼作门锁开关，不另设门锁开关。当提起驾驶人侧车门的门锁杆时，则可使其他门锁都打开；当压下门锁杆时，其他门锁同时锁定，其功能与门锁开关相同。

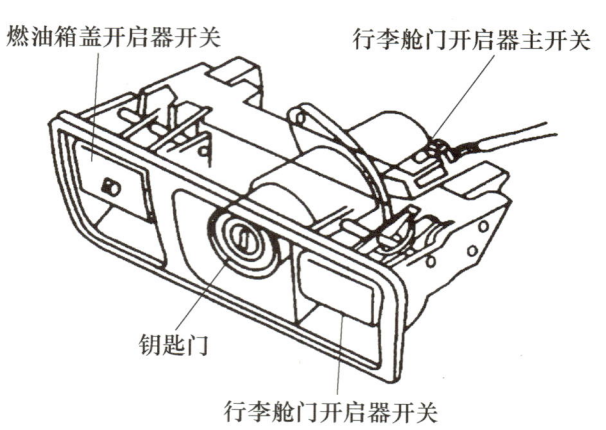

图 7-42 行李舱门开启器开关的安装位置

3. 门锁执行机构

门锁执行机构的任务是在外电路的控制下，使其通电极性发生改变，从而改变运动方向，带动门锁连杆机构完成开锁和闭锁。门锁执行机构主要有电磁线圈式、双向空气压力泵式和直流电动机式3种类型。

（1）电磁线圈式 典型的电磁线圈式中控门锁的执行机构是双线圈门锁执行机构。双线圈门锁执行机构的结构如图7-43所示，它有两个电磁线圈，一个是锁门线圈，另一个是开门线圈，与门锁操纵机构相连的柱塞，能在两线圈中自由移动。当给锁门线圈通正向电流时，柱塞在电磁力的作用下左移，将门锁锁定；当给开门线圈通反向电流时，柱塞在电磁力的作用下右移，将门锁开启。

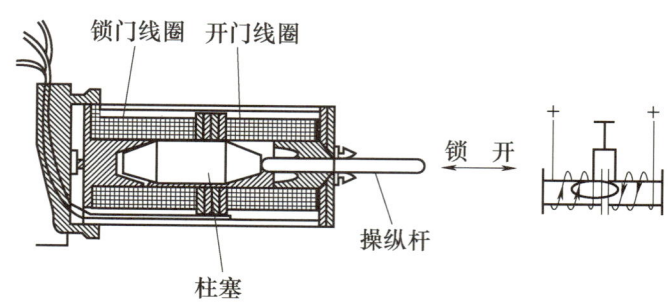

图 7-43 双线圈门锁执行机构的结构

双线圈门锁执行机构的继电器由晶体管定时电路控制。

电磁线圈式电控车门锁通过车门集中控制按钮操纵，门锁的开启和锁定由电磁铁机构直接驱动。平时该按钮处于中间位置，按下时，即可开启或锁紧车门；松开时，便自动复位。这种锁结构简单、操作方便、响应性好，但耗电量大，动作时有撞击声。

（2）双向空气压力泵式　双向空气压力泵式中控门锁的执行机构利用双向空气压力泵产生压力或真空，通过膜盒来完成门锁的启、闭动作。以奥迪100轿车为例，其前门锁执行机构如图7-44所示。

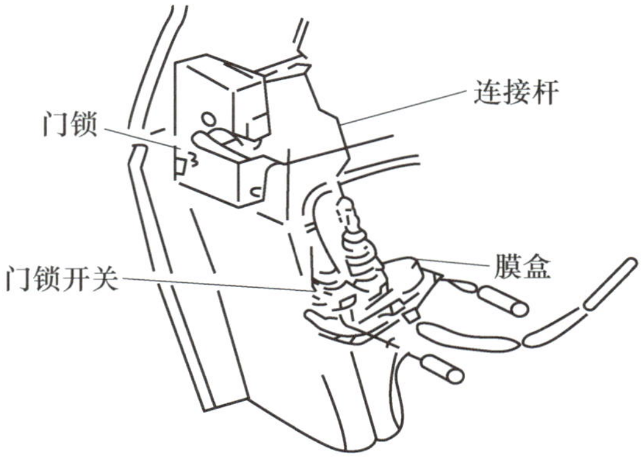

1）开锁原理。当用钥匙或拉出两前门的任一门锁操纵杆时，连接杆被向上拉起，车门锁执行元件中门锁开关的开锁触点Ⅰ闭合。控制单元收到此信号后，立即控制双向压力泵转动，系统管路中的气体呈正压，气体进入4个车门及行李舱的执行元件（膜盒）内，膜片推动连接杆向上运动将门锁打开。

图 7-44　奥迪100轿车前门锁的执行机构

2）锁车原理。当用钥匙或按下两前门的任一门锁操纵杆时，连接杆被压下，车门锁执行元件中门锁开关的锁门触点Ⅱ闭合，控制单元收到此信号后，立即控制双向压力泵向另外一个方向运转，用以抽吸空气，系统管路中呈负压，各门锁的执行元件进入真空状态，膜片带动连接杆向下运动而将车门锁住。

后车门及行李舱的门锁执行元件与前门不同的是它们没有门锁开关及接线，只是一个气动执行元件（膜盒）。另外，装有控制单元和双向压力泵的塑料盒内有一个双触点压力开关，压力泵不转动时两对触点都断开，压力泵转动3~7s后，无论是正压还是负压，都会使一对触点闭合。控制单元收到信号后，立即使压力泵停止转动。如果管路或膜盒出现漏气，压力泵虽然转动，但建立不起正压或负压，触点不能闭合。经过约7s后，压力泵仍然转动。控制单元具有压力泵强行保护功能，即延迟电路每次只允许压力泵转动30s便自动停机。其作用是当管路出现漏气故障后，防止压力泵因长时间运转而被烧毁。塑料盒内的系统管路上装有一个放气阀，每当压力泵停止转动后，此阀立即打开，使系统中管路与大气相通，以备下一次操作。每当压力泵转动之前，此阀立即关闭，使系统管路与大气隔绝。

（3）直流电动机式　直流电动机式中控门锁的执行机构如图7-45所示。在门锁总成（装在车门侧）中由锁杆控制转动，决定门锁开/关状态。位置开关用于检测锁杆是否进行门锁的开/关，门锁开关用于检测锁止机构是否进行门锁的开/关，车门开关用于直接检测车门的开/关。此外，锁杆随着门锁电动机的通电，做正向或逆向旋转；也可以把钥匙插入钥匙孔

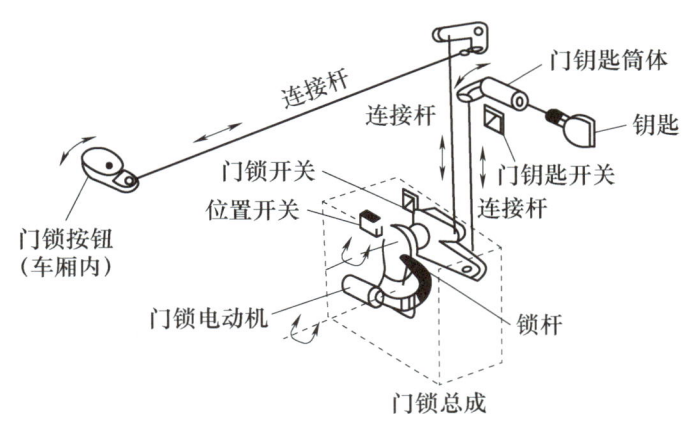

图 7-45　直流电动机式中控门锁的执行机构

中,以手动方法进行操作;还可按动车室内的按钮进行多种操作。

当门锁电动机运转时,通过门锁操纵连接杆操纵门锁动作。电动机的旋转方向由经过电动机电枢的电流方向决定。若锁门时,电动机电枢流通的是正向电流,电动机即正向旋转。开锁时,电动机电枢流通的为反向电流,电动机即反向旋转。这样利用电动机的正转或反转,就可完成车门的闭锁和开锁动作。

直流电动机式中控门锁结构,其驱动力由可逆转的直流电动机提供,由电动机带动齿轮齿条副,进而驱动锁体总成,实现锁紧或开启车门。这种门锁体积小、耗电少、动作较迅速,现已广泛应用。

四、遥控门锁系统

遥控中控门锁系统又称为无钥匙进入系统。它的作用是给门锁系统加一个遥控开关,是对汽车车门开闭装置的动作器进行无线遥控的装置,可为驾驶人提供一个打开车门的方便手段。同时,这个系统还可以提供除中控门锁功能以外的相关行李舱、灯光和喇叭的控制功能。

1. 遥控门锁系统的分类

现代汽车电子控制门锁系统按照控制方式不同可分为遥控式和无遥控式。其中,遥控式根据发射信号的不同可分为无线电遥控方式、红外线遥控方式和超声波遥控方式等。目前,应用较为广泛的是无线电遥控方式。

2. 遥控门锁系统的功能

遥控门锁系统可对汽车车门开闭装置的执行器进行遥控,在远离车辆的地方,进行车门的开闭,即当驾驶人操纵遥控器,利用红外线或者无线电波发出身份密码(开、闭代码),当设置在车辆两侧的接收器接收到该遥控信号,并与身份鉴定代码一致时,则按照相应的功能代码,执行器开始工作,执行开闭功能。

五、遥控门锁的结构与工作原理

遥控门锁系统主要部件在车上的位置如图 7-46 所示。

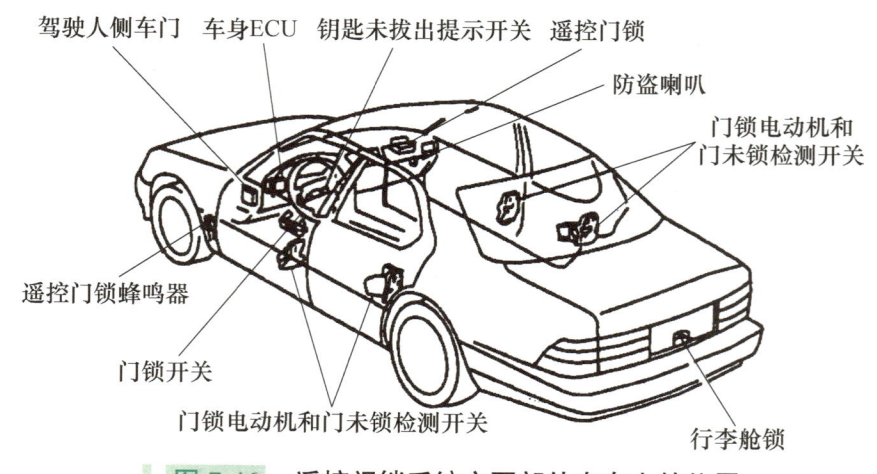

图 7-46 遥控门锁系统主要部件在车上的位置

1. 遥控器

遥控器也称为发射器，其作用是利用发射开关规定代码的遥控信号，控制驾驶人侧车门、其他车门、行李舱门等的开启和锁闭，且具有寻车功能。遥控器分为分开型和组合型（遥控器与点火钥匙合二为一）两种，如图7-47所示。

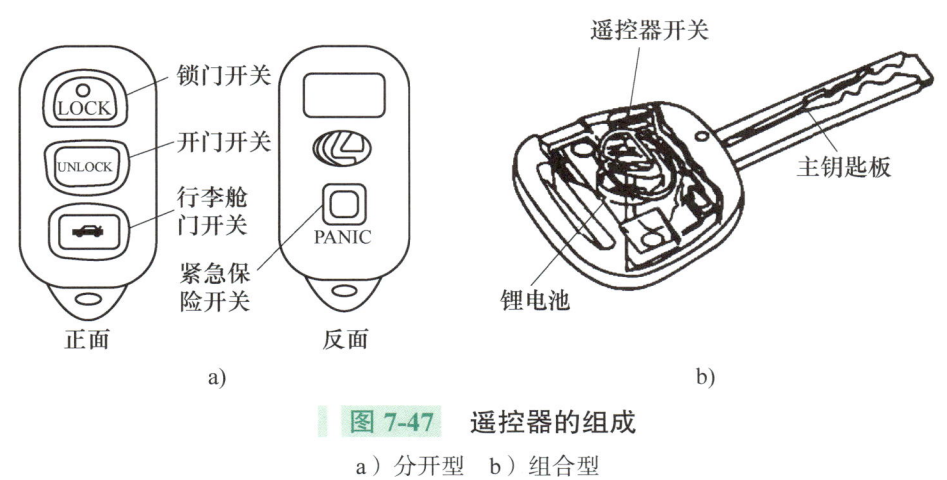

图 7-47 遥控器的组成

a）分开型　b）组合型

遥控器按照遥控信号的载体不同可分为红外线式遥控器、无线电波式遥控器和超声波式遥控器。其中，前两者应用较为广泛。

（1）红外线式遥控器　红外线式遥控器主要由发光二极管、控制电路、身份代码存储器、开关按钮和电池等组成。在红外线式遥控器中，一般通过采用脉冲方式调节驱动发光二极管，以延长遥控距离，系统时钟采用RC振荡电路，并对回路进行全固态化处理，因此，显著提高了抗落地冲击的性能。

（2）无线电波式遥控器　无线电波式遥控器主要由输出部分、控制部分、身份代码存储器、开关按钮和电池等组成，输出部分由调制电路、高频振荡电路、高频放大电路和发射天线等组成。

无线电波的调制方式可分为调频和调幅两种。调频方式的优点是频率利用率高，而且抗电磁干扰性好，噪声小，发射频率为VHF-UHF频带之间，因此需要晶振或SAW等机械式振子。由于这些元件耐冲击性差，为了确保其抗冲击性，应该加强防护措施。当使用SAW振子时，没有递增放大电路，因此，高频振荡电路结构可以简化。

组合型遥控器由点火钥匙、遥控器开关、电路、电池和天线等组成。遥控器开关采用市场出售的具有调节感的微调开关；电池采用厚度极薄的按钮式锂电池；遥控器天线由于小型化，不必设置专用天线，可用钥匙板兼作天线。

2. 接收器

接收器对接收的信号进行放大和调制，检查身份鉴定代码是否相符，当代码一致时，判别功能代码，并驱动相应的执行器。

现代汽车广泛采用红外线式接收器和无线电波式接收器。

1）红外线式接收器主要由电源电路 ECU、接收部分、身份鉴定代码存储器、身份鉴定控制电路 ECU、开关信号输入电路以及输出电路等组成。接收部分主要由接收遥控器信号的光电二极管、放大器、选频放大器和检波器等组成。开关信号主要是指车门手动开关的输入信号。输出电路主要是控制车门锁止电动机。

在红外线式接收器中，利用光电二极管把红外线信号变换为电压信号，进行放大和滤波。考虑到使用环境，应具有对直射阳光、荧光灯、霓虹灯等外部干扰不受影响的放大电路特性。与遥控器的发光二极管调制驱动频率相同，在 38kHz 的频带域放大电路中进行放大，以提高其性能。

采用红外线式接收器，必须设有红外线接收窗。接收窗能让红外线透过即可，因此即使不透明也无关紧要。现在接收器一般与防盗 ECU 制成一体。

2）无线电波式接收器主要由电源电路、接收部分、身份鉴定代码存储器、身份鉴定控制电路 ECU、开关信号输入电路以及输出电路等组成。接收部分主要由接收天线、射频放大器、局部振荡器、混频器、选频放大器、功率放大器和滤波器等组成。开关信号主要是指车门手动开关的输入信号。输出电路主要是控制车门锁止电动机。

在无线电波式接收器中，已开发出新型高频接收电路、超外差振荡电路和超再生电路等。

3. 接收天线

接收天线在货物供应车上位于前立柱处，在家用汽车上则印镶在风窗玻璃内。接收天线的功能是接收遥控器输出信号，同时可用作收音机天线。接收天线接收到信号后，由分配器将信号分成遥控信号和收音机接收信号。

采用无线电波方式的接收器，是由接收电波的天线与接收用 ECU 构成的。天线长度与电波波长成正比，天线与 ECU 要连接在同轴电缆上。现在，已应用 300MHz 以上的 UHF 波，天线与接收器组成一体的 ECU 已在汽车上得到广泛应用。接收用 ECU 分为两种；第一种是接收遥控信号，再转变成控制信号，并传输到 ECU，这是只用于遥控接收的 ECU；第二种是把遥控接收功能与车控制功能形成一体化的 ECU。

活动设计

一、活动名称

汽车中控门锁故障检修。

二、活动条件

1）活动场地配备汽车中控门锁能正常运行的整车 5 个工位以上。

2)各工位配备工作灯、清洁毛巾、万用表、试灯、维修手册。

3)各工位配备车轮挡块 4 个，翼子板布、三件套、地板垫各 1 套。

三、活动组织

1)分小组，4~5 人组成 1 个小组。

2)选出小组长和评价员，记录评价组员的任务完成情况。

3)小组中进行分工互换，确保每个学生都动手实践。

四、安全及注意事项

1)注意人身安全，按规程操作，车辆起动前要检查车轮挡块、档位（P 位）、驻车制动是否正确，翼子板布、三件套、地板垫是否安装到位。

2)注意设备安全，按规程操作，不要人为损坏工具设备。

3)及时清理场地，做好现场 6S 管理。

五、活动实施

活动一　作业准备、识别车辆（台架）信息

1)作业准备（工具、器材、安全防护）。

2)找到并记录车辆（台架）品牌型号、车架号信息。

活动二　正确使用中控门锁开关

1)打开点火开关至相应的档位。

2)找到中控门锁开关，如图 7-48 所示。

3)检查开关各档位工作是否正常，如图 7-48 所示。

4)对有故障的档位进行记录。

图 7-48　中控门锁开关

活动三　查阅维修手册，识读电路图

1)正确使用维修手册并翻到对应的页码。

2)根据电路图述说出电流的走向。

3)指出对应的元件位置及名称，如图 7-49~图 7-51 所示。

活动四　故障排除

1)写出产生故障的原因。

2)述说故障排除的思路。

3)对相应的元件进行检测，如图 7-52~图 7-54 所示。

4)对故障的元件进行更换。

5)检查故障排除情况。

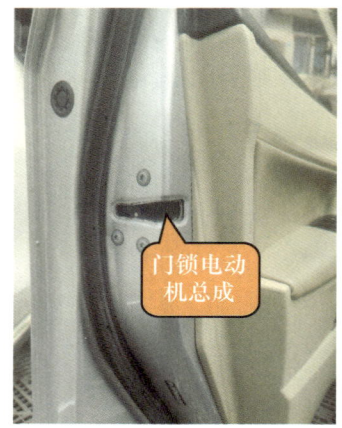

图 7-49 门锁电动机总成

图 7-50 熔丝

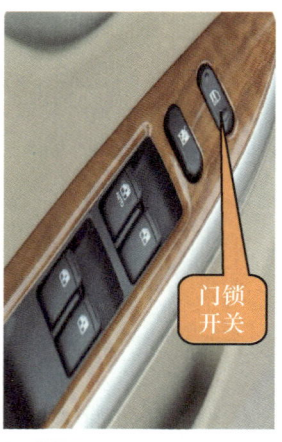

图 7-51 门锁开关

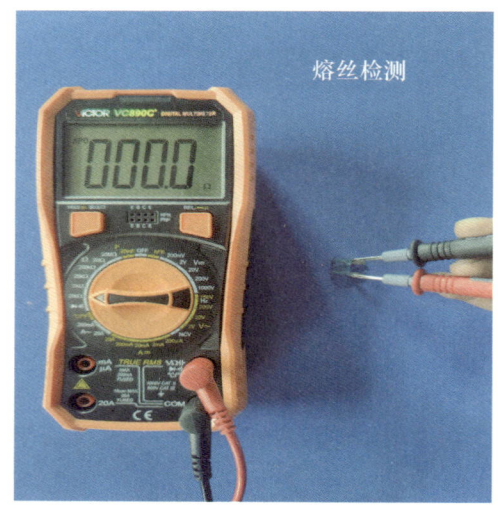

图 7-52 熔丝的检测

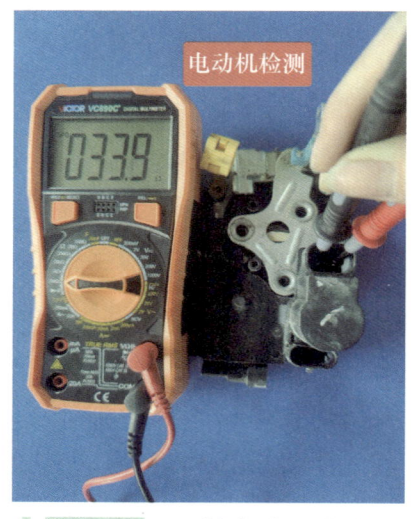

图 7-53 门锁电动机的检测

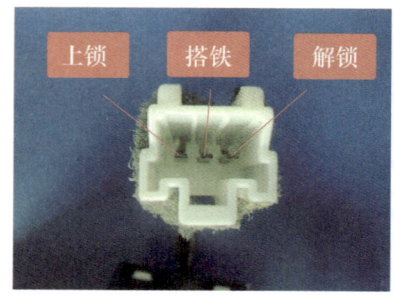

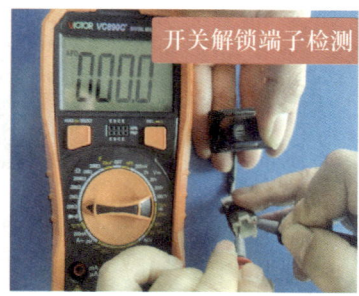

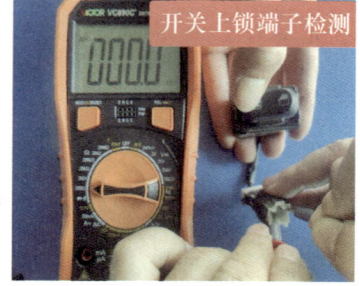

图 7-54 门锁开关的检测

活动五 完善任务书

1）完善参数。

2）整理数据。

项目八

汽车空调系统维护及检修

工作任务一　认识汽车空调系统

职业能力

能在车辆上找到汽车空调系统各部件的安装位置，并能指出空调各部件的名称、作用及特点；能熟练操纵汽车空调系统的各控制开关，并对空调系统性能进行检查。

学习目标

1. 能描述汽车空调在汽车上的作用和分类。
2. 能说出汽车空调的结构特点及各部件的名称和作用。
3. 能熟练操纵汽车空调系统各控制开关，并对空调系统性能进行检查。
4. 培养学生团结协作、科学分析、实事求是的工匠精神，树立为大众服务的理想信念。

基础知识

一、汽车空调系统的概述

1. 汽车空调的作用

汽车空调系统的作用是根据驾驶人和乘员的需要，对汽车车厢内的空气进行温度、湿度、流速、清洁度等的调节，使汽车车厢内的空气处于比较理想的状态，从而让驾驶人和乘员感到舒服。

2. 汽车空调系统的组成

汽车空调系统主要由制冷系统、暖风系统、通风系统、空气净化系统和控制系统5部分组成。

（1）制冷系统　制冷系统可以对车室内的空气或由外部进入车室的新鲜空气进行冷却或除湿，使车室内空气变得凉爽舒适。

（2）暖风系统　暖风系统主要用于取暖，对车室内的空气或由外部进入车室的新鲜空气进行加热，以达到取暖、除湿的目的。

（3）通风系统　通风系统将外部新鲜空气吸进车室内，起通风和换气的作用。同时，通风对防止风窗玻璃起雾起着良好的作用。

（4）空气净化系统　空气净化系统可以除去车室内空气中的尘埃、臭味、烟气及有毒气体，使车室内的空气变得清洁。

（5）控制系统　控制系统可以对制冷系统和暖风系统的温度、压力进行控制，同时对车室内空气的温度、风量和流向进行控制，完善了空调系统的正常工作。

将以上装置按照一定的布置形式安装在汽车上，便组成了完整的汽车空调。一些车辆为降低成本，便简化结构，仅为了适应热带或寒带的特点，装有制冷系统或采暖通风装置。

3. 汽车空调系统的类型

1）汽车空调按功能分为单一功能型（只有制冷或采暖功能的空调）、冷暖一体型（具备制冷和采暖功能）和全功能型（同时具备降温、除尘、采暖、通风和空气净化功能）3种。

2）汽车空调按驱动方式分为非独立式空调系统和独立式空调系统。

① 非独立式空调系统。空调制冷压缩机由汽车本身的发动机驱动，汽车空调系统的制冷性能受汽车发动机工况的影响较大，工作稳定性较差，尤其是低速时制冷量不足，而在高速时制冷量过剩，并且消耗功率较大，影响发动机的动力性。这种类型的汽车空调系统一般用于制冷量相对较小的中、小型汽车。

② 独立式空调系统。空调制冷压缩机由专用的空调发动机（也称为副发动机）驱动，汽车空调系统的制冷性能不受汽车主发动机工况的影响，工作稳定，制冷量大，但由于加装了一台发动机，不仅成本增加，而且体积和质量增大。这种类型的汽车空调系统多用于大、中型客车。

4. 汽车空调的性能评价指标

（1）温度指标　温度指标是最重要的一个指标。人感到最舒服的温度是20~28℃，超过28℃人就会觉得燥热。超过40℃，即为有害温度，会对人体健康造成伤害。低于14℃，人就会感到"冷"。当温度下降到0℃时，会造成冻伤。因此，空调应控制车内温度夏天在25℃、冬天在18℃，以保证驾驶人正常操作，防止发生事故，保证乘员的舒适性。

（2）湿度指标　湿度的指标用相对湿度来表示。因为人觉得最舒适的相对湿度为50%~70%，所以汽车空调的湿度参数要求控制在此范围内。

（3）空气的清新度　由于车内空间小，乘员密度大，在密闭的空间内极易发生缺氧和二氧化碳浓度过高现象。汽车发动机废气中的一氧化碳、道路上的粉尘和野外有毒的花粉都容易进入车厢内，造成车内空气混浊，影响乘员身体健康。因此，汽车空调必须具有对车内空气进行过滤的功能，以保证车内空气的清新度。

（4）除霜功能　由于有时汽车内、外温度相差太大，会在玻璃上出现雾式霜，影响驾驶人的视线，所以汽车空调必须有除霜功能。

（5）操作简单、容易、稳定　汽车空调必须做到不增加驾驶人的劳动强度，不影响驾驶人的正常驾驶。

> ### 行为与责任
>
> 我国坚持走绿色发展道路，推进美丽中国建设，已经成为世界节能和利用新能源的第一大国。我们要树立绿水青山就是金山银山的理念，践行节约能源的绿色生活方式，如多公交出行，不将空调温度调得过高或过低，做到人走灯熄等，为我国按期实现碳达峰碳中和的目标做出自己的贡献。

二、热力学的基础知识

1. 物质的三态

固态、液态及气态，三态之间是通过吸热或放热来完成其状态转化的，物质的状态取决于分子之间引力的大小和其热运动的强弱。

固态——固态物质分子间的引力比液态和气态两种状态大，且分子间的距离最小，固体具有一定的形状。

液态——液态物质分子间的引力较小而间距较大，分子间相互可移动，因此，液体具有流动性，而且无一定的形状。

气态——和固态和液态相比较，气态物体的分子间距离最大，而分子间引力很小，分子间无相互约束，不停地进行着无规则的运动。因此，气体无形状，无固定体积。

2. 基本状态参数

热力学中常见的状态参数（基本状态参数）有温度 T、压力 p、密度 ρ 等。

温度是描述热力系统冷热程度的物理量。表明温度高低的标尺称为温标，常用的有摄氏温度（℃）、华氏温度（℉）、绝对温度（T）3种。

压力是指单位面积上所承受的力（压强 $p=F/S$）。一般有以下几种压力：

（1）大气压力　大气压力是指地球表面的空气对地面产生的压力。

（2）标准大气压力　标准大气压力是指地球纬度45°处海平面上的大气压力（76cm水银柱）。

（3）绝对压力　绝对压力是指气体实际压力值，等于表压力与大气压力之和。

（4）表压力（相对压力）　表压力指压力表上的读数，等于实际压力与大气压力的差值。

（5）真空度　真空度指气体实际压力低于大气压力的数值，等于大气压力与表压力之差。

压力常用的单位为帕斯卡（Pa），还有千帕、兆帕，其关系为

$$1\text{兆帕（MPa）}=10^3\text{千帕（kPa）}=10^6\text{Pa}$$

3. 热力学的定律及应用

（1）热力学第一定律　能量守恒及转换定律，能量既不能被创造也不能被消灭，只能从一种形式转换成另一种形式，或从一个系统转移到另一个系统。

（2）热力学第二定律

1）在自然条件下，热量只能从高温物体向低温物体转移，而不能由低温物体自动向高温物体转移。即在自然条件下这个转变过程是不可逆的，必须消耗功才能使热传递方向倒转过来。

2）任何形式的能都会很容易地变成热，反过来热却不能在不产生其他影响的条件下完全变成其他形式的能，这种转变在自然条件下是不可逆的。热变为机械功，一定伴随有热量损失。

4. 制冷技术中常用的热力学名词

（1）显热和潜热

1）显热：物质形态不变，而温度发生变化，这一过程吸收或放出的热能称为显热。

2）潜热：物质的状态发生改变，温度不发生变化，这一过程中物质吸收或放出的热能称为潜热。潜热无法用温度计测量，也不能由人体感觉到。

潜热的热量变化 >> 显热的热量变化，即状态变化的热量远大于温度变化的热量。

（2）汽化与液化

1）汽化：物质由液态转变成气态的过程就是汽化，它是一个吸热过程。汽化可分为蒸发和沸腾。液体沸腾时的温度称为沸点，它与压力有关，当压力升高时，沸点将升高（难蒸发）。

2）液化（又称为冷凝）：液化与汽化是相反的过程，物质从气态变为液态，是一个放热过程。物质从气态变为液态时的温度称为冷凝温度，它与压力有关，当压力升高时，冷凝温度上升（易液化）。

（3）饱和温度和饱和压力　某种液体沸腾时所维持不变的温度称为沸点，热工学中将其称为在某一压力下的饱和温度。饱和温度与饱和压力一一对应。

压力升高，饱和温度升高；不同液体，同压力下饱和温度不同。

（4）过热度与过冷度

1）过热度：过热蒸气的温度与饱和温度之差。

2）过冷度：过冷液体温度比饱和液体温度低的数值，称为制冷剂液体的过冷度。

（5）临界温度和临界压力

1）临界温度：气体在一定温度下，施加一定压力可以变为液体。当温度超过某一个值，无论施加多大压力，也不能使之液化，此温度为该物质的临界温度。

2）临界压力：在临界温度下，能使物质由气态变成液态的最小压力称为临界压力。

（6）湿度和露点温度　空气的基本组成为湿空气 = 干空气 + 水蒸气。

1）湿度：表明空气中水蒸气含量的多少。相对湿度是空气中所含水蒸气质量，与同一温度下空气达到饱和时水蒸气的质量之比（以百分数表示，表示的是湿空气接近饱和的程度）；绝对湿度是指 $1m^3$ 湿空气中所含水蒸气的质量（以 kg/m^3 表示）。

2）露点温度：空气在一定压力下，含湿量不变的条件下，所含水蒸气量达到饱和时的温度（即空气开始结露的温度）。如果将温度降到露点温度以下，饱和空气中的水蒸气就马上凝结成水珠，呈现结露现象，当温度低于 0℃ 时，则结为霜。

三、制冷剂

制冷剂是一种在制冷循环过程中利用液体汽化吸热、气体液化放热来进行热量交换并循环流动的物质。它的状态变化是物理变化，没有化学变化，并且可长期循环使用。

1. R134a

R134a 是一种不含氯原子，对臭氧层不起破坏作用，具有良好安全性能（不易燃、不爆炸、无毒、无刺激性、无腐蚀性）的制冷剂。其制冷量和效率与 R12（二氯二氟甲烷，氟利昂 12）非常接近，完全不破坏臭氧层，是目前主流的环保制冷剂。

在正常大气压下，其蒸发和凝固温度都很低，常压下沸点为 -26.1℃，渗透能力强，极易泄漏，它能与冷冻机油互溶，但与水不能互溶。

2. 对制冷剂的要求

易于汽化、蒸发，蒸发潜热大，以减小制冷装置的体积；性能稳定、不易燃、不爆炸、不变质；不腐蚀零部件；蒸发压力高于大气压，以防空气进入制冷系统。

四、汽车空调制冷系统的组成及作用

1. 制冷系统的组成

汽车空调制冷系统主要由压缩机、冷凝器、储液干燥器、膨胀阀（节流阀）、蒸发器及它们之间的连接管路（高压和低压软管）等组成，如图 8-1 所示。

2. 制冷系统各主要组成部件的作用及特点

（1）压缩机　制冷压缩机是汽车空调制冷系统的心脏，其作用是维持制冷剂在制冷系统中的循环，吸入来自蒸发器的低温、低压制冷剂蒸气，压缩制冷剂蒸气使其压力和温度升高，并超过冷凝器外界的温度，以便在通过冷凝器时，将热量散发出去重新冷凝为液态。其原理与普通空气压缩机相似，只是密封程度要求更高。汽车空调压缩机用

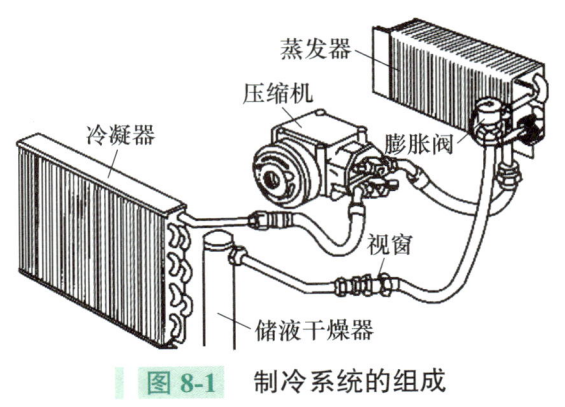

图 8-1　制冷系统的组成

固定托架安装在发动机气缸体上,当电磁离合器接合时,由发动机通过传动带带动压缩机运转。

目前,应用于汽车制冷系统的压缩机主要采用容积型制冷压缩机,主要类型有往复式、斜盘式和摇盘式等。

1)往复活塞式压缩机。往复活塞式(曲轴连杆式)压缩机的结构如图8-2所示。

往复活塞式压缩机的工作过程:由发动机通过传动带经电磁离合器带动压缩机曲轴旋转,通过连杆使活塞在气缸内做上下往复运动而产生吸压的作用。在压缩机缸体侧面曲轴前端装有电磁离合器,缸体上方装有进气阀门,用于控制气体的吸入和排出。压缩机就是这样周而复始地压缩、排气、膨胀、吸气,将低压制冷剂蒸气变成高温高压的蒸气,从而完成制冷系统的制冷循环。

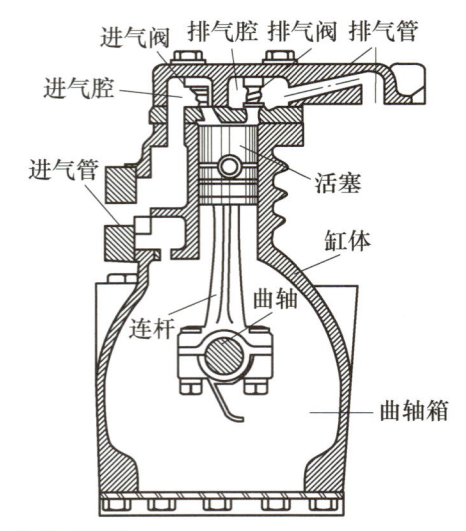

图8-2 往复活塞式压缩机的结构

2)斜盘式压缩机。斜盘式压缩机是一种轴向活塞式压缩机,它的工作特点是主轴旋转时斜盘左右摇摆运动,其工作原理和结构如图8-3所示。

斜盘式压缩机主要由主轴,斜盘,气缸,活塞和进、排气口等组成。斜盘式压缩机各气缸以压缩机主轴为中心布置,活塞运动方向与压缩机的主轴平行。它靠与主轴连接在一起的斜盘机构使活塞获得平行于回转轴的往复运动。

其按照活塞的作用方式不同分为双活塞作用式和单活塞作用式两种。双活塞作用式即活塞两端都有压缩空间,单活塞作用式即活塞只有一端有压缩空间。图8-3所示为双活塞作用斜盘式压缩机。斜盘式压缩机的主轴和斜盘之间靠花键连接,当发动机带动主轴转动时,斜盘也随其转动,从而驱动活塞沿其轴线做往复运动,实现吸气体、压缩排气体的工作过程。

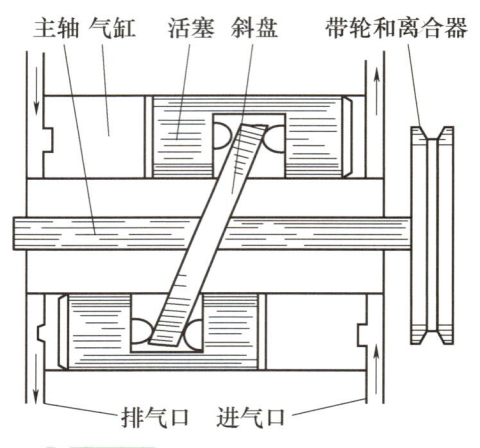

图8-3 斜盘式压缩机的结构

3)摇盘式压缩机。摇盘式压缩机的结构如图8-4所示。它主要由压缩机主轴、锥齿轮、楔板、连杆、活塞、进气和排气阀门以及摇盘等组成。

摇盘式压缩机的各气缸以其主要轴线为中心,五角均匀分布,连杆连接活塞和摇盘,两头用球形万向节使摇盘的摆动和活塞的移动协调而不发生干涉。摇盘中心用钢球做支撑中心,并用一对固定锥齿轮限制摇盘只能摇动而不能转动,主轴和传动板连接固定在一起。

压缩机工作时,主轴带动传动盘一起旋转。由于传动板是楔形的,所以其转动将迫使摇盘做以钢球为中心的左右摇摆移动。摇盘和传动板之间的摩擦力使摇盘具有转动趋势,但摇盘被固定的一对锥齿轮限制，所以摇盘只能沿轴线做往复直线运动，从而带动活塞在缸内做往复运动，完成吸气和排气过程。主轴旋转 1 周，摇盘上的各缸分别完成 1 个工作循环。

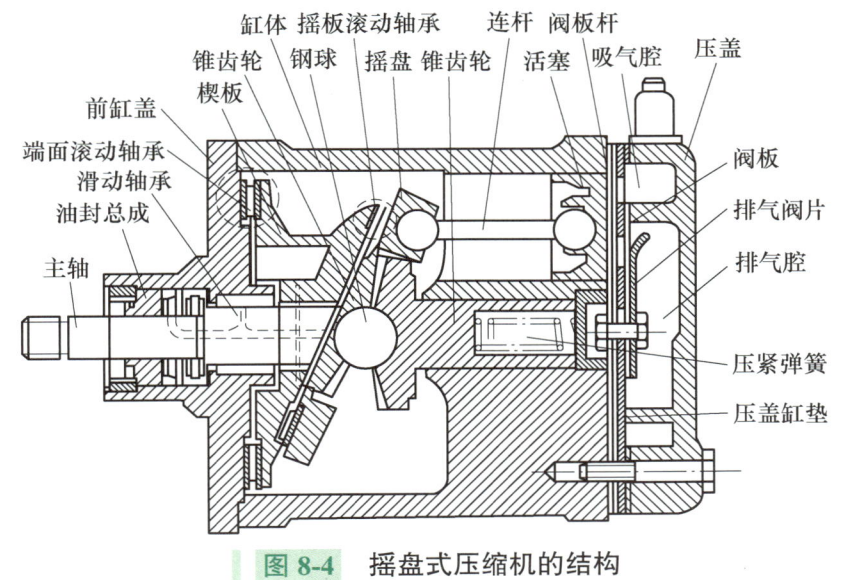

图 8-4　摇盘式压缩机的结构

（2）电磁离合器　汽车空调压缩机一般由汽车发动机驱动，为了使空调压缩机的工作和停止工作都不影响发动机的工作，在空调压缩机上均装用电磁离合器，以便根据需要连接或切断发动机与压缩机的动力传递。其工作原理图如图 8-5 所示。

电磁离合器由带带轮的转子、定子线圈、压盘和轴承等组成。定子线圈固定在压缩机壳体上，而压力板安装在压缩机前端，两只滚珠轴承装在转子内表面与压缩机壳体之间。定子线圈电路未接通时，转子空转，压缩机不转。当定子线圈电路接通时，它将产生电磁力，将压力板吸压在转子带轮的前端面上，通过转子与压力板之间的摩擦力矩带动压缩机轴转动，制冷工作开始。

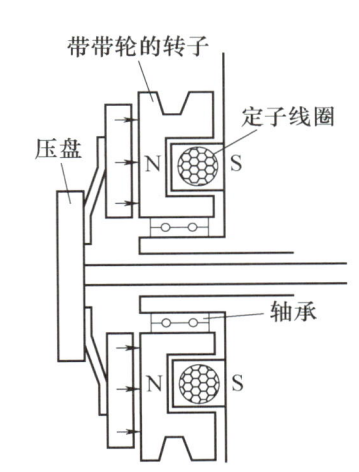

图 8-5　电磁离合器的工作原理图

（3）蒸发器　蒸发器是一种换热器，也称为冷却器。蒸发器的作用与冷凝器的作用相反，是制冷系统中产生制冷效果的部件。其结构基本与冷凝器相同，只是其传热面积（在同一系统中）比冷凝器小，一般为 1:2，它跟管道的连接正好与冷凝器相反，即上端为出口、下端为进口。

蒸发器有管片式、管带式和层叠式 3 种结构形式。图 8-6 所示为管带式蒸发器。各种车型所用的蒸发器虽然在外形上有所不同，但其结构和工作原理基本是相同的。

非隐蔽式通用型蒸发器一般装于仪表盘下侧。从膨胀阀流出的制冷剂，开始是百分之百的低温、低压液体状态，流经蒸发器时，制冷剂就立即蒸发吸收热量，使蒸发器和周围空气的温度降低，这些热量是从流经蒸发器散热片的空气中吸收的，因而从蒸发器的散热片外面流出的空气温度就下降，冷却风扇不断地将空气吹过蒸发器散热片外部，产生制冷效果。与此同时，空气中所含的水分由于冷却而凝结在蒸发器表面，经收集排出，使空气减湿。

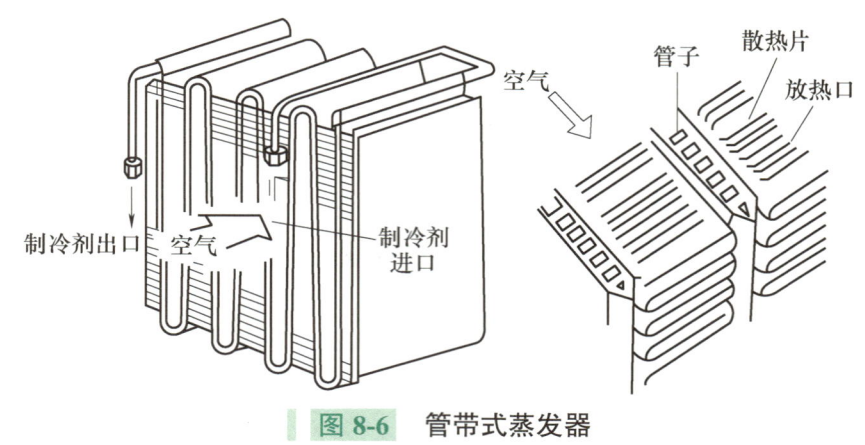

图 8-6　管带式蒸发器

（4）冷凝器　冷凝器由排管和散热片组成，实际上起交换器的作用。冷凝器的主要功用是将从压缩机送来的高温高压的制冷剂蒸气进行冷却，使之变成中温中压的液态制冷剂。冷凝器的结构如图 8-7 所示。

冷凝器要求安装在散热性良好的位置，一般安装于汽车头部发动机散热器前面，也有的装于车厢两侧或后侧，如图 8-8 所示。有些汽车空调系统为了提高制冷能力，在其他位置装有辅助冷凝器，辅助冷凝器上装有冷却电风扇。

一般情况下，冷凝器的散热面积比蒸发器的散热面积大一倍。冷凝器越大，制冷效果越好。安装冷凝器时必须注意，从压缩机出来的高压制冷剂必须由冷凝器的上端入口进入冷凝器，而出口必须在下端，一般都采用空气冷却方式。

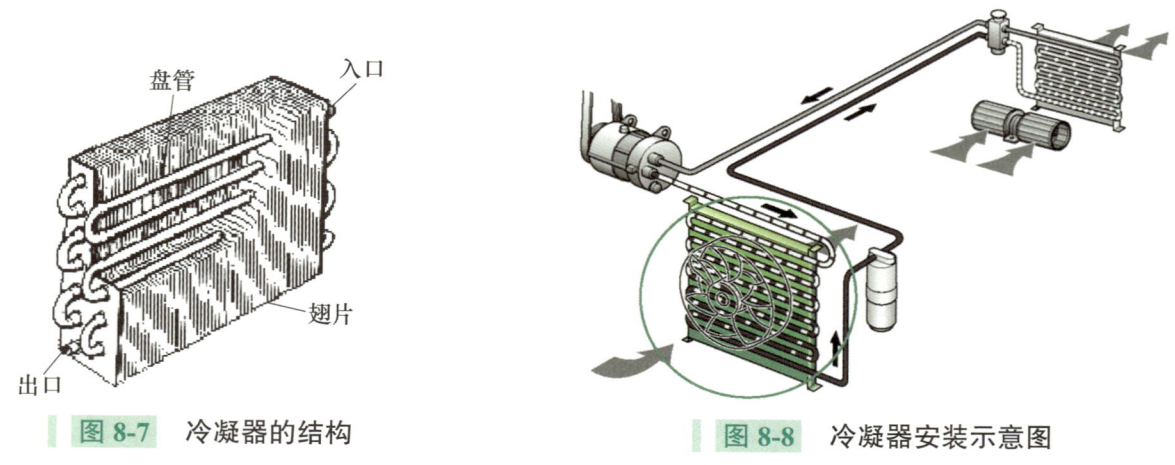

图 8-7　冷凝器的结构　　　　图 8-8　冷凝器安装示意图

（5）膨胀阀　膨胀阀位于蒸发器进口处，其功能是调节进入的制冷剂的量，使之适应各种不同的工作条件。来自储液干燥器的液态制冷剂从膨胀阀上的小孔喷出，使其进入蒸发器，液态制冷剂因突然膨胀而成为蒸气。若膨胀阀的喷出量过小，则制冷能力下降；若喷出的量过大,则会使蒸发器结霜而降低制冷效果。因此,膨胀阀喷口的大小应能根据各种条件加以调整,随车内热负荷的变化自动调节制冷剂流量。膨胀阀主要有内平衡热力膨胀阀、外平衡热力膨胀阀、H形膨胀阀和膨胀节流管(孔管)4种结构形式。

在感温包至膜片之间充满制冷剂(或四氯化碳),而感温包管紧贴于蒸发器的出口端。当蒸发器出口处的温度变化时,感温包内的压力相应变化。此压力传到膜片上,并通过推杆的作用传到压在针阀的弹簧上,使针阀的开度得到调节,从而自动控制制冷剂的喷出量。

1)内平衡热力膨胀阀(见图8-9)。

① 工作原理。内平衡热力膨胀阀对来自储液干燥器的高压液态制冷剂节流降压,即将液态高压制冷剂从其孔口喷出,急剧膨胀,变成低压雾状体,以便吸热汽化。此外,它还调节和控制进入蒸发器中的液态制冷剂量,使之适应制冷负荷的变化,同时防止压缩机发生液击现象和蒸发器出口蒸气异常过热。利用装在蒸发器出口处的感温包来感知制冷剂蒸气的过热度,调节膨胀阀开度的大小,从而控制进入蒸发器的液态制冷剂流量。感温包和蒸发器出口管接触,蒸发器出口温度降低时,感温包、毛细管和薄膜腔内的液体体积收缩,压力减小,阀口将闭合,限制制冷剂进入蒸发器。相反,孔口开启,制冷剂流入蒸发器。

随着针阀开启,较多的制冷剂进入蒸发器,蒸发器内压力上升,回气温度降低,膜片下侧压力增大,阀门关闭。由于膜片上、下侧压力处于不平衡状态,因此孔口不断地开启和闭合,使制冷装置与负载相匹配。

② 安装要求。感温包和蒸发器必须紧密接触,不能和大气相通。如果接触不良,感温包就不能正确地感应蒸发器出口的温度。如果密封不严,其感应的温度是大气温度。所以,要用一种特殊的空调胶带捆扎和密封感温包。

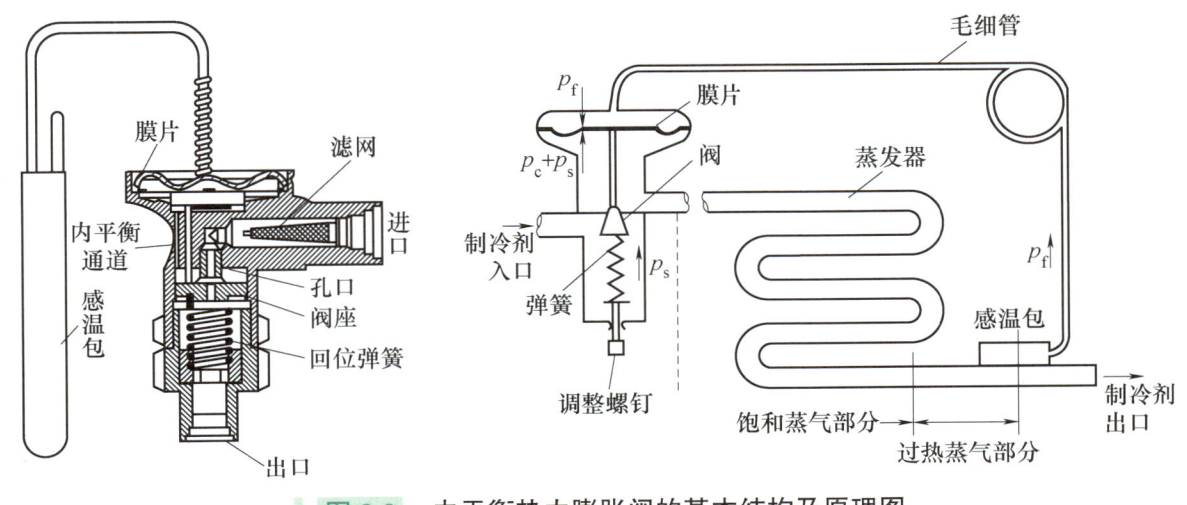

图8-9 内平衡热力膨胀阀的基本结构及原理图

2)外平衡热力膨胀阀(见图8-10)。外平衡热力平衡阀和内平衡热力膨胀阀的结构是大同小异的,内平衡式膜片下方的压力是蒸发器进口压力,而外平衡式膜片下方的压力是蒸发器出口的压力。由于蒸发器内部会产生压力损失,蒸发器出口压力要小于进口压力。要达到同样的阀开度,外平衡式需要的过热度小些,蒸发器容积效率可以提高。大型客车空调系统选用外平衡热力膨胀阀。

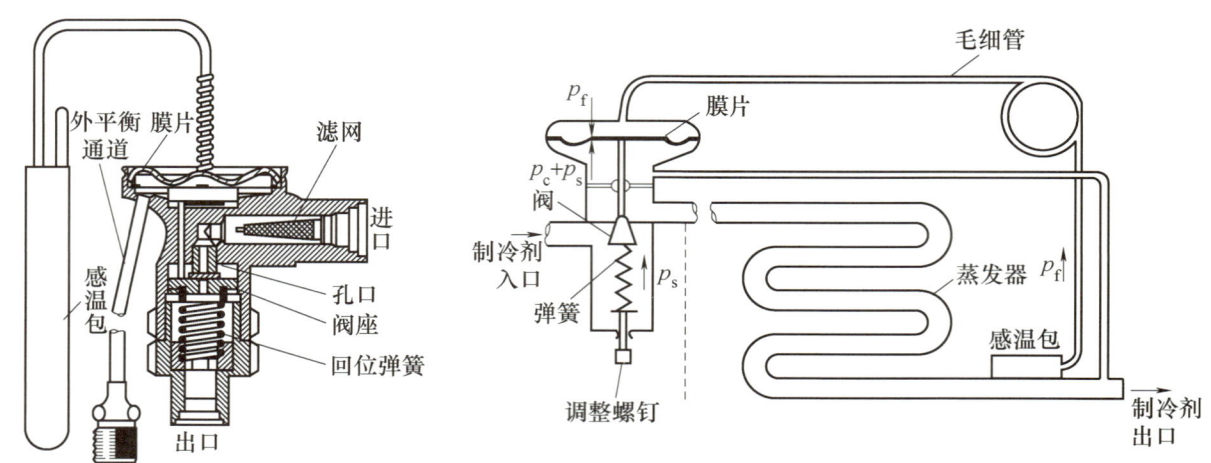

图 8-10　外平衡热力膨胀阀的基本结构及原理图

3）H 型膨胀阀。H 型膨胀阀因其内部通道形同 H 形而得名,如图 8-11 所示。它取消了外平衡热力膨胀阀的外平衡管和感温包,直接与蒸发器进、出口相连。它有 4 个接口通往空调系统,其中,两个接口和普通膨胀阀一样,一个接储液干燥器出口,另一个接蒸发器入口；另外两个接口,一个接蒸发器出口,另一个接压缩机进口。感温元件处在进入压缩机的制冷剂气流中。H 型膨胀阀具有结构紧凑、使用可靠、维修简单等优点,符合汽车空调的要求。

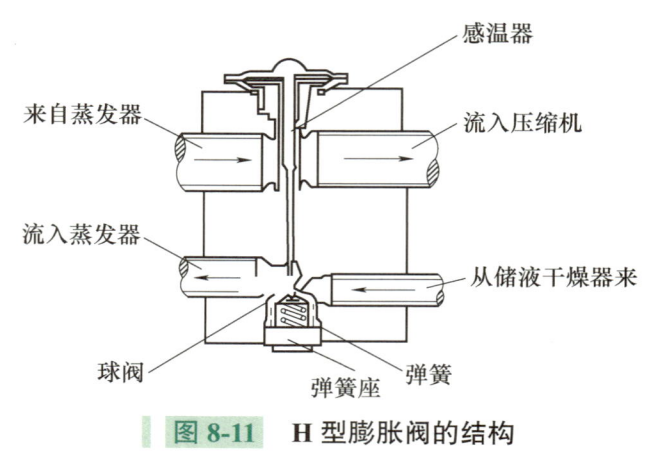

图 8-11　H 型膨胀阀的结构

H 型膨胀阀安装在蒸发器的进、出管之间,感应温度不受环境影响,也无须通过毛细管而造成时间滞后,调节灵敏度较高。由于无感温包、毛细管和外平衡管,H 型膨胀阀不会因汽车颠簸使充注系统断裂外漏、感温包包扎松动而影响膨胀阀的正常工作。

4）膨胀节流管（孔管）。膨胀节流管（见图 8-12）是用于许多轿车制冷系统的一种固定孔口的节流装置,也称为孔管、固定孔管。膨胀节流管直接安装在冷凝器出口和蒸发器进口之间,用于将液态制冷剂节流降压。由于不能调节流量,液体制冷剂很可能流出蒸发器而进入压缩机,造成压缩机液击。所以装有膨胀节流管的系统,必须同时在蒸发器出口和压缩机进口之间安装一个集液器,进行气液分离,避免压缩机发生液击。

由于膨胀节流管没有运动部件,结构简单、可靠性高,同时节省能耗,所以被很多高级轿车采用。其缺点是制冷剂流量不能根据工况变化进行调节。

（6）储液干燥器　储液干燥器简称为储液器,由外壳、玻璃视窗、吸管、粗滤清器、干燥剂、滤清器、安全熔塞和管接头等组成，如图8-13所示。

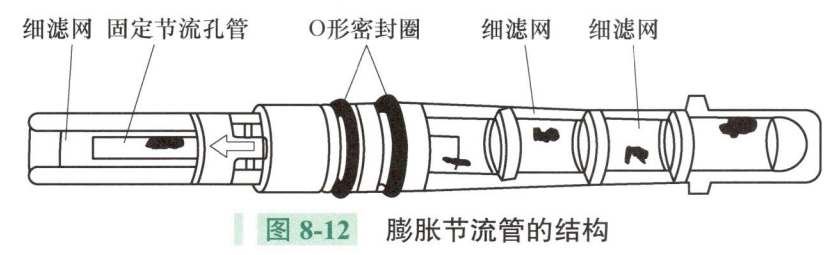

图 8-12 膨胀节流管的结构

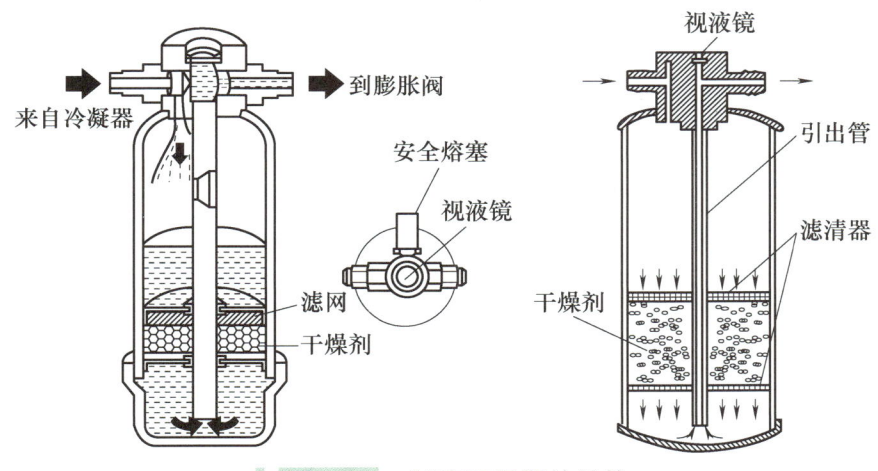

图 8-13 储液干燥器的结构

储液干燥器的工作原理和特点如下：

1）储液干燥器用于以膨胀阀为节流装置的系统中，它安装在冷凝器和膨胀阀之间，作为制冷剂的储存筒。当含有蒸气的液态制冷剂进入储液干燥器后，它使液态和气态的制冷剂分离。液态制冷剂通过膨胀阀进入蒸发器，多余的制冷剂可暂时储存在储液罐中。在制冷负荷变动时，它及时补充和调整供给热力膨胀阀的液态制冷剂量，以保证制冷剂流动的连续性和稳定性；同时，可防止过多的液态制冷剂储存在冷凝器里，使冷凝器的传热面积减小而使散热效率降低。

2）滤网主要用于过滤制冷剂中的杂质，防止膨胀阀堵塞。

3）由于在其中装有能吸收少量的潮气的氧化硅胶类干燥剂，所以能使制冷剂干燥，防止水分对机件腐蚀或产生冰块堵塞膨胀阀。

4）玻璃视窗安装在储液干燥滤清器的顶部，用于观察制冷剂在工作时的流动状态，由此可判断制冷剂量是否合适。制冷剂的充注量对空调系统的影响很大。

5）储液干燥器上装有安全熔塞，也称为易熔螺塞，它是制冷系统的一种安全保护装置。其中心有一个轴向通孔，孔内装有焊锡等的易熔材料，这些易熔材料的熔点一般为85~95℃。当冷凝器因通风不良（电风扇坏了，冷凝器被罩住）或冷气负荷过大而冷却不够时，冷凝器和储液干燥器内的制冷剂温度和压力将会异常升高。当内部压力达3MPa，温度超过易熔材料的熔点时，安全熔塞中心孔内的易熔材料便会熔化，使制冷剂通过安全熔塞的中心孔逸出散发到大气中，从而避免系统的其他部件因压力过高而被胀坏。

对于直立式储液干燥器而言，安装时一定要垂直，倾斜度不得超过15°。在安装新的储液干燥器前，不得过早将其进、出管口的包装打开，以免湿空气侵入储液干燥器和系统内部，使之失去除湿的作用。安装前，一定要先弄清楚储液干燥器的进、出口端，在储液干燥器的进、出口端一般都打有记号，例如进口端用英文字母IN表示，出口端用英文字母OUT表示，或直接打上箭头，以表示进、出口端。

（7）集液器　集液器是膨胀节流管空调系统的重要部件，用膨胀节流管代替膨胀阀时，汽车空调制冷系统要在低压侧安装集液器。集液器是一种特殊形式的储液干燥器，其结构如图8-14所示。

在一定条件下，膨胀节流管会将较多的液态制冷剂节流入蒸发器用以蒸发，而留在蒸发器中的多余制冷剂会进入压缩机造成损害。为防止这一现象发生，应使所有留在蒸发器中的液态、气态制冷剂和冷冻油进入集液器，集液器允许制冷剂蒸气进入压缩机，而留下液态制冷剂和冷冻油。在集液器出口处有一个毛细孔，通常称其为过油孔，它仅允许少量液态制冷剂和冷冻油在给定时间随制冷剂蒸气返回压缩机，也允许少量制冷剂进入。

集液器还装有化学干燥剂，可吸附、吸收并滞留因不当操作而进入系统的湿气。干燥剂不能维修，若有迹象表明需更换干燥剂时，必须整体更换集液器。

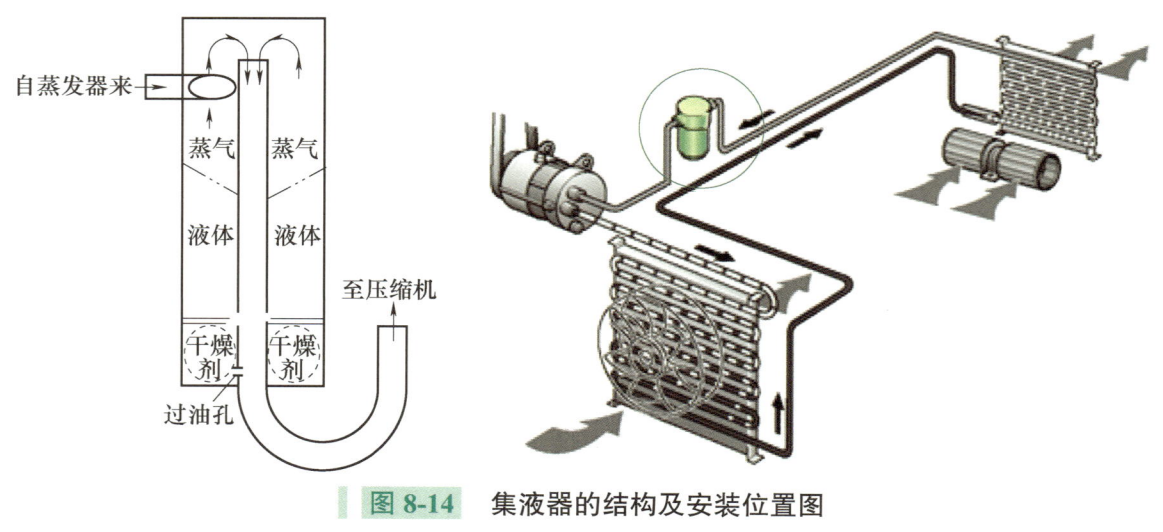

图8-14　集液器的结构及安装位置图

五、汽车空调制冷系统的工作原理

汽车空调器均采用机械制冷方式（蒸气压缩式）。蒸气压缩式制冷机的工作示意图和原理图如图8-15和图8-16所示。

空调压缩机通过电磁离合器由发动机带动，将气态制冷剂从蒸发器吸入压缩机进行压缩。高温高压的气态制冷剂经管道进入冷凝器进行冷却，并将热量散发至大气中，同时被冷凝成中温中压的液态制冷剂，进入储液干燥器滤去其中的杂质及水分，再经膨胀阀输送到蒸发器。液态制冷剂在蒸发器内蒸发膨胀，同时吸收车内空气的热量，从液态变为气态再次被压缩机吸收，如此反复循环，即可将车内空气中的热量散发到大气中，使车内温度下降，达到制冷的目的。

制冷循环包括压缩、放热、节流和吸热四个过程。

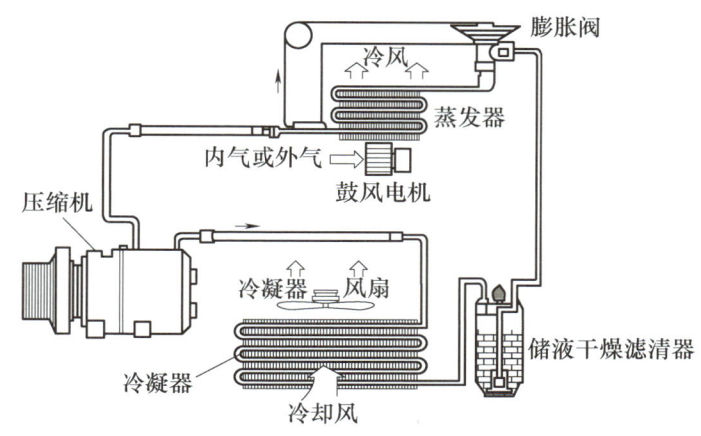

图 8-15 蒸气压缩式制冷机工作示意图

1. 压缩升温升压过程

压缩机吸入蒸发器出口处的低温低压的制冷剂气体，把它压缩成高温高压的气态，然后送入冷凝器。此过程的主要作用是压缩增压，以便气体液化。在压缩过程中，制冷剂状态不发生变化，而温度和压力不断升高，形成过热气体。

2. 冷凝放热过程

高温高压的过热气态制冷剂进入冷凝器（散热器）与大气进行热交换。由于压力及温度的降低，制冷剂气体冷凝成液体，并放出大量的热。此过程的作用是排热、冷凝。冷凝过程的特点是制冷剂的状态发生变化，即在压力、温度

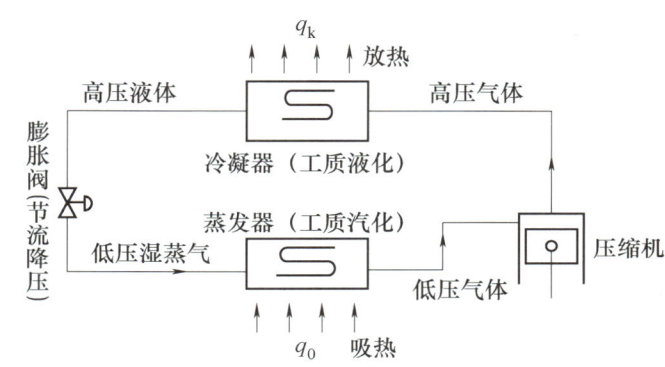

图 8-16 蒸气压缩式制冷机的工作原理图

不变的情况下，由气态逐渐向液态转变。冷凝后的制冷剂液体是高压高温液体。制冷剂液体过冷，过冷度越大，在蒸发过程中其蒸发吸热的能力就越大，制冷效果越好，即制冷量相应增加。

3. 节流降压过程

高压高温液态制冷剂经膨胀阀节流降温降压，以雾状（细小液滴）排出膨胀装置。该过程的作用是使制冷剂降温降压，由高温高压液态制冷剂迅速地变成低温低压液态制冷剂，以利于吸热、控制制冷能力以及维持制冷系统正常运行。

4. 蒸发吸热过程

经膨胀阀降温降压后的雾状制冷剂进入蒸发器，因此时制冷剂沸点远低于蒸发器内的温度，所以制冷剂液体在蒸发器内蒸发、沸腾成气体，在蒸发过程中大量吸收周围的热量，降低车内温度。而后低温低压的气态制冷剂流出蒸发器等待压缩机再次吸入。吸热过程的特点是制冷剂状态由液态变化到气态，此时压力不变，即在定压过程中进行这一状态的变化。上述过程周而复始地进行，便可使汽车内温度达到并维持在给定的状态。

📷 活动设计

一、活动名称

认识汽车空调系统。

二、活动条件

1）活动场地配备空调系统能够正常运行的整车或汽车空调实训台架 5 个工位以上。

2）各工位配备工作灯、清洁毛巾、温度计。

3）各工位配备车轮挡块 4 个，翼子板布、三件套、地板垫各 1 套。

三、活动组织

1）分小组，4~5 人组成 1 个小组。

2）选出小组长和评价员，记录评价组员的任务完成情况。

3）小组中进行分工互换，确保每个学生都动手实践。

四、安全及注意事项

1）注意人身安全，按规程操作，车辆起动前要检查车轮挡块、档位（P 位）、驻车制动是否正确，翼子板布、三件套、地板垫是否安装到位。

2）注意设备安全，按规程操作，不要人为损坏工具设备。

3）及时清理场地，做好现场 6S 管理。

五、活动实施

活动一　作业准备、识别车辆（台架）信息

1）作业准备（工具、器材、安全防护）。

2）找到并记录车辆（台架）品牌型号、车架号信息。

活动二　指出空调制冷系统各部件的安装位置及特点

1）指出压缩机的安装位置及特点，如图 8-17 所示。

2）指出高、低压管路的安装位置及特点，如图 8-17 所示。

3）指出高、低压维修口的安装位置及特点，如图 8-18 所示。

4）指出蒸发器的安装位置及特点，如图 8-19 所示。

5）指出冷凝器的安装位置及特点，如图 8-20 所示。

6）指出鼓风机的安装位置及特点，如图 8-21 所示。

项目八 汽车空调系统维护及检修

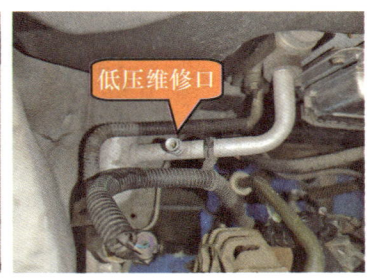

图 8-17 压缩机及高、低压管路的安装位置　　图 8-18 高、低压维修口的安装位置

图 8-19 蒸发器的安装位置　　图 8-20 冷凝器的安装位置　　图 8-21 鼓风机的安装位置

7）指出散热风扇的安装位置及特点，如图 8-22 所示。

8）指出储液干燥器的安装位置及特点，如图 8-23 所示。

9）指出空气滤芯的安装位置及特点，如图 8-24 所示。

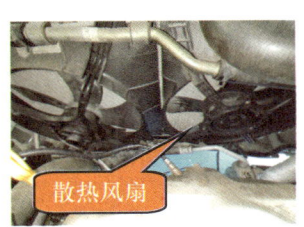

图 8-22 散热风扇的安装位置　　图 8-23 储液干燥器的安装位置　　图 8-24 空气滤芯的安装位置

活动三　指出制冷剂循环工作过程

1）指出制冷剂在制冷管路中的循环路径，如图 8-25 中箭头所示。

2）指出制冷剂在各工作过程中的状态（液态、气态）和吸、放热状况，如图 8-25 中文字框图所示。

活动四　起动车辆操纵空调各控制按钮

1）操纵 A/C 开关、自动空调模式、手动空调模式，各按钮如图 8-26 所示。

2）操纵温度调节、风量调节、出风模式调节、进风模式（内、外循环）、前窗除霜模式、后窗除霜模式。

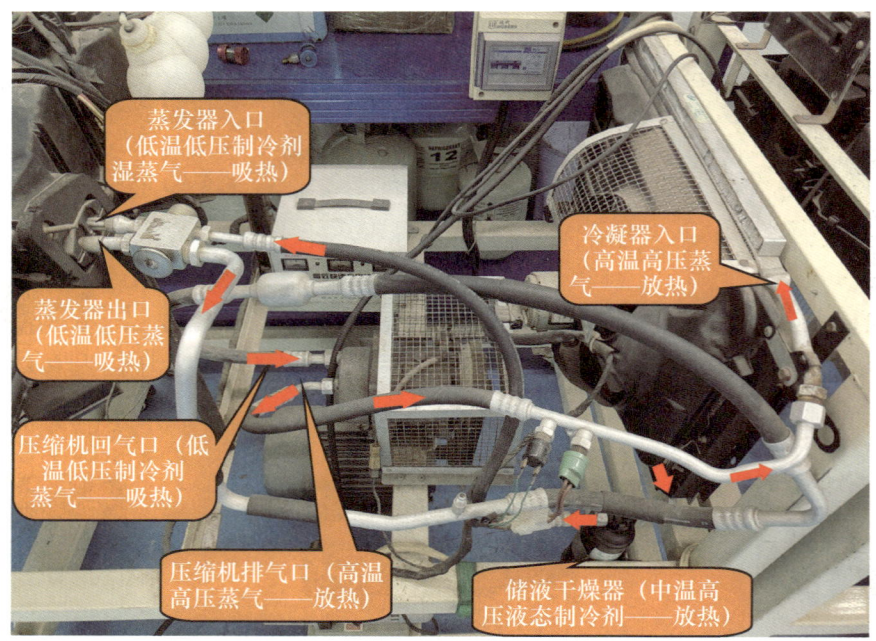

图 8-25　制冷剂在管路中的循环路径及工作状态和吸、放热状况

图 8-26　自动空调各控制按钮

活动五　测试空调出风口温度

1）使用温度测试仪，如图 8-27 所示。

2）测试空调出风口温度，如图 8-28 所示。

图 8-27　使用温度测试仪

图 8-28　测试空调出风口温度

工作任务二　制冷系统故障检修

职业能力

能说出汽车空调制冷系统的常见故障及排除方法；会查阅维修手册，根据故障现象制订维修方案，并能选用合适的工具对空调制冷系统故障进行检测与维修。

学习目标

1. 能正确述说汽车空调制冷系统的常见故障及排除方法。
2. 会查阅维修手册，根据故障现象对制冷系统进行分析。
3. 能使用注入阀、压力表、温度计、湿度计、检漏仪、真空泵等工具对空调制冷系统故障进行检测与维修。
4. 培养学生团结协作、专注踏实、规范操作的工匠精神，树立环保节能、爱护环境的信念。

基础知识

一、空调系统的维护

1. 日常维护

（1）保持冷凝器和蒸发器的清洁　冷凝器和蒸发器的清洁程度与其换热状况有很大关系，所以应经常检查其表面有无污物、散热片是否弯曲或被阻塞等。如果发现表面脏污，应及时用压缩空气吹净或用压力清水清洗干净，以保持良好的散热条件。防止因散热不良而造成冷凝压力和温度过高、制冷能力下降。在清洗冷凝器的过程中，应注意不要把散热片碰倒，更不能损伤制冷管道。

（2）保持送风通道空气进口滤清器的清洁　送入车厢内的空气都要经过空气进口滤清器的过滤，如果滤网堵塞会使风量减少。因此，应经常检查滤清器是否被灰尘、杂物堵塞并进行清洁，以保持进风量充足。一般每星期应检查 1 次。如果发现堵塞，可打开蒸发器检查门，卸下滤网，然后用压缩空气或带有中性洗涤剂的温水洗净；也可将滤网浸在水中，用毛刷刷净污物。

（3）经常检查制冷剂是否充足　低速运转空调，从视窗上看是否有气泡出现。如果出现气泡，说明制冷剂不足，应及时进行检查、修理或补充。

（4）定期检查制冷压缩机传动带的使用情况和松紧程度　若传动带过紧会增加磨损，导致轴承损坏；若传动带过松则易使转速降低，造成制冷不足，甚至发出异常响声。若传动带过紧或过松，应及时调整。若发现传动带裂口或损坏，应采用汽车空调专用传动带进行更换。另外，新装传动带在使用36~48h后会有所伸长，应重新张紧。

（5）保持冷冻油的循环　在春季或冬季不使用空调的季节里，应每半个月启动空调压缩机1次，每次5~10min。这样制冷剂在循环中可把冷冻油带至系统内的各个部分，从而可防止系统管路中各密封胶圈、压缩机轴封等因缺油干燥而引起密封不良和制冷剂泄漏，并使压缩机、膨胀阀以及系统内各活动部件不致结胶黏滞或生锈。还要注意的是，在进行这项维护时，应在环境温度高于4℃时进行，否则环境温度过低会因冷冻油黏度过大而流动性变差，当压缩机启动后不能立即将油带到需要润滑的部位而造成压缩机磨损加剧甚至损坏。

（6）检查各管路的使用情况和各固定件的固定情况　经常检查制冷系统各管路接头和连接部位、螺栓、螺钉是否有松动的现象，是否有与周围机件相碰擦的现象，胶管是否老化，进、出翼子板孔处的隔振胶垫是否脱落或损坏。

（7）电路检查　检查电路连接导线、插头是否有损坏和松动现象。

（8）检查运行声响　检查空调在运行中有无不正常的噪声、异响、振动和异常气味，若有，应立即停止使用并送专业修理部门及时检查和修理。

2. 定期维护

汽车空调系统除了日常维护和检查工作以外，还应由汽车空调专业维修人员对空调系统各总成和部件做一些必要的定期维护和调整检查工作。

汽车空调的定期维护一般有两种：一种是与汽车的维护同步进行，另一种是按其制订的维护周期独立进行。

汽车空调系统二级维护作业内容见表8-1。

表8-1　汽车空调系统二级维护作业内容

类别	序号	作业项目	技术要求
制冷循环系统	1	检视高、低压管道	高、低压管道的管类码应齐全，螺栓紧固不松动。软管表面无起泡、老化或破损现象，硬管焊接处无裂纹或渗漏现象，管道上没有与其他机件发生碰擦现象
	2	检视膨胀阀	膨胀阀应无堵塞，感温包作用正常，膨胀阀能根据温度的变化而自动调节制冷剂的供给量
	3	检视储液干燥器	在制冷系统正常工作时，其表面应无露珠或挂霜现象。乘用车空调在正常使用情况下，一般每3年更换1只储液干燥器。如因使用不当使系统进入水分，应及时更换。另外，系统管路被打开时，一般也应更换储液干燥器
	4	检查清洁蒸发器和冷凝器，检查固定螺栓、螺母	蒸发器、冷凝器应无渗漏，散热片应无折弯、无尘土或杂物堵塞现象，蒸发器、冷凝器座应无裂纹，各固定螺栓、螺母应齐全、紧固、可靠

(续)

类别	序号	作业项目	技术要求
制冷循环系统	5	检视制冷剂量	制冷系统工作时,观察视窗,应无气泡流动现象
	6	检测系统压力	在制冷装置进气门的空气温度为30~35℃,发动机转速为2000r/min,鼓风机以最高速旋转和制冷选用最强档的条件下,系统的工作压力:低压侧为0.147~0.2MPa,高压侧为1.4~1.5MPa
压缩机	1	更换冷冻机油,并清洁或更换冷冻机油滤网	每年4或5月更换一次冷冻机油,要求冷冻机油液面高度应达到视窗的上部边缘或原厂规定标准,油滤网应清洁,无杂物堵塞或缺损现象,磁铁应完好有效
	2	检视进、排气阀	进、排气阀开闭灵活,作用正常
	3	检视轴封	轴封处不应有渗漏现象
电气系统	1	检视蒸发器和冷凝器的风机	各风机工作应正常无异响,叶片无裂损,各固定螺栓、螺母齐全、牢固、有效。冷凝器风机与冷凝器散热片应无碰擦现象
	2	检视冷却液温度开关	冷却液温度开关在(100±2)℃时,应能自动接通声光报警电路
	3	检视高、低压开关	高压开关在压力大于2.2MPa时,应能自动接通声光报警电路以及切断通向电磁离合器的电流;当压力小于2MPa时,应能自动复位 低压开关在压力小于0.2MPa时,应能自动接通声光报警电路以及切断通向电磁离合器的电流;当压力大于0.2MPa时,应能自动复位
	4	检视除霜温度控制器和车内温度控制器	除霜温度控制器在2℃左右时应能自动接通旁通电磁阀,在7℃时自动断开,车内温度控制器在5~30℃的控制范围内作用应良好
	5	检查电磁离合器	电磁离合器离合应顺畅,无打滑现象出现,离合器轴承在旋转时应无偏摆、拖滞现象出现

二、连接管路

1. 连接软管

汽车空调的各总成部件一般分散安装在汽车的各个部位,如压缩机与发动机连成一体,冷凝器与干燥器安装在车架前端上,而蒸发器装在车室内。当汽车在颠簸的道路上快速行驶时,各部件均产生振动,因而制冷系统很少用刚性金属管进行连接,多用柔性橡胶软管连接。汽车空调所用软管中间为橡胶软管,两端铆压金属接头。软管必须具有吸收振动的能力,不能泄漏制冷剂,并能承受一定的重量。

2. 管接头

用于汽车空调系统的管接头有多种,其材质为铜质或铝质,并表面喷漆,带有密封胶圈。安装接头时,密封胶圈必须使用同一规格、表面涂抹机油的耐氟胶圈,密封圈依靠接头上的坡口压紧在配合座上,从而保证接头不泄漏。拧紧螺母时,接头不能转动,应用扳手轻轻拧紧。连接软管前,一定要清洁内管(如用高压制冷剂喷洗),然后用力均匀地将内表面涂有机油的软管套进接头中,并用管夹夹紧。

3. 软管和接头的拆卸及连接

1)拆开接头之前,通常要先将系统中的制冷剂全部放掉,并擦净接头附近的油污。如果管内残存有制冷剂，应使其慢慢排出，避免喷到手或脸上而产生伤害。

2）若装配时发现有的管子需要清洗，可用无水酒精冲洗，要充分干燥后才能进行装配，注意不允许用压缩空气吹。

3）安装时，若管路系统开放，应立即用孔塞或盖板封堵在管接头上，如果无合适的堵塞，可用多层塑料布封好。

4）连接金属管和软管前，应在接头处滴几滴冷冻机油。

5）安装管道时，应注意不要使密封圈脱落，可涂少许冷冻机油后再紧固。否则，会因密封圈损坏而出现泄漏现象。所有接头的连接处都应涂上冷冻油。

6）在螺纹管接头处拧紧或者松开时，必须同时使用两把扳手进行操作，以避免将管子扭曲，其拧紧力矩应按要求执行。

7）管道安装完毕后，不应与附近的组件相接触。

4. 管路检修

1）金属管破裂引起泄漏时，可以通过焊接方法进行修复；如果出现开裂、压扁等现象，最好更换新件。如果出现喇叭口损坏，则可以将旧喇叭口切去，重新将旧管用扩管器扩出喇叭口。

2）如果橡胶软管出现老化、开裂、严重磨损等现象时，应更换新件。

3）若在液体管路发生凹陷，在凹陷部分的两端就会出现温度差；如果管子过分扁平，小平面的出口处也会结露或结霜。因此，如果管子凹陷或者扁平但不是很严重，可校圆；如果无法校圆，必须更换新管子。

三、维修设备及工具

1. 歧管压力表组

（1）歧管压力表组的结构　歧管压力表组是连通制冷系统高、低压管路与外界的通道，用于对制冷系统压力的测量以及系统的放空（放出制冷剂）、排气（即抽真空作业）和加注制冷剂等基本作业，因此，歧管压力表组是汽车空调维修中最基本的检修工具。其实物图如图8-29所示。

图 8-29　歧管压力表组实物图

歧管压力表组主要由1只高压表、1只低压表、表座（包括高压侧手动阀和低压侧手动阀各1只）以及连接软管等组成，如图8-30所示。低压表用于测量制冷系统工作时低压侧的工作压力，以及进行抽真空作业时测量系统内的真空度。高压表用于测量制冷系统工作时高压侧的压力值。高压表和低压表上除了压力刻度外，还标出了常用的制冷剂在各压力下的饱和温度刻度值，因此，可用来粗略估计制冷剂的蒸发温度和冷凝温度。

表座上部安装低压表和高压表，下部3个接头分别连接3根注入软管。其中，低压表始终与低压注入软管接头接通，高压表始终与高压注入软管接头接通。在表座两端有两个手动阀，分别控制低压注入软管接头和高压注入软管接头与中间注入软管接头之间的连接通道，分别称为低压侧手动阀和高压侧手动阀。

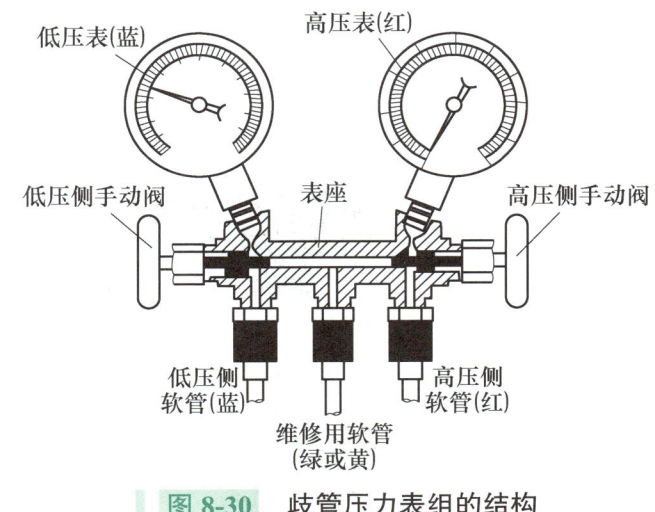

图 8-30　歧管压力表组的结构

3根注入软管直的一端与表座相应的3个注入软管接头相连接。红色管为高压管，接表座上与高压表相通的接头；蓝色管为低压管，接表座上与低压表相通的接头；黄色管或绿色管为中间注入管，接表座上中间的接头。注入软管另一端用于与制冷系统管路维修阀接头相连接，一般为弯曲成45°的弯管接头，如图8-31所示，且在管接头内有一个特殊的顶销，用于与压缩机进、出管口或高压管上的施拉德维修阀连接时顶开阀芯。

（2）制冷系统维修接口　制冷系统正常运行时是处于全封闭状态的，但由于检测和维修的需要，系统高、低压侧必须有相应的联系通道，这便是制冷系统的维修接口，也称为维修阀。汽车上常用的维修阀多为自动阀，安装在压缩机高、低压管接头上或制冷系统管路上。

自动阀的结构如图8-32所示，其阀芯结构类似于汽车轮胎上的气门芯结构。它有开位和闭位两个位置，通常是处于闭位的。当要检修制冷系统时，只需把带顶销的注入软管接头连接到自动阀上，顶销便把自动阀阀芯顶开，系统管路便与注入软管相接通了，这时即可进行检测和维修作业。当注入软管接头卸下时，阀芯自动关闭。此种自动阀多用于轿车和小客车的空调系统中。

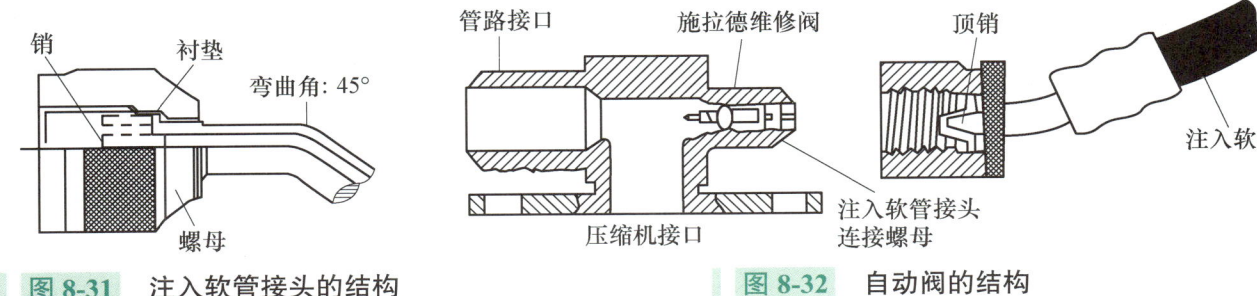

图 8-31　注入软管接头的结构　　　　图 8-32　自动阀的结构

（3）汽车空调在正常工作时的标准压力（表压力）

1）静态压力。静态压力指系统不工作时的压力，一般为0.4~0.5MPa（4~5kg/cm^2），高压端和低压端压力应相等。

2）系统正常运行后的压力。高压端压力：1.5~1.7MPa；低压端压力：0.15~0.3MPa。

2. 制冷剂罐注入阀

制冷剂罐注入阀是专门用来启闭小容量封装的制冷剂罐而设计的专用的开罐工具，也称为氟罐开启阀，如图8-33所示。

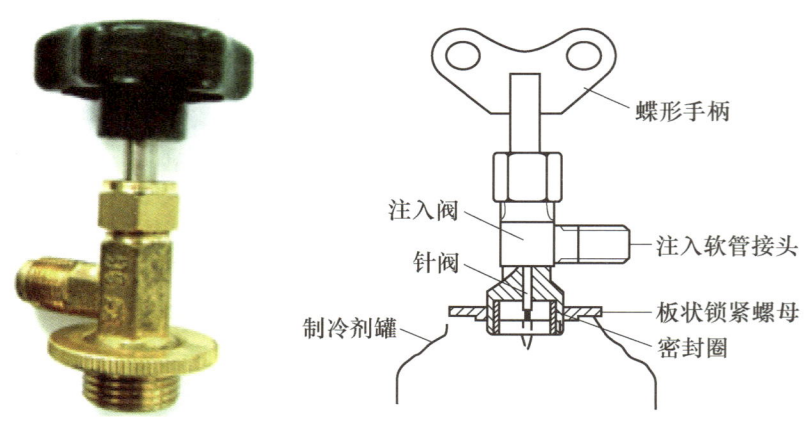

图8-33 制冷剂罐注入阀

制冷剂罐注入阀的使用方法如下：

1）逆时针方向转动蝶形手柄，直至阀针完全缩回为止。

2）逆时针方向旋动板状锁紧螺母，使升至最高位置，然后将阀与制冷剂罐中心凸台外螺纹连接并拧紧。

3）把歧管压力表组中间注入软管连接到注入阀相应的接头上，同时顺时针方向旋动板状锁紧螺母并用手充分拧紧。

4）顺时针方向旋动蝶形手柄，用蝶形手柄前端的针阀在制冷剂罐凸台中央刺穿小孔。

5）逆时针方向旋动蝶形手柄，使针阀升起，制冷剂便会从针阀刺穿的小孔流出，通过注入阀进入软管，经歧管压力表组进入制冷系统。

6）顺时针方向旋转蝶形手柄到底位，就可重新封闭制冷剂罐，但不可拆下注入阀，否则罐内制冷剂会发生泄漏。

3. 真空泵

在安装、检修或更换空调制冷系统的零部件后，会有一定量的空气进入制冷系统，空气中含有一定量的水蒸气，这会使制冷系统的膨胀阀冰堵、冷凝压力升高、系统零部件发生腐蚀。因此，制冷系统安装或检修之后，在未加入制冷剂之前，都必须抽真空，否则会影响制冷系统正常工作。抽真空是否彻底，将直接影响系统运行的效果。

真空泵用于制冷系统抽真空，排除系统内的空气和水分。抽真空并不能将水抽出系统，而是产生真空后降低了水的沸点，水在较低温度下沸腾，以蒸汽的形式从系统中抽出。

常用的真空泵有用油密封的和用水密封的两种。用油密封的真空泵分为滑阀式和刮片式两种，用水密封的真空泵有水环式等。图8-34所示为常见真空泵外形。

4. 制冷剂回收与充注机

汽车空调制冷剂的消耗有相当部分用于维修，若维修时直接将原系统内的制冷剂排入大气中，再另行充注新制冷剂，不仅会对大气臭氧层造成破坏，也会浪费制冷剂。因而维修时，要求采用制冷剂回收与充注机对制冷剂进行回收再利用。目前有R12和R134a两种专用回收与充注装置，也有同一装置中有两套管路，分别供R12及R134a回收使用的多功能制冷剂回收与充注装置。

图 8-34　常见真空泵外形

现在的制冷剂回收与充注机具备了制冷系统补给作业需要的所有功能：充注规定量的制冷剂、抽真空作业、回收制冷剂、制冷剂再生和充注冷冻油等。各种回收与充注装置的操作方法不完全相同，但基本方法一致。

行为与责任

R12制冷剂由于对大气臭氧层造成破坏，现在在国际上已经停止使用，不管采用什么制冷剂都会对环境产生一定的破坏作用，因此大家以后在汽车空调的维修中要特别注意不要随意排放制冷剂到空气中，尽量进行回收和利用，共同来爱护和保护好人们共同的地球家园！

四、制冷剂量的检查

汽车空调制冷系统中制冷剂的量直接影响着制冷效果，制冷系统中制冷剂的量可以通过观察视液镜（视液镜大多安装在储液干燥器上，也有的安装在从储液干燥器到膨胀阀之间或冷凝器到储液干燥器之间的管路上）了解。通过检查制冷系统制冷剂的量，可以知道汽车空调制冷系统工作循环的情况。

从视液镜中看到的制冷剂情况主要有5种，如图8-35所示。

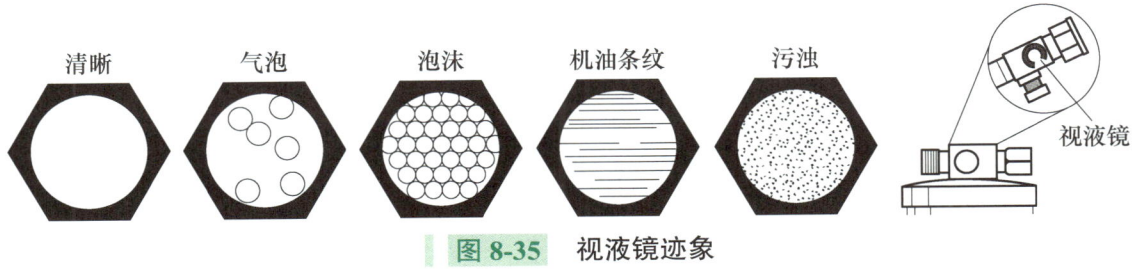

图 8-35　视液镜迹象

1. 清晰、无气泡

清晰、无气泡，说明制冷剂适量。若开、关空调的瞬间制冷剂起泡沫，随后就变清，也同样说明制冷剂适量。如果开、关空调时从视液镜内看不到变化，而且出风口不冷，压缩机进、出口之间没有温差，则说明制冷剂已漏光。若出风口不够冷，而且关闭压缩机后无气泡，无流动，则说明制冷剂过多。

2. 偶尔出现气泡

若偶尔出现气泡，并且伴有膨胀阀结霜，则说明系统中有水分。若偶尔出现气泡但无膨胀阀结霜现象，则可能是制冷剂少量缺少或有空气进入。

3. 有泡沫出现

若有泡沫不断出现，则说明制冷剂不足。如果泡沫很多，也可能是因为有空气存在。若判断为制冷剂不足，则要查明原因，不要随便补充制冷剂。由于胶管内制冷剂存在自然泄漏问题，因此若是使用两年后才发现制冷剂不足，则可以判断为胶管自然泄漏。

4. 出现机油条纹

若视窗的玻璃上有条纹状的油渍，则说明冷冻机油油量过多，应想办法从系统内释放一些冷冻机油，再加入适量的制冷剂。若视窗上留下的油渍是黑色的或有其他杂物，则说明系统内的冷冻机油已变质，必须清洗制冷系统。

五、系统制冷剂泄漏的检测

制冷剂泄漏是汽车空调系统最常见的故障之一，制冷剂泄漏严重时将会导致空调制冷系统制冷不足或不制冷。汽车空调系统工作环境比较恶劣，其制冷系统一直随汽车工作在振动的工况之下，极易造成部件、管道损坏和接头松动，使制冷剂发生泄漏。另外，每次拆装或检修汽车制冷系统管道、更换零件之后需要在检修拆装的部位进行制冷剂的泄漏检查。目前，制冷剂的常用检漏方法有目视检漏、肥皂泡沫检漏、卤素检漏灯检漏、电子检漏仪检漏、紫外线荧光系统检漏、加压法检漏和真空法检漏等。

1. 目视检漏

目视检漏法是指用眼睛查看制冷系统各部位（特别是制冷系统的管接头）是否有冷冻机油渗漏痕迹的一种检漏方法。因为制冷剂通常与冷冻机油互溶，所以在泄漏处必然有油迹和油垢，因此系统管道有油迹的部位就是泄漏处。

2. 肥皂泡沫检漏

肥皂泡沫检漏法就是在检漏时，对施加了压力的制冷系统，在怀疑泄漏区域涂上肥皂液，如果有泄漏点，该处必然起皂泡。此法简单易行，是目前汽车空调修理行业经常使用的一种方法，但现在汽车各种构件布置得越来越紧凑，因此，有些部位及检修死角，用此法不易检查出来。

3. 卤素检漏灯检漏

卤素检漏灯是最早的一种检漏设备，主要是针对制冷剂 R12 设计的，不能用于 R134a，现在已被电子检漏设备代替。因此它的结构与工作原理以及使用说明在这里不再详细阐述。

4. 电子检漏仪检漏

电子检漏仪检漏法是指使用电子检漏仪检查制冷系统部位是否泄漏的一种检漏方法。电子检漏仪分为 R12 电子检漏仪、R134a 电子检漏仪和多功能电子检漏仪等。一般检测 R12 泄漏的电子检漏仪对 R134a 是无效的，检测 R134a 的泄漏情况要使用一种专门适用于它的检漏仪，或使用可检测 R12 及 R134a 的多功能电子检漏仪。目前最常用的是多功能电子检漏仪，它既能检测 R12，又能检测 R134a。

5. 紫外线荧光系统检漏

紫外线荧光系统检漏法是将加有荧光色彩染料的制冷剂注入系统，并使之循环流动，然后使用特制的紫外线灯照射制冷系统的每个元器件。如果被检查部位发生泄漏，就检测到色彩染料发出的荧光。但此法用得较少，因为存在染料的残留物与制冷剂的相容问题，所以一些厂家不同意用此法检漏。

6. 加压法检漏

加压法检漏是指将少量制冷剂及一定压力的氮气加入制冷系统中，再用观察法、肥皂泡沫、卤素检漏灯或电子检漏仪进行检漏的一种方法。这种方法常用于空调制冷系统中的制冷剂全部漏光时的检漏。要注意的是，在高压条件下操作时，尽量不要用空气压缩机打压或制冷系统本身的压缩机打压，因为这样会使制冷系统带入一部分水分。

7. 真空法检漏

真空法检漏是指在对制冷系统抽真空以后，保持系统真空状态一段时间（至少 60min），然后观察系统中的真空压力表指针是否移动（即指针是否发生变化）的一种检漏方法。如果真空指示值没有变化，则说明系统无泄漏。如果真空指示值回升，则说明系统有泄漏。要指出的是，采用这种方法只能检测制冷系统是否泄漏，而不能确定泄漏的具体部位。

六、制冷剂排放

制冷剂的排放方法有两种，一种是将制冷剂排放到大气中，此法污染环境；另一种是回收制冷剂，但要有回收装置。

注意事项如下：

1）排放时，周围环境一定要通风良好，不能接近明火，否则会产生有毒气体。

2）排出制冷剂时，要慢慢打开阀门，让制冷剂慢慢流出，以免带走冷冻机油。

3）不可让制冷剂喷到车身壁面或车内，最好用白毛巾或干净的布料过滤放出，从而方便判断有无油被带出。若发现毛巾或布料上有油迹，则关小阀门。过快排放制冷剂还可能造成压缩机阀门损坏。

七、制冷循环系统冲洗

有下列情况时需冲洗制冷循环系统：当污物侵入（如肇事后）时，当压缩机轴承损坏必须换新的时，当制冷剂油变暗、变稠时，在更换压缩机之后制冷循环中有过多的油时。

制冷循环系统的冲洗方式有两种：一种是用冲洗机和冲洗剂 R11 冲洗；另一种是用氮气吹洗。

制冷系统的清洗方法：将歧管压力表高压管接制冷系统高压维修口，取出低压维修口阀门芯，中间维修管与氮气瓶相连，向制冷系统中充入 $10\sim15\text{kg/cm}^2$ 氮气，由低压维修口排出。

八、制冷系统抽真空

抽真空是为了排除制冷系统内的水分和空气，它是空调维修中一项极为重要的工序。对空调制冷系统进行维修或更换元件时，空气会进入系统，且空气中含有一定量的水蒸气（湿空气）。

抽真空并不能直接把水分抽出制冷系统，而是产生真空后降低了水的沸点，水汽化成蒸汽后被抽出制冷系统。因此，系统抽真空时，时间越长，系统内残余的水分就越少。为最大限度地将系统内的空气及湿气抽出，必要时可采用重复抽真空法，即第一次抽真空完毕后，再连续抽 30min 以上。

九、制冷剂的充注

当制冷系统抽真空达到要求且经检漏确定制冷系统不存在泄漏部位后，即可向制冷系统充注制冷剂。充注前，先确定注入制冷剂的数量，充注量过多或过少都会影响空调的制冷效果。制冷系统制冷剂的充注量可根据维修手册或压缩机铭牌上所标注的制冷剂的种类及其充注量进行加注，对于一般轿车，制冷剂充注量为 0.8~1.1kg；对于小型面包车（有前、后两个蒸发器），制冷剂充注量为 1.2~1.5kg；并且要根据制冷系统运行效果及系统压力测量值是否符合要求决定充注量。

充注制冷剂的方法有以下两种：

一种是从压缩机排气阀（高压阀）的旁通孔（多用通道）充注，称为高压端充注，充入的是制冷剂液体。其特点是安全、快速，适用于制冷系统的第一次充注，即经检漏、抽真空后的系统充注。使用该方法时必须注意，充注时不可开启压缩机（发动机停转），制冷剂罐要求倒立且制冷剂罐要高于制冷循环系统。

另一种是从压缩机吸气阀（低压阀）的旁通孔（多用通道）充注，称为低压端充注，充入的是制冷剂气体。其特点是充注速度慢，发动机及空调需起动，可在系统补充制冷剂的情况下使用。

注入制冷剂时，应注意以下事项：

1）充注人员应遵守操作规范，戴好防护眼镜，避免制冷剂与皮肤直接接触。

2）严禁加错制冷剂。

3）制冷剂罐温度不应高于51.7℃，不许用明火和电阻加热器加热制冷剂罐。

4）低压侧压力低于337kPa时，不要倒置制冷剂罐。搬运制冷剂罐时，应带护目镜，应在通风、无火处排放制冷剂。

5）不能把制冷剂排放到大气中，要通过回收设备将从系统中排放出的制冷剂回收再利用。

6）空调系统一经开放必须抽真空，以除去可能进入系统的空气和潮气。在各部件安装好后，系统需抽真空30min。

十、冷冻机油的加注

1. 加注量

制冷系统对冷冻机油的加注量有严格的规定，可通过维修手册查找冷冻油的加注量。冷冻机油过多过少，都会导致系统出现故障。

更换空调零部件时需补充冷冻机油，具体补充量如下（参考值）：

1）更换蒸发器芯总成后冷冻机油补充量为整个系统加注量的20%，约为40~50mL。

2）更换冷凝器总成、干燥瓶、管路后冷冻机油补充量为整个系统加注量的10%，约为20mL左右。

3）重新充注制冷剂后冷冻机油补充量为整个系统的10%；如果只补充少量制冷剂，可以不补充冷冻机油。

4）更换压缩机：新压缩机一般都含有整个系统所需冷冻机油量，因考虑系统其他部件已有残存冷冻机油，更换新压缩机后应将压缩机冷冻机油适当排出一些。可将原来压缩机内机油排出并测量机油量。同时，将新压缩机内机油排出，重新充注机油，油量为原来压缩机内的油量。在此基础上，再向新压缩机内充注10mL冷冻机油。

2. 油量检查

压缩机冷冻机油油量的检查一般有以下四种方法：

（1）观察视窗　通过压缩机上安装的视窗，可观察冷冻机油油量，如图8-36所示。如果压缩机冷冻机油液面达到视窗高度的80%位置，一般认为是合适的。如果油面在此界线之上，则应引出多余的冷冻机油；如果油面在此界线之下，则应添加冷冻机油。

（2）观察油尺　未装视窗的压缩机，可用油尺检查其油量，如图8-37所示。这种压缩机有一个油塞，油塞下面有的装有油尺，有的没有油尺，若没有油尺，则需要另外使用专用油尺插入检查，观察油面的位置是否在规定的上、下限之间。

（3）冷冻机油品质的检查　冷冻机油是否变质需通过一定的化验手段确认。日常使用时，可从油的颜色和气味等粗略判断油的品质，如果有异味，很可能是冷冻机油变质了，但颜色变深，却不一定表示冷冻机油已变质，因为冷冻机油使用一段时间以后，颜色一般都要变深。其简易的判断方法如下：将油滴在吸水性好的白纸上，若油滴中心部分没有黑色，则说明油没有变质，可以继续使用；若油滴中心部分出现黑色斑点，则说明油质已开始变坏，应该换油了；若油中含有水分，油的透明度会降低，这时也需换油。

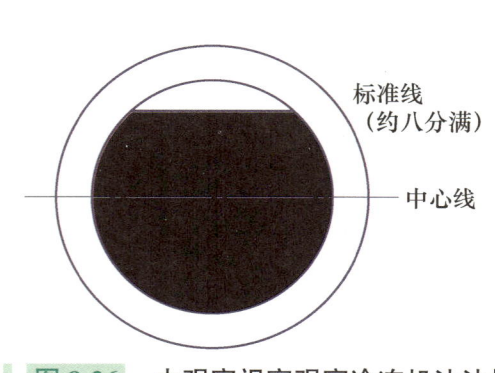

图 8-36　由观察视窗观察冷冻机油油量

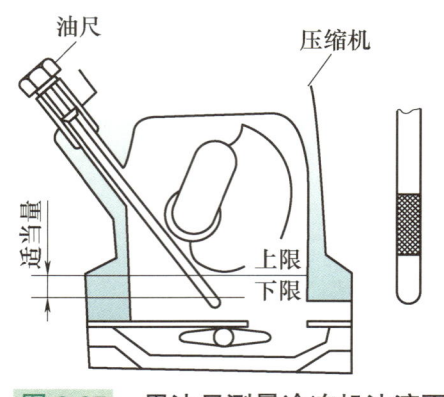

图 8-37　用油尺测量冷冻机油液面

（4）添加冷冻机油

1）直接加入法。即将冷冻机油按标准量称好或用洁净的量杯量好，直接倒入压缩机内。这种方法只有在更换蒸发器、冷凝器和储液干燥器时才可使用。

2）真空吸入法。冷冻机油真空加注法操作步骤如下：

① 按抽真空的方法对制冷系统抽真空。

② 选用一个有刻度的量筒，装上比要补充的量还要多的冷冻机油。

③ 将连接在压缩机上的低压软管从歧管压力表组上拧下来，并将其插入盛有冷冻机油的量筒内。

④ 起动真空泵，打开歧管压力表组上的手动高压阀，补充的机油就从压缩机的低压侧进入压缩机中。当冷冻机油油量达到规定量时，停止真空泵的抽吸，关闭手动高压阀。

⑤ 按抽真空法加注冷冻机油后，对制冷系统抽真空，加注制冷剂。

十一、汽车空调维修方法

1. 看

看即用眼睛来观察整个空调系统。

首先，查看储液干燥器视窗中制冷剂的流动状况。若流动的制冷剂中有大量气泡，说明制冷剂不足，应补充至适量；若视窗透明，则表示制冷剂加注过量，应缓慢放出部分制冷剂；若看到偶尔有少量气泡，则说明制冷剂量正好。

其次，查看系统中各部件与管路连接是否可靠密封，是否有微量的泄漏。若有泄漏，在制冷剂泄漏过程中常夹有冷冻机油一起泄出，所以在泄漏处有泄漏痕迹。此时，应将该处连接螺母拧紧或更换密封胶圈，以杜绝慢性泄漏。

最后，查看冷凝器是否被杂物封住，散热翅片是否倾斜变形。若有此现象，将影响流过冷凝器的空气量，导致冷凝效果变差，使流经膨胀阀的制冷剂温度升高，从而影响系统制冷效果。这时，应将冷凝器表面清理干净，将变形的散热翅片予以修正。

2. 听

听即用耳朵聆听运转的空调系统有无异常声音。

首先，听压缩机离合器有无出现刺耳噪声。若有噪声，则多为电磁离合器磁力线圈老化，通电后电磁力不足或离合器片磨损引起其间隙过大，造成离合器打滑而发出的，或者传动带松动引起异响。

其次，听压缩机在运转中是否有液击声。若有，多为系统内制冷剂过多或膨胀阀开度过大，导致制冷剂在未被完全汽化的情况下吸入压缩机。此现象对压缩机危害很大，应缓慢释放制冷剂至适量，及时加以排除。

3. 摸

在无温度计的情况下，可用手触摸空调系统各部件以及连接管路的表面。触摸高压回路（压缩机出口、冷凝器、储液干燥器、膨胀阀进口），应呈较热状态，若在某一部位特别热和进、出口之间有明显的温差，则说明此处有堵塞；触摸低压回路（膨胀阀出口、蒸发器、压缩机入口），应较温。若压缩机高、低压侧无明显温差，则说明系统故障或制冷剂不足。

用手按压制冷压缩机传动带检查松紧度是否适中。

4. 测

（1）检漏仪检漏　用检漏仪检测系统各接头处是否有泄漏。

（2）压力表检查　将歧管压力表组的高、低压表分别接在系统充注阀上，在空气温度为 30~35℃、发动机转速为 2000r/min 时进行检查。将风速开关和温控开关调至最高档，其正常状态：高压端压力应为 1.30~1.60MPa，低压端压力应为 0.115~0.22MPa，若不在此范围，则说明系统有故障。

活动设计

一、活动名称

制冷系统故障检修。

二、活动条件

1）活动场地配备空调系统能够正常运行的整车（台架）5个工位以上。

2）各工位配备工作灯、清洁毛巾、温度计、歧管压力表组、R134a、真空泵、氟罐开启阀等工具。

3）各工位配备车轮挡块 4 个，翼子板布、三件套、地板垫各 1 套。

三、活动组织

1）分小组，4~5 人组成 1 个小组。

2）选出小组长和评价员，记录评价组员的任务完成情况。

3）小组中进行分工互换，确保每个学生都动手实践。

四、安全及注意事项

1）注意人身安全，按规程操作，车辆起动前要检查车轮挡块、档位（P 位）、驻车制动是否正确，翼子板布、三件套、地板垫是否安装到位。

2）注意设备安全，按规程操作，不要人为损坏工具设备。

3）及时清理场地，做好现场 6S 管理。

五、活动实施

活动一　作业准备、识别车辆（台架）信息

1）作业准备（工具、器材、安全防护）。

2）找到并记录车辆（台架）品牌型号、车架号信息。

活动二　观察故障现象，确定故障范围（提前设置故障：由于低压维修口出现制冷剂泄漏，引起空调制冷量不足）

1）打开发动机舱盖，在制冷系统管路上接好歧管压力表组，如图 8-38 所示。

2）起动车辆，打开空调制冷。

3）将空调温度调到最低、风量调到最大，让空调运行 15min，如图 8-39 所示。

图 8-38　接好歧管压力表组

图 8-39　温度调到最低、风量调到最大

4）观察视窗通过的制冷剂状况（不是所有汽车都有），如图 8-40 所示。

5）读取歧管压力表组高、低压表的数值，如图 8-41 所示。

图 8-40 视窗通过的制冷剂状况

图 8-41 读取高、低压表的数值

6) 分析故障现象，确定故障范围。故障范围：制冷系统中的蒸发器、冷凝器、维修口、管路系统存在泄漏点。

活动三　检修制冷系统故障

1) 检漏制冷系统，如图 8-42 所示。

2) 给制冷系统抽真空，如图 8-43 所示。

3) 给制冷系统充注制冷剂，如图 8-44 所示。

图 8-42 制冷系统的检漏

图 8-44 制冷剂的充注

图 8-43 制冷系统抽真空

活动四　性能试验

1) 起动车辆，打开空调制冷。

2) 检查空调出风口的风温、风速，如图 8-45 和图 8-46 所示。

图 8-45　空调出风口风温的检查

图 8-46　空调出风口风速的检查

3）检查制冷系统的密封性，如图 8-47 所示。

4）检查空调系统机械运行，如图 8-48 所示。

图 8-47　制冷系统密封性的检查

图 8-48　空调系统机械运行的检查

工作任务三　电气控制系统故障检修

职业能力

能说出汽车空调控制系统常见故障及排除方法；会查阅维修手册；能看懂空调控制电气原理图；能根据故障现象对电气控制系统故障制订维修方案，并能选用合适的工具、设备对空调电气控制系统进行故障检测与维修。

学习目标

1. 能分析汽车空调电气控制系统常见故障并给出排除方法。
2. 会查阅维修手册。
3. 会分析汽车空调电路图，并确定故障范围。
4. 能使用万用表和故障诊断仪等工具对空调系统故障进行检测与维修。

5. 培养团结协作、耐心细致、精益求精、勇于创新的工匠精神。

基础知识

一、汽车空调压力控制系统

压力控制组件可分为两类，一类是通断型，也称为压力开关，即对设定的压力执行通或断的指令，如高、低压开关等；另一类是调节型，也称为压力调节器，对设定的压力执行调节过程。

在蒸发器压力控制系统中，常用到压力调节装置调节蒸发器的压力，以防止其表面结冰。同时，调节装置中都有一个旁通管路，可保证少量制冷剂及冷冻机油的不断循环。用于汽车空调系统的压力调节器有蒸发压力调节器（EPR）、导阀控制吸气节流阀（POA）、组合阀（VIR）等。

压力开关属于保护元件，是一种随压力变化而断开或闭合触点的元件，又称为压力继电器。它由压力引入装置、动力器件和触点等组成，在系统中检测制冷剂压力的变化，当系统中压力过高或过低时压力开关起作用，防止系统在异常压力情况下工作，起到了保护作用。压力开关的安装位置示意图如图 8-49 所示。

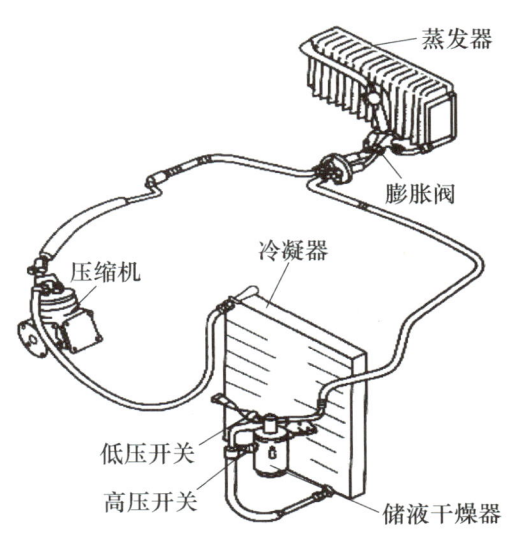

图 8-49　压力开关的安装位置示意图

1. 高压开关

高压开关安装在压缩机至冷凝器之间的高压管路上，其作用是防止系统在异常的高压压力下工作。当因冷凝器散热不良、散热堵塞和风扇损坏等，导致冷凝压力出现异常上升时，高压开关自动切断电磁离合器的电路，使压缩机停转，或接通散热风扇高速档电路，自动提高风扇转速，以降低冷凝温度和压力。高压开关的结构如图 8-50 所示。在汽车空调系统中，高压开关的压力控制范围为 2.82~3.10MPa 时断开，1.03~1.73MPa 时接通。

2. 低压开关

低压开关有两种，一种安装在系统的高压回路中，防止压缩机在压力过低的情况下工作。因为，高压回路中压力过低，说明缺少制冷剂，缺少制冷剂将影响润滑效果，久而久之将损坏压缩机。另一种低压开关设置在低压回路中，直接由吸气压力控制。当低压低于某一规定值时，接通高压旁通阀（电磁阀），让部分高压蒸气直接进入蒸发器，以达到除霜的目的。这种装置一般用于大、中型客车的空调制冷系统中。低压开关的结构如图 8-51 所示。低压开关的工作范围一般为 80~110kPa 时断开，230~290kPa 时接通。

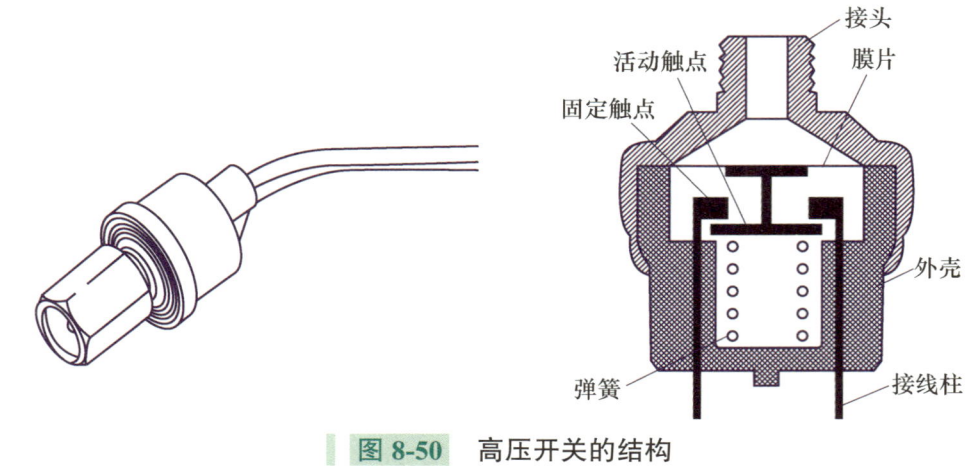

图 8-50　高压开关的结构

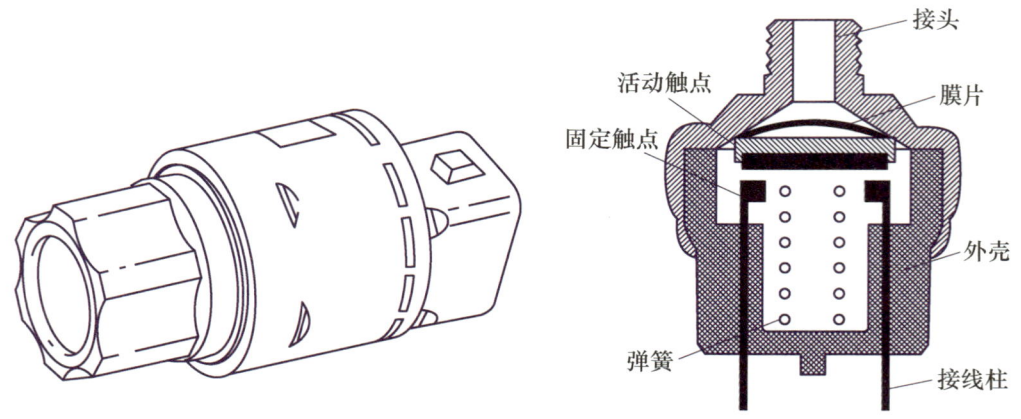

图 8-51　低压开关的结构

3. 高、低压复合开关（三位压力开关）

高、低压开关通常都安装在系统的高压侧，因此，为了结构紧凑，减少接口，把高、低压开关做成一体，形成了高、低压复合开关。这样就可以作为一体安装在储液干燥器上，起到了保护作用，例如上海桑塔纳2000轿车、南京依维柯客车上就采用它。

高、低压复合开关的作用如下：

1）防止因制冷剂泄漏而损坏压缩机。

2）当系统内制冷剂高压异常时，保护系统不受损坏。

3）在正常工作状况下，冷凝器风扇低速运转，实现低噪声，节省动力；当系统内高压升高后，风扇高速运转，以改善冷凝器的散热条件，实现了风扇的二级变速。

高、低压复合开关一般安装在储液干燥器上，感受制冷剂高压回路的压力信号。其工作过程如下：

1）低压保护——当制冷剂压力低于低限值（196kPa）时，低压保护触点断开，电流中断，压缩机停止工作。

2）正常工作——当制冷剂压力为正常值（0.2~3MPa）时，低压保护触点接通，压缩机正常工作。

3）高压保护——当制冷剂压力高于高限值（3.14MPa）时，高压保护触点断开，压缩机停止工作。

4. 泄压阀

在汽车空调系统中，为了防止高压侧温度和压力异常升高造成系统损坏，过去常用易熔合金制成易熔塞来保护系统。当温度和压力异常升高时，易熔塞熔化，释放出制冷剂。目前大多采用泄压阀替代易熔塞。

泄压阀一般安装在压缩机高压侧或储液干燥器上。正常情况下，弹簧力大于制冷剂压力，密封塞被压紧、密封。当高压侧压力异常升高时（此值为设定值，不同系统和厂家的设定值不同），弹簧被压缩，密封塞被打开，制冷剂释放出来，压缩机压力立即下降。当压力低于设定值时，弹簧立即将密封圈压紧。

二、温度控制系统

为了使汽车空调系统能正常工作，车内能维持所需的舒适性条件，汽车空调系统中设有一系列温度电控元件和执行机构。

1. 温度控制器

温度控制器又称为恒温器、温度开关、蒸发器温度开关，它是汽车空调系统中温度控制部件，是感受蒸发器表面温度从而控制电磁离合器的通断和控制压缩机的开与停，起到调节车内温度及防止蒸发器结霜的电气开关装置。

恒温器有波纹管式、双金属片式和热敏电阻式3种。

（1）波纹管式恒温器　波纹管式恒温器由感温驱动机构、温度设定机构和触点3部分组成，如图8-52所示。

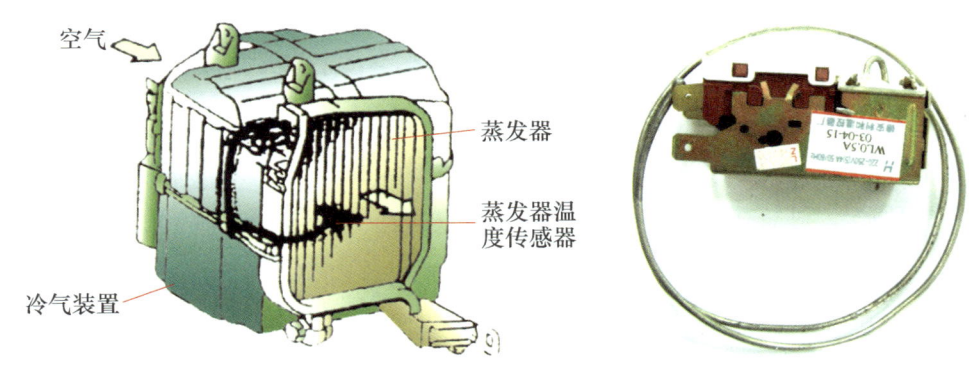

图8-52　波纹管式恒温器的外形及安装位置

感温驱动机构本身是一个由波纹管、毛细管和感温包组成的封闭系统，内部装有感温介质。感温包作为传感器放置在被测部位，温度的变化使波纹管内压力发生变化，导致波纹管伸长或缩短，并将此位移信号通过顶端作用点A传递出去，如图8-53所示。在弹簧力的作用下，A点的位移与感温介质压力变化呈线性关系。安装时，感温包插入蒸发器翅片内约

20~25cm，感受蒸发器表面温度。

波纹管式恒温器的工作原理如下：

当蒸发器表面温度逐渐升高时，感温包内温度随着升高，同时压力增大使波纹管伸长。波纹管与摆动框架相连，框架上装有一个动触点，而恒温器壳体上有一个定触点。波纹管的伸长使触点闭合，电磁离合器电路被接通，使压缩机工作。反之，温度下降后压缩机停止工作。

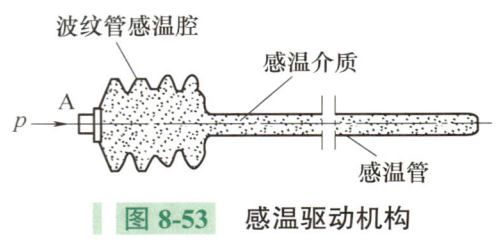

图 8-53　感温驱动机构

波纹管式恒温器的特点是工作可靠，价格低廉，安装方便。但在使用中要注意，毛细管不要弯成直角。另外，如果毛细管发生泄漏，应更换整个恒温器。

（2）双金属片式恒温器　双金属片式恒温器由两种不同材料的金属片组成，两金属片的热胀系数相差较大。在双金属片的端部有一个动触点，而在壳体上有一个定触点。这种恒温器没有毛细管和感温包，直接靠空气流过其表面感受温度而工作。

双金属片式恒温器的工作原理图如图8-54所示。在设定温度范围内，双金属片平伸，两触点闭合，此时，电磁离合器电路接通，压缩机工作。当流过恒温器的空气温度低于所设定温度时，由于两种金属片的热胀系数不同，膨胀系数大的金属片收缩得多，这样就造成了双金属片弯曲，触点断开，电磁离合器分离，压缩机停止工作。当温度上升后，金属片受热逐渐平伸，触点又闭合，从而接通电路。如此反复，达到控温的目的。

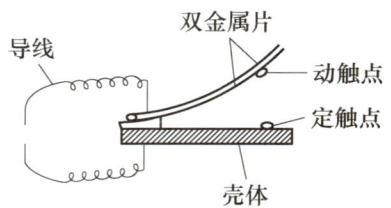

图 8-54　双金属片式恒温器的工作原理图

双金属片式恒温器的特点是结构简单、不宜损坏且价格便宜，但作为直接感受温度的部件，必须整体放置在蒸发器内，因此，为安装带来了不便。也正是这个原因，波纹管式恒温器的应用要比双金属片式恒温器广泛。

（3）热敏电阻式恒温器　热敏电阻是一种阻值随温度变化而改变的电阻元件。热敏电阻式恒温器正是利用了热敏电阻的这种特性，把它作为传感器放置在被测温度之处（如空调系统的风道内），同时用导线与晶体管放大电路系统相连。温度的变化转变为电阻值的变化，进而转变为电压的变化，通过放大器控制电磁离合器动作，由此达到控制温度的目的。

恒温器中使用的热敏电阻通常采用负温度特性电阻（温度升高，电阻值下降）。由于热敏电阻性能的好坏直接影响温度调节的精度，因此，在选用时要精心挑选。

2. 双温开关

双温开关是指发动机冷却液的双温开关。当冷却液温度高于102℃时，双温开关接通风扇电动机以高转速运转，加强了冷却；当冷却液温度低于102℃且高于95℃时，冷凝压力不高于1.6MPa时，双温开关接通风扇电动机，以低速档运转；当冷却液温度降低到95℃以下且不起动空调压缩机时，冷却风扇不运转。

散热器风扇电动机受双温开关和空调高压调整开关的双重控制，当冷凝器出口压力或冷却液温度中的任一个值过高时，风扇电动机一定按高速运转，其他工况则以低速运转或者不运转。

3. 外部环境温度开关

外部环境温度开关一般安装在汽车前风窗玻璃处。当外界温度低于 5℃时，外界温度开关切断压缩机电磁离合器，即在这种环境温度下不能起动空调压缩机。

4. 过热开关

过热开关是一种过热保护装置，如图 8-55 所示。其有两种，一种装在压缩机缸盖上，作用是使电磁离合器电源中断，压缩机停转；另一种装在蒸发器出口管路上，作用是使泄漏警告灯亮。这两种过热开关都可防止由于缺少制冷剂，造成压缩机因缺乏机油而过热损坏。过热开关是一种温度 - 压力感应开关。在正常情况下，此开关处于断开位置。

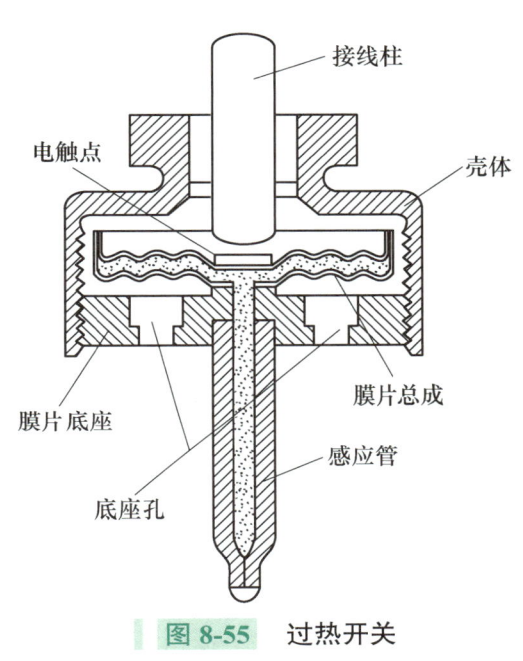

图 8-55　过热开关

当系统处在高温高压或者低温低压状态时，此开关保持常开；当系统处于高温低压状态时，此开关闭路。系统的高温低压状态通常是在缺少制冷剂的时候出现的。此时，若压缩机继续保持运转，将会因缺少润滑及过热而损坏。过热开关使压缩机停止转动，直到故障排除才恢复运转，起到自动保护的作用。

过热开关的检测：先将温度传感器浸到放满水的容器中，改变冷却液温度，当冷却液温度升高到 24.5~30.5℃时，开关应处于接通状态；当冷却液温度降到 11.5℃时，开关应处于断开状态。

三、汽车空调常用传感器

1. 车内温度传感器

车内温度传感器是一个具有负温度系数的热敏电阻，一般安装在仪表板下端。当车内温度发生变化时，热敏电阻的电阻值改变，向 ECU 输送车内温度信号"TR"。其信号会影响出风口空气的温度、鼓风机的转速、进气门的位置以及模式门的位置等。

2. 环境温度传感器

车外环境温度传感器一般安装在前保险杠下端。车外环境温度传感器是一个负温度系数热敏电阻，输出信号是"TAM"。其信号会影响出风口空气的温度、鼓风机的转速、进气门的位置、模式门的位置以及压缩机的工作状态等。

3. 蒸发器温度传感器

蒸发器温度传感器是一个负温度系数热敏电阻，安装在蒸发器壳体上，用以检测制冷装置内部的温度变化。当蒸发器周围温度发生变化时，传感器电阻的电阻值随之发生改变，并向自动空调 ECU 输出电信号"TE"。它可以修正混合门位置、控制压缩机，并在蒸发器表面温度低于一定值时，使压缩机停止工作，以防止蒸发器表面结霜。

4. 光照传感器

光照传感器是一个光电二极管，安装在汽车前风窗玻璃下面。它利用光电效应阳光辐射程度转变成电信号，输送给自动空调 ECU，用来修正混合门的位置与鼓风机的转速。

5. 压缩机锁止传感器

发动机每旋转 1 周即向发动机 ECU 发送 4 个脉冲。如果压缩机转速与发动机转速的比值比预设值小，则说明压缩机锁止或传动带打滑。此时自动空调 ECU 将关闭压缩机，且指示灯以约 1s 的时间间隔闪烁，以保护空调系统。

6. 进风门位置传感器

进风门位置传感器位于进气风门控制伺服电动机总成内，用来检测进气风门位置并将信号发送至自动空调 ECU。

7. 冷却液温度传感器

冷却液温度传感器一般安装在散热器底部的水道上，用来检测冷却液温度。产生的冷却液信号"TW"输送给自动空调 ECU，用来修正混合门的位置及低温时的风机转速控制。

四、汽车空调执行元件

执行器主要包括进气风门控制伺服电动机、空气混合风门控制伺服电动机、送风模式控制伺服电动机和最冷风控制伺服电动机等。

1. 进气风门控制伺服电动机

进气风门控制伺服电动机用来控制进气风门，电动机的转子经连杆与进气风门相连。当驾驶人使用进气风门方式控制键选择"车外新鲜空气导入"或"车内空气循环"模式时，自动空调 ECU 控制进气风门控制伺服电动机，带动连杆顺时针或逆时针旋转，从而带动进气风门闭合或开启，以达到改变进气风门方式的目的。该伺服电动机内装有一个电位计，随电动机转动，并向自动空调 ECU 反馈电动机活动触点的位置。

2. 空气混合风门控制伺服电动机

进行温度控制时，自动空调 ECU 首先根据驾驶人设置的温度及各传感器输送的信号，计算出所需要的送风温度，控制空气混合伺服电动机连杆顺时针或逆时针转动，改变空气混合风门的开启角度，从而改变冷、暖风的混合比例，调节送风温度至与计算值相符。此电动机内电位计的作用是向自动空调 ECU 输送空气混合风门的位置信号。

3. 送风模式控制伺服电动机

当按下操纵面板上某个送风模式键时，自动空调 ECU 使电动机上的相应端子搭铁，而电动机内的驱动电路据此使电动机连杆转动，将送风控制风门转到相应的位置上，打开某个送风通道。当按下"自动控制"键时，自动空调 ECU 根据计算结果（送风温度），在吹脸、吹脸脚和吹脚之间自动改变送风模式。

4. 最冷风控制伺服电动机

最冷风控制伺服电动机的风门具有全开、半开和全闭 3 个位置。当自动空调 ECU 使某个位置的端子搭铁时，电动机驱动电路使电动机旋转，带动最冷控制风门位于相应位置上。

五、汽车空调的控制原理

汽车空调种类繁多，电路形式各不相同，但其电气系统都有一定规律可循，分析电路时，只要分成鼓风机控制、冷凝器风扇控制、温度控制（压缩机控制）、通风系统控制、保护电路等即可清楚了解其电路控制原理。

1. 鼓风机控制

根据控制方法的不同可分为以下 3 种形式：

1）鼓风机开关和调速电阻联合控制。
2）电控模块通过大功率晶体管控制。
3）晶体管与调速电阻器组合型。

2. 冷凝器散热风扇控制

对于一般小客车和大中型客车，由于车辆底盘的结构与轿车有很大的不同，其冷凝器一般不装在散热器前，所以冷凝器风扇须单独设置，一般只受空调开启信号控制。轿车空调的冷凝器一般都装在散热器前，为了减少风扇的配置，使结构简化，轿车在设计上一般都将散热器冷却风扇和冷凝器风扇组装在一起，利用 1 个或 2 个风扇对散热器和冷凝器进行散热。车型不同，则配置风扇的数量不同，控制电路设计方面差异也很大，但其控制方式大同小异，一般根据冷却液温度信号和空调信号共同控制，同时满足散热器散热和冷凝器散热的需要。

3. 压缩机电磁离合器控制

空调压缩机电磁离合器由蒸发器温度开关、制冷管路上的低压开关（或 R134a 空调系统的复合压力开关）、空调开关通过空调继电器来控制。当不满足其中 1 个开关所限定的条件时，空调继电器将切断压缩机电磁离合器的供电，压缩机停止工作。一旦条件满足了，空调继电器自动接通电磁离合器，系统继续正常工作。

4. 汽车空调的保护电路

汽车空调电路还包括保护电路，如压力保护、过热保护、怠速控制等。

为了保证制冷系统的正常、安全工作，系统控制电路中都有安全保护措施，以防止系统出现温度和压力异常。采用的手段常常是安装压力开关,直接控制电磁离合器电路的通与断。这样,当系统出现温度或压力异常时,可强制使压缩机停止工作。

六、制冷系统常见故障诊断与排除

1. 空调系统不制冷

轿车空调不制冷的原因是多方面的,可从以下几个方面来分析、判断及排除:

1)控制电路熔断器熔断:查明原因后,更换同规格熔断器。

2)控制线或搭铁线断开:检查各接线柱或搭铁是否松脱,若松脱则重新接牢。

3)风机继电器损坏:由于蒸发器风机电流高达10A以上,因此,一般都装有风机继电器。应检查其继电器线圈是否损坏,触头是否完好,如有损坏,应修理或更换。

4)电磁离合器线圈烧坏:检查离合器线圈有无电流通过,若无电流通过,应修理或更换。

5)恒温器损坏:对于机械式波纹筒式恒温器,应检查感温包内的工质是否泄漏,各机构触点有无损坏。对于热敏电阻电子式恒温器,可先检查调温电阻是否损坏,热敏电阻的特性是否正常,然后检查放大部分。若恒温器出现故障,应修理或更换。

6)压力开关故障:向制冷系统充入300kPa的制冷剂,若制冷系统恢复工作,说明低压开关正常;若制冷系统不能恢复工作,说明低压开关故障,可将被检查的压力开关短路,若系统开始工作,说明此压力开关有故障。对于高压开关,也可采用短接的方法来判断其好坏。对于有故障的压力开关,应修理或更换。

7)风机不转:检查风机电路是否正常,风机叶片是否卡住,风机电动机是否烧坏。

8)制冷系统发生泄漏:对系统进行泄漏检查,并修理检查泄漏部位。

9)储液干燥器或膨胀阀中的滤网堵塞:根据需要清洗滤网。

10)膨胀阀损坏:检查感温包是否腐蚀,是否与蒸发器尾管贴紧。

11)压缩机轴封泄漏:更换压缩机轴封。

12)压缩机不能起动:卸下压缩机维修或更换。

13)压缩机阀片损坏:更换压缩机阀片。

14)传动带过松或断裂:张紧或更换传动带。

15)管路堵塞:用氮气冲洗管道。

16)电磁离合器不吸合:检查电磁离合器。

17)膨胀阀开启过大使制冷剂在蒸发器内来不及蒸发:调整、修理或更换膨胀阀,调整时,应一边调整一边观察低压压力。

2. 空调制冷量不足

1)制冷剂量过少:视窗中有气泡,高、低压力都偏低。此时应检漏、修补、重新充注制冷剂,直至气泡消失、压力正常。

2）制冷剂过多：视窗中无气泡，高、低压力都过高，压力表抖动厉害。此时应更换储液干燥器、检漏、反复抽真空、加注制冷剂。

3）系统中有水分：空调系统工作一段时间后，低压压力呈真空状，膨胀阀结霜、冰堵，出风不冷；停机一会再开，工作正常，不久又出现上述故障。其可能原因是真空未抽彻底或漏入潮湿空气或制冷剂、冷冻油中有水分，应更换储液干燥器、检漏、反复抽真空，重新加入干燥的制冷剂和冷冻机油。

4）系统中有脏物：低压侧呈真空状，高压侧压力低，储液干燥器或膨胀阀前、后管路上结霜或结露，出风不冷，关机后不能改善，可以确定是脏堵。此时，应更换或清洗储液干燥器及膨胀阀滤网。

5）压缩机损坏，内部有泄漏：表现为低压侧压力过高，高压侧压力低，压缩机有不正常敲击声。其可能原因是压缩机阀片击碎、轴承损坏、密封垫破损，应该修理或更换压缩机。

6）压缩机传动带过松，造成压缩机转速过低，出风不冷，并发出不正常声音：应张紧或更换传动带。

7）压缩机离合器打滑，造成压缩机不能正常运转：应卸下离合器修理或更换。

8）冷凝器散热风量小，造成高、低压侧压力均过高：应该检查风机转速是否正常，检查风速开关是否正常。

9）冷凝器翅片被灰尘堵塞，造成高压过高，散热效果不好：应该清理冷凝器上的灰尘。

10）蒸发器风机转速过低，造成蒸发器大量结霜，出风不冷：应该检查风机开关、继电器或更换风机。

11）蒸发器翅片被灰尘堵塞，造成送风量减小：应该用氮气或压缩空气吹净。

12）蒸发器空气过滤网被灰尘或杂物堵塞，造成送风量减小：应该清洗空气过滤网。

13）膨胀阀中滤网堵塞，使吸气压力稍低、排气压力稍高：应排空系统，卸下滤网清洗或更换。

14）膨胀阀开度过大：表现为高、低压力都过高，使过多的制冷剂流过蒸发器来不及完全蒸发，应调整膨胀阀开启度。

15）膨胀阀感温包有泄漏：应更换膨胀阀。

16）膨胀阀感温包包扎不好，绝热层松开：应重新包扎。

17）恒温器调整不当：应更换或重新调整恒温器。

18）蒸发压力调节阀损坏或调节不当：应更换或重新调整蒸发压力调节阀。

19）系统中冷冻机油过多，视窗中有混浊的条纹：应放出多余的冷冻机油。

20）空调新风门未关严：应关严新风门。

21）空调送风管道被异物堵塞，造成送风量小、噪声增大：应该清除管道堵塞物。

活动设计

一、活动名称

电气控制系统故障检修。

二、活动条件

1）活动场地配备空调系统能够正常运行的整车（台架）5个工位以上。
2）各工位配备万用表、试电笔、工作灯、清洁毛巾等工具。
3）各工位配备车轮挡块4个，翼子板布、三件套、地板垫各1套。

三、活动组织

1）分小组，4~5人组成1个小组。
2）选出小组长和评价员，记录评价组员的任务完成情况。
3）小组中进行分工互换，确保每个学生都动手实践。

四、安全及注意事项

1）注意人身安全，按规程操作，车辆起动前要检查车轮挡块、档位（P位）、驻车制动是否正确，翼子板布、三件套、地板垫是否安装到位。
2）注意设备安全，按规程操作，不要人为损坏工具设备。
3）及时清理场地，做好现场6S管理。

五、活动实施

活动一 作业准备、识别车辆（台架）信息

1）作业准备（工具、器材、安全防护）。
2）找到并记录车辆（台架）品牌型号、车架号信息。

活动二 观察故障现象，确定故障范围（提前设置故障：由于空调压缩机继电器损坏，压缩机不能正常工作，空调不能制冷）

1）起动车辆，打开空调制冷系统。
2）调节空调各控制按钮，采用看、听、摸等方法对运行状况进行观察。
3）根据故障现象，分析故障产生的原因。
4）确定故障范围，制订诊断方案。

活动三 控制系统故障检修

1）查阅维修手册（根据不同品牌车辆，查询与之相一致的电路图）。

2）对电路进行检测、维修。

3）确定故障部位。

4）更换故障元件。

活动四　空调运行情况检查

1）起动车辆，运行空调。

2）操纵各控制开关进行空调各功能检查。

3）检查空调系统机械运行。

参考文献

REFERENCE

［1］于明进，于光明.汽车电气设备构造与维修［M］.2版.北京：高等教育出版社，2007.

［2］谭本忠.汽车电器构造与维修［M］.济南：山东科学技术出版社，2013.

［3］北京中车行高新技术有限公司.汽车专业领域职业技能等级证书汽车运用与维修职业技能考核培训方案准则［M］.北京：高等教育出版社，2019.